2003年祁志祥请沪上顶级摄影师
沈忠海先生在其摄影棚所摄

先生不朽

徐中玉先生传略
轶事及研究

◎ 祁志祥 编

百花洲文艺出版社
BAIHUAZHOU LITERATURE AND ART PRESS

图书在版编目（CIP）数据

徐中玉先生传略、轶事及研究 / 祁志祥编. –– 南昌:
百花洲文艺出版社, 2020.7
ISBN 978-7-5500-3745-8

Ⅰ. ①徐… Ⅱ. ①祁… Ⅲ. ①徐中玉 – 传记 Ⅳ. ①K825.6

中国版本图书馆CIP数据核字（2020）第102862号

徐中玉先生传略、轶事及研究

祁志祥　编

出 版 人	章华荣
责任编辑	童子乐
书籍设计	方　方
制　　作	何　丹
出版发行	百花洲文艺出版社
社　　址	南昌市红谷滩世贸路898号博能中心一期A座20楼
邮　　编	330038
经　　销	全国新华书店
印　　刷	江西千叶彩印有限公司
开　　本	720mm×1000mm　1／16　印张 26.25
版　　次	2020年7月第1版第1次印刷
字　　数	300千字
书　　号	ISBN 978-7-5500-3745-8
定　　价	68.00元

赣版权登字　05-2020-72
版权所有，盗版必究

邮购联系　0791-86895108
网　　址　http://www.bhzwy.com
图书若有印装错误，影响阅读，可向承印厂联系调换。

弁　言

　　2019年6月25日，文学界泰斗、一代学术宗师、"大学语文之父"、华东师范大学教授徐中玉先生走完了105岁的坎坷而又光辉的人生。一时间，大江南北，一片哀思。徐先生逝世后，李克强、王岐山、朱镕基、温家宝等现任及历任党和国家领导人敬献花圈，表达深切的崇敬和哀思。

　　徐中玉先生是我国著名的文艺理论家。1915年出生于江苏江阴，1939年毕业于中央大学中文系，1941年毕业于中山大学研究院中国文学部。先后在中山大学、山东大学、同济大学、复旦大学、沪江大学执教。1952年起担任华东师范大学中文系教授，并任系主任、文学研究所所长等职，兼任全国高等教育自学考试指导委员会中文专业委员会主任、中国文艺理论学会会长、中国古代文学理论学会会长、上海市作家协会主席和《文艺理论研究》《古代文学理论研究》主编等。

　　徐中玉先生一生笔耕不辍，著述宏富，主编的《大学语文》发行3000余万册，惠泽几代学子。2014年12月，徐先生荣获第六届上海文学艺术奖"终身成就奖"。徐中玉先生为推进中国的文艺理论研究尽心竭力，为建构文艺理论研究的中国学派做出了重要贡献。

　　为缅怀徐中玉先生，更好地继承他的精神遗产，笔者在立足于自己的研究著述的基础上，约请徐中玉先生的亲属、同事、好友、弟子、后学等，联手打造了《徐中玉先生传略、轶事及研究》一书。该书是第一部系统叙写徐中玉先生一生生活和学术历程的传记，也是第一部全面介绍徐先生人格风范、文艺主张和学术贡献的著作。书中既有徐先生开门弟子毛时安、关门弟子祁志祥对徐先生一生经历的翔实描绘，也有徐先生长子徐隆以及钱中文、陈伯海、王纪人、赵丽宏、胡晓明、金丹元、胡范铸、朱国华、赵勇等时贤对徐先生为人为学的独特解读；既有南帆、蒋树勇、谢柏梁、吴炫、张建永、田兆元、朱桦等弟子对往年问学于先生的深情回忆，也有谭帆、周锡山、王思焜、陆晓光、陆炜等后学对徐先生学术襟怀的一手研究；还有与徐先生有过交集的其他学人的研究、回忆文札。透过本书，可以认识徐先生追求真理、独立不阿的铮铮风骨，可以了解徐先生脚踏实地、认真严谨的治学精神，可以体悟徐先生心系天下、文必济用的现实关怀，可以领略徐先生外方内圆、圆融万方的处事能力。

徐先生逝世后，许多单位、个人献上挽联。其中，余尤喜胡晓明教授所撰挽联，将徐先生的道德与文章、修身与济世、研究与教学全面融含在精当工稳、文采斐然的概括中：

立身有本，国士无双，化雨春风万里，何止滨沪滋兰蕙
弘道以文，宗师一代，辞章义理千秋，只余清气驻乾坤

阅读此书，可以走进百岁大师徐中玉先生起伏跌宕、多姿多彩的传奇人生。

本书扉页书名由华东师大中文系原总支书记马鼎三老师题写，特此说明。

祁志祥

2020年5月21日

轶事及研究　徐中玉先生传略

目录

下编　徐中玉先生研究

徐中玉先生传略

上编

徐中玉先生传略

祁志祥①

一、人生历程与学术生涯

1915年2月15日，江阴县华士镇一户徐姓中医之家，一个男孩呱呱坠地。父亲给他取名叫"中玉"。"中"，指内心，如曹操《短歌行》"忧从中来"。"玉"在中国传统文化中是美德的象征。如《说文解字》说："玉，……有五德：润泽以温，仁之方也；䚡理自外，可以知中，义之方也；其声舒扬，专以远闻，智之方也；不桡而折，勇之方也；锐廉而不技，洁之方也。"②因此，"古之君子必佩玉"③。古代的礼教规定："君子无故，玉不去身。"父亲的用意，大概是希望儿子未来能中心怀玉，做一个像"玉"一样方正耿直、光明磊落的道德君子。

值得品味的是徐中玉出生地和出生时间。

先看出生地。江阴距离五四新文化运动的发源地上海不远，为徐中

---

① 　祁志祥，徐中玉先生第五届硕士研究生，现为上海政法学院文艺美学研究中心教授，上海市美学学会会长。

② 许慎：《说文解字》"玉"字条。䚡：音腮，角中之骨。桡：弯曲，屈服。

③ 《礼记·玉藻》。

玉受新文化风潮泽被提供了地利之便。历史上，江阴华士镇曾诞生过民族义士阎应元。阎应元（？—1645），明末任江阴县典史。面对清军24万铁骑，200余门重炮，曾率6万义民困守孤城81天，使清军连折3王18将，死7.5万人。城破之日，义民无一降者，仅老幼53口幸存。阎应元被俘后决不向清廷贝勒下跪，被刺穿胫骨，"血涌沸而仆"，最终英勇就义。死后江阴人为了纪念他，在华士镇建立昭忠祠，在厅堂供奉他的塑像，两侧的对联上赞美其"天地正气""古今完人"。徐中玉就读的高级小学即根据昭忠祠改建而成。当时，昭忠祠的"厅堂变成全校师生集会的礼堂，我每天来回总要在他像前经过几次，有两年之久"。阎应元的民族气节从小便深入他的骨髓，对他走上抗日救亡的道路影响很大。徐先生后来回忆说："所谓'正气'与'完人'，我似懂非懂，但对这位乡贤确研究实非常尊敬，六十多年过去了，回忆仍很清楚。"①

再看出生时间。在徐中玉出生前的三年多，也就是1911年底，爆发了辛亥革命。辛亥革命推翻了两千多年的帝制，建立了中华民国，使中国的社会生活发生了根本性的变化。以徐中玉就读的家乡小学为例，当时的学校校牌上都写有"新制"字样，开明的"洋学堂"代替了传统的"私塾"。年少的徐中玉"可以不读私塾而进初级小学了"；"教师不是秀才先生而是多少受过新思想薰陶的人"；小学的语文课本开头不再教《三字经》，而是教"人、手、足、刀、尺"；"每天早上到校的第一件事是集体肃立向上升的'红、黄、蓝、白、黑'五色国旗敬礼"。②这使得徐中玉从进初级小学的那一刻起就受到时代新风的洗

---

① 方克强编：《徐中玉文集》第一卷，华东师范大学出版社2013年版，第3页。
② 方克强编：《徐中玉文集》第一卷，华东师范大学出版社2013年版，第2页。

礼。在徐中玉出生几个月之后的9月15日，陈独秀在靠近江阴的上海创办《青年杂志》，也就是后来名垂青史的《新青年》杂志的前身，鼓吹"民主"与"科学"的"新道德"，拉开五四启蒙运动的序幕。关于五四运动对自己的影响，徐中玉晚年回忆说："五四运动兴起时我还很小，读初中时才听说有这个运动，要打倒卖国贼。那时提出民主、科学、新道德这些要求，再晚一点才大致明白。五四运动虽然间接却仍给了我这个江南乡镇初中学生重要影响。"①这段记忆说"读初中时才听说有这个运动"有误，其实五四运动早在小学阶段就烙印在徐中玉头脑中了。比如在同篇回忆录中徐中玉说："六年小学时期给我印象最深的是在5月，要参加好几次国耻纪念游行。5月4日是纪念五四反帝反卖国贼运动，'外争主权，内惩国贼'、'取消二十一条'，就是我们手执小旗上所写和跟着教师口里高呼的口号。"②

　　徐中玉的父亲靠行医为生，母亲是不识字的农家妇女，家境并不宽裕。两个姐姐读完初小后，便辍学打工，维持家用。江阴素有重视教育的传统，作为家中唯一的男孩，徐中玉在受教育问题上得到父母全力的培养。1920年8月至1924年7月，徐中玉入华士镇积谷仓初级小学，接受现代学校的新式教育。1924年8月至1926年7月，徐中玉在华士镇昭忠祠县立第六高级小学求学。"高小两年给我印象最深的便是阎典史和陈先生这两个人。"③"阎典史"给他的影响是传统的，"陈先生"对他的影响则是现代的。"陈先生"名叫陈唯吾，20多岁，是高小一年级

---

①　方克强编：《徐中玉文集》第一卷，华东师范大学出版社2013年版，第1页。

②　方克强编：《徐中玉文集》第一卷，华东师范大学出版社2013年版，第2页。

③　方克强编：《徐中玉文集》第一卷，华东师范大学出版社2013年版，第3页。

的语文老师，"不但教书活泼生动，教学态度也非常亲切热情"①，但几个月后就不见了。原来他是中共地下党县委书记，在领导工人运动中被抓杀头。"阎典史"的民族气节和"陈先生"的英雄之举，为徐中玉人格、思想的形成奠定了基础。在读高小的1925年，发生了震惊中外的"五卅惨案"，"日、英帝国主义在上海枪杀顾正红等中国工人、市民"。"六小"的学生们便上街游行示威。"华士镇虽不大，周游也要一两个小时。当时不大了解这种行动的重要作用，后来发现，我们这一代人的发奋图强、誓雪国耻、要求进步、坚主改革，不论在什么环境、困难下总仍抱着忧患意识与对国家民族负有自己责任的态度，是同我们从小就受到的这种国耻教育极有关系的。"②

　　六年小学毕业后，1926年8月至1929年7月，徐中玉来到邻镇杨舍镇梁丰中学读初中。"学校是在清代梁丰书院的基础上建立起来的，国文教师开头是一位很喜欢桐城派文章的老先生"，后来的一位"仍是老先生，也仍教我们文言文"。他们只是要求学生朗读和背诵古文，但很少疏通文义、讲解作法，这引发了徐中玉走向对"文章好在哪里""好文章怎样写出来"之类文艺理论问题的思考。③徐中玉读初中的三年，恰逢中国现代历史上的多事之秋。1926年至1927年，国民革命军正在进行推翻北洋政府的北伐战争。北伐战争起初得到了共产党及其领导的工农运动的支持。然而就在北伐胜利进军之际，上海和武汉发生了"四一二"和"七一五"反革命政变，共产党人遭到大肆捕杀。于是，

　　① 方克强编：《徐中玉文集》第一卷，华东师范大学出版社2013年版，第3页。

　　② 方克强编：《徐中玉文集》第一卷，华东师范大学出版社2013年版，第2页。

　　③ 徐中玉：《我怎么会搞起文艺理论研究来的》，王嘉军编：《徐中玉文集》第五卷，华东师范大学出版社2013年版，第1347—1348页。

共产党人发起了武装反抗国民党政府的"南昌起义"和"秋收起义"。从此，农民运动风起云涌。"那时江阴'农民暴动'此起彼伏。去杨舍镇读梁丰初中时，有个晚上突然听到镇里响起枪声，人声鼎沸，谁也不知出了什么大事。学校紧闭大门，我们都从床上爬起，挤作一团。天明后听说已没事，大家才敢去镇上看动静，原来是数十里外的农民有组织地赶到这里来'暴动'：夺枪械、弹药，'抢'典当，向几户地主借粮、借款。此外秋毫无犯，早在后半夜起就迅速撤走了。"但不久有人就被发现、杀头。由于外婆就住在乡下，对农民遭受剥削的痛苦和不公早有所闻，所以当时年少的徐中玉"很同情这些被害者"。[①]1928年4月，国民革命军开展了第二次北伐，5月1日克复济南。日本以保护侨民为由派兵进驻济南，5月3日侵入中国政府所设的山东交涉署，将交涉员蔡公时残忍杀害后，又将交涉署职员全部杀害，大肆焚杀无辜中国官民达数千人，造成震惊中外的"五三济南惨案"。于是，抗日爱国的信念伴随着雪耻的示威游行在少年徐中玉的心中进一步发酵。[②]

初中毕业后，因为家庭经济困难，徐中玉考进了免费还可供饭的省立无锡高中的师范科。高中又是三年。"三年中国文课换了三位教师，先新后旧，最后又来了个亦新亦旧的。"特别是第一位教师，"是位用白话写小说并已出版过两个集子的作家，所以一下子进入了个鼓励我们

① 方克强编：《徐中玉文集》第一卷，华东师范大学出版社2013年版，第3页。

② 方克强编：《徐中玉文集》第一卷，华东师范大学出版社2013年版，第2页。徐中玉《忧患深深八十年》："六年小学时期给我印象最深的是在5月，要参加好几次国耻纪念游行。……1928年5月3日发生了'五三济南惨案'，日本帝国主义出兵占我济南，打死中国军民，杀我外交官蔡公时。……华士镇虽不大，周游也要一两个小时。"引者按：作者这里记忆有误。徐中玉1926年7月小学毕业，"五三济南惨案"不是他"六年小学时期"发生的事，而是他初中时期发生的事，因而国耻游行也就不在华士镇，而应在初中所在地杨舍镇。

多读白话小说的新环境"。①课外他读了不少白话创作和翻译的小说，初步接触了鲁迅，订阅《现代》文学月刊，逐步燃起文学写作的热情。同时订阅《生活周刊》，对邹韬奋撰写的针砭时弊的"小言论"极感兴趣，逐渐形成明确的民主、爱国意识。高三开学之初遭遇日本关东军制造的"九一八"事变，政府的"'不抵抗'政策引来全国群情愤慨"，上海各大学学生发起去南京请愿，无锡学生表示声援，徐中玉也投身其中，跃上去南京的火车。尽管无果而终，"但毕竟表现了我们中国的民气"。②回校后，他以文学为武器宣传抗日。"高中读书时我已爱好习作，是从写抗日宣传文字开始的。"③这些宣传抗日的文章发表在江阴县报及校印刊物上。就这样，徐中玉走上了用文学报效国家、为社会服务的道路。

高中毕业后，按当时规定，必须服务两年才能报考费用较低的大学。于是徐中玉回江阴澄南小学做了两年的语文教师，1934年8月考入山东大学中文系。山大设在青岛，1937年抗战全面爆发后不得不内迁，先后迁至芜湖、安庆、武汉、万县。由于学生越迁越少，最后不得不并入重庆的中央大学。大学原定四年，因辗转内迁，课程多被耽搁，毕业证书上的时间不得不推迟了一年，而实际在校读书的时间是四年半，且最后一年的学业在中央大学完成。

大学学习使徐中玉立志于文艺理论专业，选定了中国古代文论方向。读初中时欲探好古文作法究竟的疑问，读高中时对白话小说和翻译

---

①　徐中玉：《我怎么会搞起文艺理论研究来的》，王嘉军编：《徐中玉文集》第五卷，华东师范大学出版社2013年版，第1348页。

②　方克强编：《徐中玉文集》第一卷，华东师范大学出版社2013年版，第4页。

③　方克强编：《徐中玉文集》第一卷，华东师范大学出版社2013年版，第10页。

小说的兴趣，都属于文艺理论研究的范围。进中文系后，"才知道还有'文艺理论'这门学问，正好可以解答我向来的疑问"。起先作家老舍先生教"小说作法"，三年级时留学欧美的叶石荪先生开"文艺心理学"和"文学批评原理"两门课，引起徐中玉"极大的兴趣"，"加上叶先生的亲切指导帮助，我就开始走上学习文艺理论的道路了"。考虑到"三年读师范、两年当小学教师时把英文几乎丢光了"，在叶先生的指点下，徐中玉最后将研究方向选定在中国古代文论上，同时学会了摘抄、积累读书卡片的研究方法。①

  大学四年半，是全民族抗日主题不断加剧、抗日战争全面爆发的时期。近现代历史上，日本不断侵犯积贫积弱的中国，中国与之形成了不共戴天的宿仇。姑且不说1895年甲午战争给中国造成的奇耻大辱，即以徐中玉出生后的情况而论。1919年的五四爱国运动乃由日本帝国主义把不平等的"二十一条"强加在中国政府头上引起。1925年的"五卅运动"是因日本资本家枪杀中国工人爆发。1928年的"五三济南惨案"是日军一手制造的。1931年日军发动"九一八"事变，侵占东北三省。1935年日军策动华北各省脱离中央政府，制造"华北事变"。 1935年底， 北平大中学生数千人举行大规模游行示威，反对华北自治，要求保全中国领土完整，掀起抗日救国新高潮，史称"一二·九"运动。1937年7月7日，日军在卢沟桥附近演习时借口一名士兵"失踪"，炮轰宛平城，全面发动侵华战争。中国军队奋起反抗，全民族的抗日战争从此开始。全国的大环境是抗日救亡，山东大学所处的青岛小环境更是如此。"1934年暑后我到青岛山东大学中文系继续求学。青岛有很多日本

---

  ① 徐中玉：《我怎么会搞起文艺理论研究来的》，王嘉军编：《徐中玉文集》第六卷，华东师范大学出版社2013年版，第1348、1349页。

侨民，其中不少是派来制造事端的日本浪人。前海经常有日本军舰停泊，有时竟卸去炮衣，把大炮口对着我青岛市政府大门。东北三省已经沦陷，眼看青岛亦危如累卵，亲历此境，心情十分沉重。接着是冀东紧急，进一步波及北平、天津，整个华北动荡，导致屈服妥协的几次'协定'。一二·九学生运动应时蜂起，各地同学纷纷响应，青岛山大学生以及很多中学生一道参加。"①进大学之初，徐中玉本是图书馆的常客，目睹民族存亡，他走出书斋，声援"一二·九"运动，加入"民族解放先锋队"，参加进步同学组织的抗日救亡运动，或走上街头作抗日演讲，或深入乡村演出宣传剧。卢沟桥事变后，他随校内迁，以文学为投枪，宣传抗战。②

　　大学四年半中，徐中玉在文学创作上迅速成长，作品四处开花，形成了早期文章的抗战主题。"1934年进入大学后，开始在一些全国性报刊发表文章。"③在青岛读山大期间，"文章多在北平《世界日报》、天津《益世报》、上海《晨报》等副刊发表，以后在上海《论语》、《人间世》、《宇宙风》、《逸经》、《大风》等刊物发表"。再后来又为天津的《国闻周报》、上海的《东方杂志》《申报文艺周刊》《中学生》《光明》、北平的《独立评论》《文学导报》等刊物写稿，"以散文、杂感、论文为主，也发表过几篇小说"，④主题集中在抗战上。"在沙坪坝中央大学学习的一年中，继续为抗战文艺写作，在《抗战文艺》、《七月》、《抗到底》、《全民抗战》、《自由中国》、《国

---

①　方克强编：《徐中玉文集》第一卷，华东师范大学出版社2013年版，第4页。
②　方克强编：《徐中玉文集》第一卷，华东师范大学出版社2013年版，第14页。
③　方克强编：《徐中玉文集》第一卷，华东师范大学出版社2013年版，第10页。
④　方克强编：《徐中玉文集》第一卷，华东师范大学出版社2013年版，第13—14页。

讯》、《大公报》、《时事新报》、《国民公报》、《新蜀报》等刊物和报纸写了很多文章，以论文为主。"①大学期间发表的作品是如此之多，以至于徐中玉几乎可以"靠稿费维持自己的学业"②。

随着作品在全国各地报刊上发表，徐中玉在学术上崭露头角，引起学界注意。在青岛山大期间，徐中玉曾担任校文学社社长，组织了鲁迅逝世后规模隆重的青岛追悼会；受邀为天津《益世报》主编《益世小品》周刊，为青岛《民报》主编《新地》周刊。在重庆读书期间，徐中玉荣任中央大学文学会主席和学生会研究部长、系学生会主席，先后以学校文学会名义，邀请著名学者郭沫若、老舍、胡风到校作学术报告，引起学校轰动，并在老舍推荐下加入了负有盛名的"中华全国文艺界抗敌协会"。

1939年2月从中央大学毕业后，徐中玉获得了四川省立教育科学馆研究员的任职，负责研究语文教学问题。怀着对中国古代文学理论割舍不下的研究兴趣，他最终"放弃已经到职的不坏的位置，又考进了当时迁在云南澄江的中山大学研究院文科研究所"。1939年8月到1941年7月，"两年时间内专门读了宋代的大量诗歌理论著作"。"当时听说郭绍虞先生有《宋诗话辑佚》出版，特去信北平求教，意外地很快就得到他来自远方的复信，并还寄赠了当时极为难得的这两大册著作。""冯沅君、陆侃如、穆木天等先生都担任我的指导老师。"在澄江城外荒山之上的斗母阁，在粤北坪石院舍的一间潮湿的小屋，徐中玉"孜孜兀

① 方克强编：《徐中玉文集》第一卷，华东师范大学出版社2013年版，第14页。

② 方克强编：《徐中玉文集》第一卷，华东师范大学出版社2013年版，第13页。

兀"，焚膏继晷，完成了30万字的毕业论文《两宋诗论研究》。[1]在整理大学时期发表的若干抗战文学作品的基础上，徐中玉的第一本学术著作《抗战中的文学》[2]也在1941年初出版。

中山大学研究院毕业后，徐中玉以优异成绩受聘留校。1941年8月至1946年7月，徐中玉共在中山大学中文系任教五年，以突出的成果从一名讲师晋升为副教授。五年中除了在《中山大学学报》《当代文艺》《民族文化》《新建设》《时代中国》《文坛》《收获》《中山日报》《东南日报》《正气日报》《青年报》等报刊发表论文外，分别于1942年和1944年出版另两部专著《学术研究与国家建设》《民族文学论文初集》[3]，另主持编译出版《伟大作家论写作》[4]。值得注意的是，五年中，国内时局发生了很大变化，1945年，抗日战争以日本无条件投降宣告结束，1946年6月以后中国进入了国共两党的第三次国内革命战争时期。

1946年8月至1948年7月，徐中玉接受山东大学聘书，回到青岛的母校山东大学执教，兼为青岛《民言报》编《每周文学》，为济南《山东新报》编《文学周刊》，出版第四本学术专著《文艺学习论》（1948年1月香港文化供应社出版）。"当时青岛实际已成解放军三面包围下的孤岛，只剩海

---

① 徐中玉：《我怎么会搞起文艺理论研究来的》，王嘉军编：《徐中玉文集》第五卷，华东师范大学出版社2013年版，第1349页。又徐中玉《学习文艺理论研究的一点体会》："在研究院的两年中，我积累了成万张卡片。所谓卡片乃是用三层土纸糊在一起，勉强可以两面写字的代用品，至今总算还幸能保存着。"王嘉军编：《徐中玉文集》第五卷，华东师范大学出版社2013年版，第1397页。另据方克强编：《徐中玉文集》第一卷，华东师范大学出版社2013年版，第15页。

② 收入方克强编：《徐中玉文集》第一卷，华东师范大学出版社2013年版。

③ 二书收入方克强编：《徐中玉文集》第一卷，华东师范大学出版社2013年版。

④ 《伟大作家论写作》，徐中玉主编，重庆天地出版社1944年4月出版。

上与空中交通"①，国共斗争趋向白热化。徐中玉因公开支持山大学生"反内战反饥饿"运动，被青岛警备区总司令密报有"奸匪嫌疑"，以致国民党政府教育部长朱家骅下达密令给山东大学，要求解聘徐中玉，徐中玉原来兼编的两个刊物也被勒令停刊。提前半年被解聘后，徐中玉到上海一所私立中学兼课谋生，同时大量撰写讽刺黑暗、呼唤光明的时评，主要发表于《观察》《展望》《时与文》《民主世界》《东南日报》《中国新报》《世纪评论》等刊物。

1948年8月至1952年7月，徐中玉应聘为沪江大学教授，并在上海解放前夕与姚雪垠共同创办《报告》周刊。因批评时弊，出刊后旋即被国民党政府查禁。徐中玉在《报告》创刊号上发表政论《彻底破产的教育》，尖锐批判国民党政府失败的教育，"为此几遭不测"②。1949年5月27日，人民解放军解放上海。10月1日，中华人民共和国成立。徐中玉终于等来了自己盼望的、一直为之奋斗的社会理想变为现实的这一天。他为之欢欣鼓舞，参加沪江大学革新会，协助新政府接收改造旧大学，历兼校务委员、校图书馆长、校工会副主席。1950年参加中国民主同盟，历兼民盟市委委员、校民盟分部主任。1952年8月，上海高校进行院系调整，徐中玉被分配到华东师范大学中文系任教。新中国成立了，国家太平了，学者可以为自己祖国的学术集中精力从事研究了。从1952年到1957年，徐中玉硕果累累，先后完成出版6部学术著作：《鲁迅生平思想及其代表作研究》（1954年1月出版）、《论文艺教学和语文问题》（1954年6月出版）、《写作和语言》（1955年11月出版）、

① 方克强编：《徐中玉文集》第一卷，华东师范大学出版社2013年版，第15页。
② 方克强编：《徐中玉文集》第一卷，华东师范大学出版社2013年版，第5页。

《文学作品的阅读和写作》（1955年12月出版）、《文学概论讲稿》上册（1956年7月出版）①、《关于鲁迅的小说、杂文及其他》（1957年6月出版）②，并在1956年5月至1957年7月倡办、主编《语文教学》杂志（新知识出版社，数期总计近20万册），迎来了学术事业的春天。

然而，天有不测风云。从1957年起，徐中玉的命运发生了出乎意料的逆转。1957年4月27日，中共中央发布《关于整风运动的指示》，发动群众向党提意见。徐中玉教授"应领导与各报刊之'热情'邀约，在《光明日报》、《文汇报》、《文艺报》上写了几篇文章"，提出"教授治校"、主张"学术至上"。③因此被打成"右派"，赶出中文系，降职去图书馆整理图书卡片，然后劳动、改造、学习、借调。④虽然1960年初宣布"摘帽"⑤，1961年后得以回系任教⑥，但1966年"文革"开始，又作为"老右派"被首先投入"监改"，长期在学生宿舍内外清扫垃圾，五次被抄家，直到1971年才宣布"解放"。⑦"从'右派'而'摘帽右派'而'老右派'，直到'文革'结束，得到彻底平

①　《徐中玉学习、工作、著述简历》："《文学概论（上册）讲稿》，函授讲稿，1956年7月华东师大函授部出版，内部发行，颇广。因被打成右派，下册未出。"华东师范大学中文系：《庆祝徐中玉教授九十华诞文集》，华东师范大学出版社2003年版，第282页。

②　其中，《鲁迅生平思想及其代表作研究》，收入方克强编：《徐中玉文集》第二卷，华东师范大学出版社2013年版；《论文艺教学和语文问题》，收入王嘉军编：《徐中玉文集》第六卷，华东师范大学出版社2013年版。

③　方克强编：《徐中玉文集》第一卷，华东师范大学出版社2013年版，第5页。

④　1958年冬赴闵行颛桥劳动学习两个月，接着到市社会主义学院第一期高教班学习六个月，然后借调到辞海编辑所编写词条两年。

⑤　方克强编：《徐中玉文集》第一卷，华东师范大学出版社2013年版，第16页。

⑥　方克强编：《徐中玉文集》第一卷，华东师范大学出版社2013年版，第5页。

⑦　后去江苏省大丰县海边师大干校学习一年，1973年才回系，为工农兵学员往来于工厂与农村之间教课。据方克强编：《徐中玉文集》第一卷，华东师范大学出版社2013年版，第16页。

反，整整蹉跎了我二十年最可以多做些工作的宝贵时间。"这期间妻子受歧视，儿女升学难、就业难。①在这种猝不及防的人生打击面前，徐中玉没有失去美好的"理想""信念"与"勇气"。他"利用一切可以利用的时间，埋头积累专业研究资料。二十年间孤立监改扫地除草之余，新读七百多种书，积下数万张卡片，约计手写远近一千万字"②。这些为新时期徐中玉平反昭雪后学术上的爆发打下了厚实的基础。

1976年"四人帮"粉碎，十年"文革"结束，不久，徐中玉获得首批平反昭雪。1978年12月中共中央十一届三中全会作出新的历史决议，中国进入了改革开放的新时期。云开日出，枯木逢春。从1978年陆续恢复并新任若干职务，如中文系主任、校务委员会副主任等，到1984年加入中国共产党，再到1989年退休，徐中玉先生这段时期的主要活动和贡献是：

1.结合社会政治和文坛的重大现实问题，不停地思考和写作，出版了5部论文集：《论苏轼的创作经验》（华东师范大学出版社1981年版）③、《鲁迅遗产探索》（上海文艺出版社1983年版）④、《学习语文的经验和方法》（浙江人民出版社1984年版）⑤、《古代文艺创作论集》（中国社会科学出版社1985年版）⑥、《现代意识与文化传统》（河南大学出版社1987年版），并出版了1部散文集《美国印象》（上海社会科学院出版社1985年版）。

2.面对十年浩劫留下的百废待兴的局面，以独特的人格魅力和干练的办事能力，调动集聚全国的资源，推动创立了三个全国性的一级学会，主编了三个全国性学术刊物和《大学语文》教材，促进了中国文艺理论研究、古代文学理论研究、大学语文研究的繁荣。徐中玉先生重视学会、刊物对大学教学和学科发展的推动。徐中玉先生在担任中文系主任期间，先是和周扬、荒煤等人组建了高等学校文艺理论研究会。研究会创立于1979年5月，周扬为名誉会长，陈荒煤为学会会长，徐中玉任副会长。学会挂靠华东师范大学，会址设在华东师大中文系。会刊《文艺理论研究》创立于1980年6月，陈荒煤担任主编，徐中玉任副主编。1985年学会改名为中国文艺理论学会，会长为王元化，徐中玉、钱谷融先生任会刊主编。70年代末至80年代初，徐中玉倡导、举办了中国文学批评史师训班，延请郭绍虞、程应镠、钱仲联、施蛰存、程千帆、朱东润、舒芜、王文生、吴组缃、许杰、钱谷融等二十余位名重一时的名家大师来到丽娃河畔的文史楼，为全国各地近四十名学员授课。在举办中国文学批评史师训班的基础上，徐中玉与郭绍虞先生一起推动组建了中国古代文学理论学会。学会创立于1979年5月，郭绍虞、杨明照分别为第一届、第二届会长，徐中玉为自第二届以后担任副会长兼秘书长。会址设在华东师范大学中文系，会刊为《古代文学理论研究》，第一辑由上海古籍出版社出版于1979年12月，自1984年第九辑起由徐中玉担任主编。《文艺理论研究》和《古代文学理论研究》不仅成为新时期这两个领域的著名学者发表成果的主阵地，而且培养了一大批学术新人，极大推动了新时期中国文学理论事业的深入发展。与此同时，联手匡亚明先生，于1980年10月成立全国大学语文研究会。会址设在华东师大中文系，徐中玉出任会长，主编出版了多种版本的《大学语文》，主办了多

次大学语文教师研修班和学术年会，为全国高校语文师资的培养、大学语文教学规律的探寻以及大学生文学素养和人文素质的培养做出了重要贡献。此外，徐中玉担任国家教委全国高教自学考试指导委员兼中文专业委员会主任，于1984年创立、主编《中文自学指导》杂志及自考教材《中国古代文学作品选》（四册，上海古籍出版社1987年版），它们成为全国青年学子中文自学考试的必读书。

3.尊重人才、爱护人才，倡导民主，因材施教，培养了一大批有成就的后学。担任华东师大中文系主任期间，徐中玉"办学提倡学术民主，自由创造，以学生为本，以科研为本，惜才爱才用才善才。前辈、同辈、晚辈，包括反右、'文革'时伤害批评过自己的教师，他都一视同仁，放手使用。老中青各得其所、各尽其才，在三尺讲坛上激扬文字，叱咤风云，传道解惑释疑，宣讲各自的学术观点。在文学教学上，先生更是大胆创新，敢为天下先。上任不久，即在全国高校中最早试验学分制、免修制、选修制，特别是通过自愿考试选拔本科生，给予特殊的研究生式的定向培养。为学生拓宽学术视野、减负深造，创造有利条件。不拘一格鼓励学生在自由竞争中脱颖而出，大胆成才。甚至有文学才华的学生可以发表、出版的小说、诗歌、散文等文学作品替代作业和考试成绩"①。毛时安就是徐中玉先生办学思想的受益者，"先是免修了文学概论课，大二又成为先生定向培养的古代文论弟子"②。正是因为徐先生民主、开明的办学思想，上世纪80年代华东师范大学中文系涌现了在全国文学界产生重大影响的作家和批评家两大群体，涌现的著名作家如孙颙、王小鹰、格非等，诗人如赵丽宏、宋琳、徐芳等，文学评论家如许子东、王晓明、夏中义、宋耀良、方克强、毛时安、李劼、殷国明、胡河清、朱大可等等。在上世纪80年代的一次文学研究成果的全国考评中，华东师范大学中文系取得了全国第一的骄人成绩。从恢复研究生招生到1987年，徐中玉先生先后共招了五届文艺学或古代文论硕士研究生。先生以启发式的，宽松自由的对话、交流、讨论展开研究生培养，促进了他们在学术上的健康成长。

1989年办理退休手续后，徐中玉先生已74岁，但他退而不休。一方面，他笔耕不辍，出版了两部自选集：《激流中的探索——徐中玉论文自选集》（华东师范大学出版社1994年版）、《徐中玉自选集》（重庆出版社1999年版）。主编了大型工具书《古文鉴赏大辞典》（浙江教育出版社1989年版）、《中国近代文学大系·文学理论集》（上海书店1996年版）、《中国古代文艺理论专题资料丛刊》（中国社会科学出

---

① 毛时安：《忧患年代更需要精神坚守——为徐中玉教授百岁华诞而作》，《文汇报》2013年3月9日。

② 毛时安：《忧患年代更需要精神坚守——为徐中玉教授百岁华诞而作》，《文汇报》2013年3月9日。

版社2013年版），编纂了《苏东坡文集导读》（巴蜀书社1990年版）、《苏轼诗话》（江苏古籍出版社1998年版）、《文学概论精解》（上海文艺出版社1990年版），与人合编了《刘熙载论艺六种》（巴蜀书社1990年版），并根据不同需要主持改编了各种不同版本的《大学语文》，如与钱谷融联合主编自考指定教材《大学语文》（华东师范大学出版社1988年版）、与齐森华联合主编普通高校用《大学语文》（华东师范大学出版社2001年版）、与陶型传联合主编专科高校用《大学语文》（华东师范大学出版社1994年版）、与方智范联合组编高职院校用《大学语文》（高等教育出版社2000年版）、与翁德森联合组编成人高教用《大学语文》（广东高等教育出版社1999年版）。1989—1997年任上海作家协会第五届主席，1993年出任中国文艺理论学会会长，继续担任中国古代文学理论学会执行副会长，全国大学语文研究会会长、名誉会长，主编《文艺理论研究》《古代文学理论研究》等，这些社团管理和刊物主编事务直到80多岁或90多岁后才逐渐卸任①。值得一提的有几部书。一是《古文鉴赏大辞典》，它获当年全国图书金钥匙一等奖。二是《中国近代文学大系·文学理论集》，出版后获第三届国家图书奖荣誉奖。三是大型工具书《中国古代文艺理论专题资料丛刊》，为后人进一步从事中国古代文艺理论范畴、专题的研究提供了相当厚实的资料。四是各种版本的《大学语文》，迄今累计出版三千多万册，无数学子受到泽溉。除此之外，徐先生主编、参编的著作难以细数。

值得注意的是，在从计划经济向市场经济转轨的过程中，许多刊物受到商业风气的影响，沦为金钱、权势的奴隶，而徐中玉先生则认为：

---

① 《古代文学理论研究》90年代后交给陈谦豫教授编辑，1999年后由胡晓明教授负责编辑；《文艺理论研究》2011年夏交给谭帆、方克强教授主编。

"社会主义的市场经济不应把文学完全看成一般商品，不应把文场完全变成商场。"①他主编的《文艺理论研究》《古代文学理论研究》，清高自守，择优用稿，不做权钱交易，不收版面费，不登广告，在学界留下了很好的口碑。

回顾、总结徐中玉先生的百年人生，可以分为五个阶段，其中，学术生涯呈现出三个高峰。第一个阶段，从出生到初中，这是徐中玉受华士镇历史上的反清抗暴英雄阎典史和现实中的五四启蒙运动影响、抗日爱国的民族气节和民主自由的价值追求初步形成的时期，也是文学理论兴趣开始萌发的时期。第二阶段，从高中到解放前，这是徐中玉走上以文学为武器宣传抗日救亡、批判社会腐败黑暗、追求民主光明的时期，由此形成了他宣传抗战的民族文学、批判专制的民主文学的时代主题，在学术研究上选定了中国古代文论方向，迎来了学术事业的第一个高峰。其中，高中时期开始走上文学之路；大学时期在文学创作上崭露头角，产生影响；中山大学读研为古代文论研究打下了坚实基础；中山大学执教五年前后四部专著的出版标志着学术生涯第一个高峰的到来；在山东大学、沪江大学工作的几年则是徐中玉支持学生运动，以文学为投枪与国民党政府作战、为新中国的诞生呼唤呐喊的时期。第三个阶段，新中国解放后到1957年"反右"前，这是徐中玉学术生涯的第二个高峰。徐中玉出版了五部著作，内容涉及语文学习、文学理论、鲁迅遗产。第四个阶段，1957年夏季被打成"右派"直到70年代末彻底平反前约二十年，这是徐中玉一生遭遇不白之冤和重大打击、学术上被剥夺发言权的时期，也是徐中玉百折不挠、锲而不舍、埋头苦读、蛰伏积累的

---

① 徐中玉：《忧患深深八十年》，1994年2月28日，方克强编：《徐中玉文集》第一卷，华东师范大学出版社2013年版，第12页。

时期。第五阶段，1978年以后的改革开放新时期，这是徐中玉学术生涯的第三个高峰。徐中玉以罕见的高寿、旺盛的活力创造了杰出的成就和贡献。

徐中玉走过的百岁人生是遭逢忧患的一生，也是"生于忧患""玉汝于成"的一生。人如其名，中心怀玉、守中如玉，是徐中玉所走过的一生的形象写照。徐中玉先生形象方正，处事不苟，但内心怀有对国族、对他人深切、慈祥的爱，与人为善，成人之美，从不怨天尤人，正是"望之俨然，即之也温"，可谓"外方内圆"。徐中玉一生活了105岁，堪称高寿。如果说有什么长寿之道，那就是心地坦荡，大爱无私。《中庸》引孔子语："故大德……必得其寿。"古语说"仁者寿"。借用来评价徐中玉先生，是再恰当不过的。

二、文艺主张与理论贡献

身处多灾多难的20世纪的中国，徐中玉先生文论的一个一以贯之的主张是围绕文学与社会、国家、民族、道德、政治的联系，强调"文须有益于天下"的积极作用和"言必中当世之过"的批判责任。用徐中玉自己的话说，文学家、艺术家应该有自己对国家进步、人民幸福的强烈担当，作家、艺术家的"伟大""永远不可能同广大人民的幸福、人类社会的不断前进——这种崇高的思想、事业相脱离。大家承认，我们的屈原、司马迁、李白、杜甫、白居易、韩愈、柳宗元、欧阳修、苏轼、辛弃疾、陆游、汤显祖、曹雪芹、鲁迅等，都是大文学家，同样大家也都承认，或不能不承认，他们都具有正当的使命感。"[1]而在不同时代

---

[1]　徐中玉：《使命、责任、价值》，1987年，王嘉军编：《徐中玉文集》第五卷，华东师范大学出版社2013年版，第1420页。

的社会现实问题面前，文学为民族、国家、社会发挥积极作用的使命又呈现出不同特征。

1941年，抗日战争已进入相持阶段，抗战成为文学创作中压倒一切的主题。[①]徐中玉在这一年出版的《抗战中的文学》一书中呼吁文学要为提高人民的抗战情绪、激发人民的民族意识和爱国观念服务。[②]1944年，在抗日战争进行到最后的紧要关头，徐中玉出版《民族文学论文初集》，提出"民族文学"的口号："我们为什么要提倡民族文学？""是要适应民族当前的迫切需要：抗战建国！""在现代战争中，一民族必要能充分运用它本身的各种力量，才有战胜侵略者的希望。""文学应该集中全力，密切配合以全民族福利为根据的政策战略，发挥出煽动、组织、行动的作用，成为抗战建国的一种强力武器。"[③]在全民族的抗日战争面前，不仅文学创作应当为之呼啸呐喊，而且学术研究也应该发挥积极作用。在1942年出版的《学术研究与国家建设》一书中，徐中玉阐释"学术研究在抗战建国时期的地位"："学术的进步发展，不但可以救国而有成，也可以使抗战必胜。"[④]"在抗战建国期间，一切学术的研究应该服从抗战建国的利益，就是要以争取国家民族的独立生存、实现三民主义为最后目标。"[⑤]

1945年，中国人民在世界反法西斯主义阵线的帮助下取得了抗日战

---

① 1938年冬，梁实秋接任国民党中央机关报《中央日报》"平明"副刊主编，在"编者的话"中指出这种现象："现在抗战高于一切，所以有人一下笔，就忘不了抗战。"徐世强、李道明：《毛泽东为什么不欢迎梁实秋访延安》，《报刊文摘》2014年5月23日第8版。

② 方克强编：《徐中玉文集》第一卷，华东师范大学出版社2013年版，第29—33页。

③ 方克强编：《徐中玉文集》第一卷，华东师范大学出版社2013年版，第119页。

④ 方克强编：《徐中玉文集》第一卷，华东师范大学出版社2013年版，第109—110页。

⑤ 方克强编：《徐中玉文集》第一卷，华东师范大学出版社2013年版，第72页。

争的胜利，新时代的曙光就在眼前。1946年6月，在《批评的伦理》一文中，徐中玉倡导"新时代的道德的客观标准就是要服务于人民，为人民的利益而奋斗"[①]。不久，国共两党陷入独裁与反独裁的战争中。徐中玉在1948年出版的《文艺学习论》一书中提出"为什么要学习文学"，其中一条重要的理由就是"它能够警醒我们，指示我们，并且帮助我们去和罪恶奋斗，去创造新的生活"[②]。他身体力行，也因为批判国民党政府的腐败和罪恶而被勒令解聘，甚至几遭不测。

"文革"结束后，针对建国后长期以来我们的文艺"只准歌颂，不准暴露，只准写光明，不准写阴暗"的问题，复出后的徐中玉在1980年初发表《论文艺的歌颂、暴露与讽刺》一文，指出文艺不仅可以歌颂光明，而且有权利讽刺黑暗。"毫无疑问，我们的文艺也是要暴露的。只要生活中存在着危害人民群众利益、妨碍社会前进的东西……就必须勇于暴露、鞭挞他们的罪恶，揭露他们犯罪的社会原因"[③]，关键在于在暴露、讽刺黑暗时必须怀有"对国家、社会、民族的负责态度"[④]。同时，歌颂光明时必须坚持真实的原则，不能歌颂虚假的光明："我们的文艺要歌颂，但只能歌颂真实存在的、对人民群众真正有利的东西，而绝不能相反。""如果歌颂的竟是对实现四个现代化有害的东西，竟是对人民利益来说原应加以批判、暴露的东西，那就该对这样的歌颂严加警惕，注意它的严重后果。"[⑤]同年稍后发表的研究苏轼文学思想

① 王嘉军编：《徐中玉文集》第五卷，华东师范大学出版社2013年版，第1454页。
② 方克强编：《徐中玉文集》第一卷，华东师范大学出版社2013年版，第240页。
③ 王嘉军编：《徐中玉文集》第五卷，华东师范大学出版社2013年版，第1413页。
④ 王嘉军编：《徐中玉文集》第五卷，华东师范大学出版社2013年版，第1418页。
⑤ 王嘉军编：《徐中玉文集》第五卷，华东师范大学出版社2013年版，第1412页。

的论文《言必中当世之过》中，徐先生借苏轼之口强调"言必中当世之过"，并对此加以现代阐释："'言必中当世之过'实质上就是今天所说的作家应该干预生活、干预政治，对现实生活中的重大错误缺点不能熟视无睹，对种种不合理、不公平的现象不能不加批评、揭露。"换句话说，文学要发挥"救时""济世"的作用。① 1982年，在为纪念毛泽东《在延安文艺座谈会上的讲话》发表四十周年而写的《〈讲话〉的根本精神》一文中，徐中玉肯定文艺的社会作用："文艺要能够提高人民的斗争热情和胜利信心。"② 1983年纪念顾炎武逝世三百周年之际，徐中玉在《光明日报》发表文章，借顾炎武的话表明自己的文学观："文须有益于天下。"③主张"养其器识而不堕于文人"，"能文不为文人"④。1987年，面对当时文坛片面反对理性、强调本能、"表现自我"的追求，徐中玉在《使命、责任、价值》一文中指出："伟大的艺术家首先应该是一个具有伟大人格的人，'伟大'永远不可能同广大人民的幸福、人类社会的不断前进——这种崇高的思想、事业相脱离。"在改革开放的新时代，"抱着积极要求改革、支持改革的态度，凭我们对国家前途、以至人类进步事业的关怀和热情，把我们的全部心力都倾注到现实人生的兴利除弊方面去，这样的干预生活又为什么不应是文学工作者的正当使命呢？"⑤ 在1990年发表的《总目标、大道理及其他》一文中，徐中玉重申："极端个人主义、自私自利、一切向钱看、向动

---

① 查正贤编：《徐中玉文集》第三卷，华东师范大学出版社2013年版，第931页。

② 王嘉军编：《徐中玉文集》第五卷，华东师范大学出版社2013年版，第1578页。

③ 查正贤编：《徐中玉文集》第三卷，华东师范大学出版社2013年版，第742页。

④ 查正贤编：《徐中玉文集》第三卷，华东师范大学出版社2013年版，第744页。

⑤ 王嘉军编：《徐中玉文集》第五卷，华东师范大学出版社2013年版，第1420页。

物性看齐、半点社会责任感都没有，这种人……不管来自何方，都是应该反对的。""脱离人民、脱离实际、玩世不恭、游戏人生、耽于逸乐，甚至自甘颓废，极端只顾个人而还觉得众人皆醉我独醒，耻言促进功用以自高，凡此种种，实在不值得相互鼓吹、仿效。""人类社会自有其一些共同的准则、公认崇高的理想与道德。艺术本领对文艺工作来说当然不可缺少，但首先不可缺少的是一个大写的人应有的品格、胸襟。"①强调高尚的人格与道德，强调文学对社会的促进作用，"这大概是所有饱尝辛苦、历经坎坷、有些年纪的中国知识分子心里都想要说的一大愿望"，是"被笑为迂阔或疑为随风，均在所不计的"。②

由此决定了徐中玉对于文学与政治关系的态度。尽管徐中玉对建国以后直至"文革"时期文学长期被政治绑架深恶痛绝，尽管徐中玉本人曾深受"反右""文革"等极左政治之害，但面对新时期以来文学研究"去政治化""向内转"的倾向，徐中玉深刻指出："无需繁证博引，文艺当然是不能脱离政治的。""'不能脱离政治'这句话中所说的'政治'，是指非常广泛意义的政治。国家兴衰、民族安危、人民的命运与社会发展的前途，文艺工作者能完全脱离这些而创作出有价值的作品来么？文艺工作者只有对这些问题抱着极大关心，有积极贡献的热情与愿望，他的作品才有生命。这种意义的'不能脱离政治'，实际是指文艺工作者不能不有一种先进的、革命的思想，作为自己行动的指导。"③"不是任何政治都是文艺学术发展的障碍。""如果不把政治

① 王嘉军编：《徐中玉文集》第五卷，华东师范大学出版社2013年版，第1584—1585页。

② 王嘉军编：《徐中玉文集》第五卷，华东师范大学出版社2013年版，第1584页。

③ 徐中玉：《从实际出发看问题》，《文艺理论研究》1980年第3期，王嘉军编：《徐中玉文集》第五卷，华东师范大学出版社2013年版，第1613—1614页。

看得太狭隘，太急功近利”，“把凡对真美善的追求都认为可以包括在革新政治，有利于社会进步事业的范围之内，那就无须脱离，不必淡化”，“而且也是无从脱离的”。因此，主张文学“脱离”政治、“淡化”政治，不求文学“有用”，认为“讲求功利便庸俗”等等，“难免矫枉过正”，可以说是滑到了“另一极端”。“而具有忧患意识，有使命感与历史责任则是每一个爱国者应有、能有的。”①徐中玉先生此论，可谓语重心长。政治有大小、好坏之分。所谓“小政治”，是指党派政治发布的政策方针、下达的政治任务、发动的政治运动、制造的政治事件等等。所谓“大政治”，是指社会政治、民主政治所追求的人民利益、社会利益、国家利益，及其所体现的公民意识、伦理意识、道德意识、人文精神、家国情怀等等。反映、体现人民利益的“大政治”是“好政治”，出于党派意志的“小政治”如果违背民心，就是“坏政治”。文学可以不为“小政治”服务，但无法不为“大政治”服务；文学不应为“坏政治”服务，但无疑应当为“好政治”服务。鉴于文学的“去政治化”此路不通，90年代以来，文学理论界提出了文学的“再政治化”，要求重新认识和评价文学与政治的关系②，就是对徐中玉先生观点正确性的呼应和证明。

既然“言必中当世之过”，文学可以暴露、讽刺现实，积极干预生活，那么就必须有自由、民主的政治环境。所以艺术民主和学术自由，成为徐中玉先生的另一基本理论主张。在1942年出版的《学术研究与

---

① 徐中玉：《忧患深深八十年》，1994年2月28日，方克强编：《徐中玉文集》第一卷，华东师范大学出版社2013年版，第7—8页。

② 参刘锋杰、薛雯、尹传兰等：《文学政治学的创构——百年来文学与政治关系论争研究》第七章“90年代：文学再政治化的提出与发展”、第八章“2000年后：文学再政治化的拓展与深化”，复旦大学出版社2013年版，第387—519页。

国家建设》一书中，徐中玉指出："发展学术研究的基本条件"之一是允许"自由研究，自由批判"①。他说："人类社会全部的历史就是一部争取自由的历史……今日人类的一切努力，就在获取自由、实践自由。自由是一切进步、一切创造、一切德行的源泉。""学术研究就必须也要在自由的状态之下，始能获得盛大的发展。"②"学术研究必须自由，但这当然不是指那种无目的、无意识、无知觉的自由。这乃是一种有计划、有决心，能为国家人类远大幸福的利益而积极努力的自由。""汉奸们危害祖国的理论不但不应给以自由，还应加以扑灭。"③1979年，针对动乱时期凭长官意志决定作品好坏的现状，徐中玉呼吁："发扬艺术民主，为繁荣创作提供必要条件。"④1985年，中共中央在中国作家协会第四次会员代表大会祝词中明确提出："创作必须是自由的"，"我们党、政府、文艺团体以至全社会，都应该坚定地保证作家的这种自由"。徐中玉著文拍手叫好，并加以自己的阐释："保证作家创作自由的关键恐怕首先还在于实现政治民主，更高程度上的社会主义民主。例如，对于那些一贯用'左'视眼看问题，对创作惯于横加干涉的人……文艺界的群众应该有权通过民主程序把他们的命运操在群众手里。"同时，他也颇负责任感地补充说："绝对的、不受任何约束的自由是不存在的，也不可能存在。""自由不是可以让我们随意违犯社会发展规律，放弃或忽视应该负起的责任。""我们所主张的是为人民服务、为社会主义服务，在当前主要是为发展生产力、提高人

① 方克强编：《徐中玉文集》第一卷，华东师范大学出版社2013年版，第66—71页。

② 方克强编：《徐中玉文集》第一卷，华东师范大学出版社2013年版，第71页。

③ 方克强编：《徐中玉文集》第一卷，华东师范大学出版社2013年版，第72页。

④ 王嘉军编：《徐中玉文集》第五卷，华东师范大学出版社2013年版，第1570页。

民物质生活和精神生活水平服务的创作自由，写生活真实而不是瞒和骗的自由。"①1986年，徐中玉结合自己的遭遇对"双百"方针提出了重新解释："过去曾提出、倡导过'百家争鸣'，结果是昙花一现，客观上变成了'引蛇出洞'，谁稍稍争鸣几句，话还没说完，棍子、帽子就一齐来了。据说'百家'实际只是两家，即马克思主义一家与资产阶级思想一家。资产阶级思想早已定为'反动'的东西……还能来进行什么'百家争鸣'？"②由此可见，"'百花齐放'的前提是'百家争鸣'，'百家争鸣'的前提是真要有社会主义民主，并且还得不断扩大"③，"没有'百家争鸣'，没有创作和评论的自由，'百花齐放'的光辉灿烂局面怎能实现呢？"④

与此相应，在研究方法上，徐中玉强调实事求是、独立思考。1956年10月21日在长江大戏院为上海作家协会所作的专题报告中，他以"自己思索，自己做主"为题，系统介绍鲁迅文学研究方法："在文学研究上，鲁迅最重视的是研究者应有独立思考的勇气和能力。他主张研究者必须'自己思索，自己做主'，必须'自己放出眼光'来看书，不要'随风转舵'、'人云亦云'"⑤，反对"迷信权威，俯仰随人"⑥，"既然要独立思考，不能迷信，不能盲从，因此研究者就可以大胆怀疑，或对某些一时还未能作出确切证明的事物抱着存疑的态度"，"但

---

① 王嘉军编：《徐中玉文集》第五卷，华东师范大学出版社2013年版，第1533页。
② 王嘉军编：《徐中玉文集》第五卷，华东师范大学出版社2013年版，第1598页。
③ 王嘉军编：《徐中玉文集》第五卷，华东师范大学出版社2013年版，第1602页。
④ 王嘉军编：《徐中玉文集》第五卷，华东师范大学出版社2013年版，第1598页。
⑤ 方克强编：《徐中玉文集》第二卷，华东师范大学出版社2013年版，第606—607页。
⑥ 方克强编：《徐中玉文集》第二卷，华东师范大学出版社2013年版，第607页。

胆大是一面，另一面还要心细"。①这里实际上是通过对鲁迅主张的介绍与肯定，倡导独立思考的研究方法。1983年，徐中玉先生以邓小平思想为依据，指出"文艺理论研究的正确方向"，就是坚持"实事求是、一切从实际出发、理论与实践相结合的这样一个马克思主义的根本观点、根本方法"，肯定"敢于大胆讲话、有理论勇气的人，是好样的"。②后来，他又借系统研究邓小平文艺工作思想之机，进一步强调"解放思想"，"坚持实事求是"。③在文学创作方法上，徐中玉反复强调"写真实"的"现实主义"方法。1944年，徐中玉提出"民族文学"概念时要求："自我鞭策应成为民族文学必备的条件。毫不讳饰地指出本族生活中的一切污点和罪行，站在期望改革的见地提出积极可行的方策，号召人们去反省、去改善、去实行。不能做到这点的文学，是夸大的、空虚的、欺骗的、软弱的，不配称民族文学。"④1988年，他发文倡导"现实精神""现实品格"，指出"写真实的作品是好样的"。⑤1989年，他著文指出：报告文学的生命力来自真实、纪实文学的最大优势就在纪实⑥。90年代初，徐先生进一步强调："我喜爱具有现实主义精神的文学，即站在人民群众的方面，真实地描写出社会生活

---

① 方克强编：《徐中玉文集》第二卷，华东师范大学出版社2013年版，第609页。

② 徐中玉：《文艺理论研究的正确方向》，《文艺理论研究》1983年第4期；《激流中的探索——徐中玉论文自选集》，华东师范大学出版社1994年版，第67页。

③ 徐中玉：《要真正坚持实事求是，就必须继续解放思想》，《文艺争鸣》1986年第1期；王嘉军编：《徐中玉文集》第五卷，华东师范大学出版社2013年版，第1589页。

④ 方克强编：《徐中玉文集》第一卷，华东师范大学出版社2013年版，第120页。

⑤ 王嘉军编：《徐中玉文集》第五卷，华东师范大学出版社2013年版，第1610、1611页。

⑥ 王嘉军编：《徐中玉文集》第五卷，华东师范大学出版社2013年版，第1615、1616页。

的本相的文学。"①"真实的才得永恒!"②

　　一生遭逢忧患,所以他坚持和强调"文须有益于天下""言必中当世之过",致力于倡导艺术民主和学术自由,因而徐中玉的文论基本上属于"有德者必有言"的"道德文章",探讨文学"所指"的责任、使命、功用的"他律"的论文居多,探讨文学"能指"的形式、结构、技巧的"自律"的分量较轻。③这或许会让当下某些文学自律论者感到不足,但与民族救亡、改革开放这样的民族大业、国家大业比较起来,文学的形式、结构、技巧之类的"自律"确实太微不足道,有志之士是不屑为的。汉代的扬雄就曾声明:"雕虫篆刻,壮夫不为。"清初的顾炎武遥相呼应:"凡文之不关于六经之旨、当世之务者,一切不为。"为什么呢?因为在古人看来,"不知务道德而第以文章为能事,艺焉而已"(周敦颐)。而"形而上者谓之道,形而下者谓之器"(《易传》),"道"为本,"艺"为末。徐中玉的文艺思想与此一脉相承。因此,徐中玉的学术不是纯学术,徐中玉的文论乃是道德家的文论。事实上,"第一流人物对于时代和历史进程的意义,在其道德方面也许比单纯的才智成就方面还要大"(爱因斯坦)。正如有人在评价王元化时赞叹的那样:"先生的文章里凝聚着一份忧国忧民之情","具有一种令人肃然起敬的正气和对时代民族的关怀"。④移之于评价徐中玉先

---

① 王嘉军编:《徐中玉文集》第五卷,华东师范大学出版社2013年版,第1621页。

② 王嘉军编:《徐中玉文集》第五卷,华东师范大学出版社2013年版,第1623页。

③ 徐中玉论文学的特点是形象,见《徐中玉文集》第五卷,第1490页,《徐中玉文集》第六卷,第1662页;论形象的特性,见《徐中玉文集》第五卷,第1498页;论形象的审美力量,见《徐中玉文集》第五卷,第1501页;论文学的语言锤炼,见《徐中玉文集》第一卷,第257—288页;论文学技巧,见《徐中玉文集》第六卷,第1690页。

④ 安迪:《清园问学记》,《文汇读书周报》1992年7月4日。

生，再合适不过。读者从徐中玉文章中受到感动最多的，是他身上那一份中国传统知识分子的良知和骨气，是作为新时期文坛执牛耳者的高尚人格和社会责任。

三、知识谱系与学术结构

徐中玉先生的上述基本文艺思想，贯彻在他不同时期的各种论著中。如果进一步分析，就会发现徐中玉一生的学术成就主要体现在四个领域，即抗战文论、苏俄文论、古代文论与现代文论，它们互有转换与联系，构成了徐中玉先生一生的知识谱系与学术结构。

徐中玉是以抗战文论开始其学术生涯、登上中国学术舞台的。早在无锡读高中时，他就在校报和校刊发表抗战文章。在山东大学、中央大学读书期间，他的抗战文章已经全面开花。在此基础上，他于中山大学研究院毕业前，也就是1941年1月，整理、出版了专著《抗战中的文学》（重庆国民图书出版社）。处于战火纷飞之际出版的书一般篇幅不大，《抗战中的文学》也只有几万字，只是小册子，但却比较系统地回答了抗日战争对文学创作的影响、文学作品对抗战的作用、怎样加强文学的抗战等重大问题，提出了当时文学面临的重大任务。论著指出："中国的新文学运动自一九一七年一月胡适在《新青年》上发表《文学改良刍议》以来，到今天已有二十四年的历史了。""由中国社会的半殖民地的性质所决定"，"二十四年来的中国整个社会，一直受着帝国主义的严重威胁"，所以"二十四年来的中国新文学运动共同的精神"，就是"反帝民族斗争的精神"。[1] "帝国主义，特别是日本帝国主义，近二十年来对我的疯狂侵略与压迫，终于在三年多前燃着了我们

① 方克强编：《徐中玉文集》第一卷，华东师范大学出版社2013年版，第21页。

民族革命抗日战争的烽火。"①"十几年的抗日战争不仅赋予我们的民族、社会以新的生命，也赋予中国的文学以新的生命。这种新的生命主要表现在如下几个方面：一、抗战取消了政府原来对反帝情绪的限制，促使了"自由"的"复醒"，"我们已可用任何爱用的方法来写作抗日的文学，我们已可用任何爱用的字眼、声音，来表现我们对日本帝国主义野兽军阀们的痛恨"②。二、"抗战为文学供给了火花灿烂的题材"和"可泣可歌的动人的故事"，催生了"伟大作品"。③三、"抗战把文学的领域扩大了、视野放宽了"，文学"从狭隘的都市、学校、书房、亭子间、咖啡室的小天地里解放出来，走向乡村、工厂、兵营、田野、去认识、去体验广大民众的生活"。④同时，抗战给文学提出了许多新的问题，并提供了解决的可能性⑤；抗战促成了作家间的团结，这就是1938年在汉口成立的"中华全国文艺界抗战协会"，并促成了他们的进步。⑥1938年，"中华全国文艺界抗战协会"在汉口成立，奠定了文艺界联合抗战的基础。那么，文学可为抗战做些什么呢？这就是："文学帮助了抗战情绪的普遍提高"，"文学激发了民族意识和爱国观念，巩固了团结"，"文学随时打击了汉奸敌寇的阴谋"，"帮助了政令的推行"，"使抗战获得了世界的同情"。⑦于是，徐中玉从政府、文协、作品三方面提出了如何加强文学抗战的要求。最后提出"文学

---

① 方克强编：《徐中玉文集》第一卷，华东师范大学出版社2013年版，第22页。

② 方克强编：《徐中玉文集》第一卷，华东师范大学出版社2013年版，第23—24页。

③ 方克强编：《徐中玉文集》第一卷，华东师范大学出版社2013年版，第24、25页。

④ 方克强编：《徐中玉文集》第一卷，华东师范大学出版社2013年版，第25页。

⑤ 方克强编：《徐中玉文集》第一卷，华东师范大学出版社2013年版，第26页。

⑥ 方克强编：《徐中玉文集》第一卷，华东师范大学出版社2013年版，第27页。

⑦ 方克强编：《徐中玉文集》第一卷，华东师范大学出版社2013年版，第29—33页。

目前的任务"是"抗战第一""胜利第一"。①换个角度看，抗战文学实际上是民族文学，但民族文学的概念较之抗战文学更具普适的基础理论意义。在中山大学教书期间，徐中玉比较系统、深入和带有开创性地思考、论述了这个问题，于1944年出版《民族文学论文初集》（重庆国民图书出版社）。在解放前徐中玉所出版的书中，这是篇幅较大的一部书，约10万余字。作者首先给"民族文学"正名："广义地说，一民族所产生的文学就是这民族的文学"；"狭义地说，必要那种能积极地、自觉地与产生它的民族的当前情势紧密结合的文学，才得称为民族文学"。②接着提出："我们为什么要提倡民族文学？……是要适应民族当前的迫切需要：抗战建国！"③同时提醒："真正的民族文学，一方面是反侵略的，他方面是不侵略的。它反抗一切加诸本族的横暴，也反对加诸他族的一切横暴。它主张民族间的合作协进，共存共荣。它不夸张自己、抹杀他人，它激起人们爱护本族之心，同时也养成他们尊重外族、热爱人类的心理。"④然后，作者从民族制度、爱国主义、国际主义、民族性改造、民族传统、民族历史、民族英雄、民族乡土、民族传习九个方面分析、探讨了它们与民族文学的关系，使"民族文学的理论"作为一种"有系统的科学"得到了初步建构。⑤作者在自序中说："系统的讨论民族文学的书籍，前乎此在中国还没有产生，期刊报纸上偶或见有这类文字，又都颟顸滞驳"，因此，"我就决定由自己首先

---

① 方克强编：《徐中玉文集》第一卷，华东师范大学出版社2013年版，第34—48页。

② 方克强编：《徐中玉文集》第一卷，华东师范大学出版社2013年版，第118页。

③ 方克强编：《徐中玉文集》第一卷，华东师范大学出版社2013年版，第119页。

④ 方克强编：《徐中玉文集》第一卷，华东师范大学出版社2013年版，第119页。

⑤ 方克强编：《徐中玉文集》第一卷，华东师范大学出版社2013年版，第118页。

写出一部有系统的书来"。①钟敬文先生评论说：该书不仅涉及范围广阔，而且理论上也有"特别的光彩"，"处处迸出美好的思想底花，使人读着，像踏入一个红酣绿醉的园子中"，"不仅仅是民族文学问题上秀异的见解，而且是一般文学理论上乃至于一般文化理论上的秀异见解"。②

徐中玉一生虽然把大量精力放在古代文论研究方面，并以古代文论成就著称，而在解放前的年轻时期，他曾经在西方文论尤其是苏俄文论方面花过大功夫，并在著述中有突出体现。这是因为"俄国和苏联的文学在最近二十多年"在我国产生了"巨大无比的影响"，"他们的意见对我们特别有用，他们的故事对我们特别熟悉"。③1944年，徐中玉主持编译、出版了《伟大作家论写作》一书。1948年，他出版了10万余字的《文艺学习论》，这是他解放前出版的另一部代表作。该书属于指导青年学习文艺的书籍，旨在从青年中培养文艺新军。书中"特别重视文学与生活和战斗的关系"，特别重视"坚贞人格对于艺术完成的深切影响"和"语言的修养"。而用来说明观点的理论材料和创作范例多以苏俄作家为主。④作者引用的苏俄作家和文艺理论家有高尔基、托尔斯泰、果戈理、契诃夫、柏林斯基（别林斯基）、屠格涅夫、普式庚（普希金）、普列哈诺夫（普列汉诺夫），此外还涉及柏拉图、法朗士、莱辛、纪德等少数西方作家、理论家。苏俄作家、理论家的批判现实

---

① 方克强编：《徐中玉文集》第一卷，华东师范大学出版社2013年版，第116页。

② 方克强编：《徐中玉文集》第一卷，华东师范大学出版社2013年版，第114页。

③ 1948年《文艺学习论》后记，方克强编：《徐中玉文集》第一卷，华东师范大学出版社2013年版，第322页。

④ 1948年《文艺学习论》后记，方克强编：《徐中玉文集》第一卷，华东师范大学出版社2013年版，第322页。

▲ 祁志祥看望徐中玉先生

主义态度与徐中玉文学为人生、为社会服务的主张一拍即合，苏俄作家、理论家对文学语言的强调启发了徐中玉对文学形式及艺术特征的兼顾，促进了徐中玉口手合一、言文合一的"语文"概念的形成。1954年，他出版《论文艺教学和语文问题》（上海东方书店），1955年，他出版《写作和语言》（上海东方书店）以及《文学作品的阅读和写作》（上海东方书店），始终将文学教学与"语文""语言"问题联系在一起讨论，说到底，是源于对语言在文学作品中重要地位的重视。新中国成立初期，在坚持马克思列宁主义、一切向苏联老大哥学习的时代风气下，徐中玉高举"学习苏联经验，改进文艺教学"①的旗帜，在原有苏俄作家、理论家文艺思想积累的基础上进一步加以拓展，用来阐释文艺教学和语文问题的苏俄作家、理论家除了原来曾引述过的高尔基、托尔斯泰、果戈理、屠格涅夫之外，新增了列宁、斯大林、加里宁、凯诺夫、法捷耶夫、爱伦堡、奥斯特洛夫斯基、柯斯莫捷绵斯卡娅等人，批判了以莫斯科某师范学院考赛尔斯基教授为代表的"纯粹而不含杂质"的形式主义文艺教学思想。其中，"高尔基论文学工作者的学习和修养""高尔基论文学批评"和"列宁和语文问题"是关于

① 王嘉军编：《徐中玉文集》第六卷，华东师范大学出版社2013年版，第1630页。

高尔基、列宁的专题研究^①，显示了作者关于苏联经典作家和革命导师相关思想的长期收集和深入分析之功。在苏俄作家、理论家对言文合一的"语文"重视的思想指引下，徐中玉走向了对"语文"的研究。1984年，浙江人民出版社出版了他的《学习语文的经验和方法》一书，继续探讨语文学习问题，包括"提高口语表达能力"^②："每一个人都需要有较高的口语表达能力，因为我们对已经知道了的东西未必能表达得好，能用文字表达得不错的，用口语表达未必一样不错。"^③"我国有重视口语表达的传统，'口若悬河'、'语惊四座'、'舌底生花'、'出口成章'、'能说会道'、'能言善辩'……这些都是含有褒义的词语。"^④当然，从德主言辅、反对形式主义的基本文学观出发，徐中玉补充指出："不消说，此中所褒的，既是巧妙动人的表达技巧，也是其中真实的、合理的、丰富的内容。所谓'花言巧语'、'口蜜腹剑'、'血口喷人'、'信口雌黄'、'巧言利口'、'如簧之舌'……则因其中充满着虚伪的、诬妄的、欺骗的东西，所以即使一时听来好象很甜蜜、很尖利、很迷惑人，终究还是要遭到唾弃。"^⑤他主编的《大学语文》不叫《大学文学》，也可从这方面加以理解。

与早先致力于抗战文论、后来致力于苏俄文论相比，古代文论的研究虽然姗姗来迟，但却是徐中玉先生用力最多、成就最高、影响最

---

① 详参王嘉军编：《徐中玉文集》第六卷，华东师范大学出版社2013年版，第1706—1717页、第1861—1873页、第1719—1763页。

② 王嘉军编：《徐中玉文集》第六卷，华东师范大学出版社2013年版，第1915页。

③ 王嘉军编：《徐中玉文集》第六卷，华东师范大学出版社2013年版，第1916页。

④ 王嘉军编：《徐中玉文集》第六卷，华东师范大学出版社2013年版，第1915页。

⑤ 王嘉军编：《徐中玉文集》第六卷，华东师范大学出版社2013年版，第1915—1916页。

大的领域。徐中玉先生的古代文论研究，从解放前在中山大学文学研究院读书时就正式开始了。他在研究院所作的毕业论文就是30万字的《两宋诗论研究》，遗憾的是一直没有出版。在中山大学读书与执教期间，他曾发表过几篇古代文论论文，如《南朝何以为中国文艺批评史上之发展时期》（1942）、《〈文心雕龙〉与〈诗品〉》（1944）、《论诗话之起源》（1944）、《中国文艺批评所受佛教传播的影响》（1945）。[①]另外，他在1942年出版的《学术研究与国家建设》一书第二章第四节"学术专门，学术统整"论析学术的个案研究与系统研究、微观研究与宏观研究的关系时，引用了若干清代学者的论述，可见出古代文论方面的功力。[②]新中国成立后，1954年出版的《论文艺教学和语文问题》一书在大量引用苏联作家、理论家文艺创作经验的同时，也引用了部分中国古代文论资料说明观点。[③]促使徐中玉先生在古代文论研究方面获得巨大飞跃的契机是打成"右派"后的二十年，沉潜在与现实政治无关的古代文论资料搜集中，是最为安全的填补精神支柱的工作。徐中玉回忆说："在被反右'扩大化'进去以及'文革'中当'牛鬼蛇神'的二十年间，既然一切应有的权利都已无存，在'孤立'、抄家、扫地、背书、受审之余，为使身在'另册'而心灵有所寄托，觉

---

① 上述诸篇收入查正贤编：《徐中玉文集》第四卷，华东师范大学出版社2013年版。

② 方克强编：《徐中玉文集》第一卷，华东师范大学出版社2013年版，第75—83页。值得说明的是，查正贤编《徐中玉文集》第四卷将徐中玉发表在1942年第5卷第4、5期《时代中国》上的《中国近代学术研究之回顾与展望》作为"解放前古代文论的八篇文章"加以收印，不够严密。一是此文所论"学术"主要指自然科学，不涉及古代文论，列为"古代文论文章"不确；二是此文作为专著《学术研究与国家建设》的两章，分别已在《徐中玉文集》第一卷中收录（见该书第56—65页、第109—110页），在此有重复之嫌。

③ 见王嘉军编：《徐中玉文集》第六卷，华东师范大学出版社2013年版，第1701—1704页、第1776—1809页、第1852页等。

得乘此机会利用一切空暇继续前功，不失为自全的方法。想不到……这段艰难时期却成了我再度沉入的旺盛阶段。我继续从七百多种有关书籍中做了四五万张卡片，估计当不下写了一千多万字。"①值得指出的是，这些书籍多为古籍，积累的资料多为古代文论资料。新时期平反昭雪后，徐中玉先生将大量精力都投入到了古代文论资料的整理、研究、挖掘之中。新时期以来，徐中玉先生出版的古代文论研究成果有《论苏轼的创作经验》（1981年，华东师范大学出版社）、《古代文艺创作论集》（1985年，中国社会科学出版社）、《现代意识与文化传统》（1987年，河南大学出版社）、《苏东坡文集导读》（1990年，巴蜀书社）、《苏轼诗话》（与朱桦合编，收入吴文治主编《宋诗话全编》，1998年，江苏古籍出版社）、《刘熙载论艺六种》（与萧华荣共同整理，1990年，巴蜀书社），主编《中国古代文论研究方法论集》（1987年，齐鲁书社）、《古文鉴赏大辞典》（1989年，浙江教育出版社）、《中国近代文学大系·文学理论集》（1996年，上海书店）、《中国古代文艺理论专题资料丛刊》（2013年，中国社会科学出版社）。徐中玉先生的古代文论研究，既有微观的点，又有宏观的面。点以苏轼、刘熙载为代表。关于苏轼，他编写过三本书。苏轼之所以吸引他，是因为苏轼独立不阿的耿介人格、百折不挠的坚强意志、"言必中当世之过"的社会责任和批判精神与他的生活遭遇、人生追求形成了巨大的呼应。刘熙载所以打动他，不仅在于刘熙载卓尔不凡的文艺见识，而且在于刘熙载"举此以概乎彼，举少以概乎多"的批评方法。在关于中国古代文论的宏观思考方面，徐中玉先生提出了自己的独到看法。中国古代文

①　徐中玉：《学习文艺理论研究的一点体会》，王嘉军编：《徐中玉文集》第五卷，华东师范大学出版社2013年版，第1397页。

论有什么民族特色？《简论中国文论的民族特色》（1985年）提出"尚用""求真""重情""重简"四点①，《略谈古代文论在当代文艺研究中的地位与作用》（1989年）提出"尚用""求真""重情""重简""形式多样""艺术辩证法异常丰富"六点②。所谓"尚用"，大至经邦济世、为时为事，小至娱乐身心、传之后世，全谈到了，其中最重要的，是"怨刺上政""不平则鸣""发愤著书""穷而后工"的现实批判作用。③

他对杜牧、苏轼、顾炎武等人的关注和重视，与此密切相关。所谓"求真"，是讲"信"、讲"实"、讲"诚"，是"融真实、真情、真理于一炉"，是坚持做人与作文的统一，是要求"反映客体要真，抒写主体也要真"。④他强调"文章且须放荡"，肯定文章"适独坐""得首肯"，创作"自是一家"，亦与此不无关联。所谓"重情"，就是"重人""重心"，重视主体心性在文学创作中的地位和作用。"文学有潜移默化、感发读者意志的特殊作用，这作用就是从情的感染中产生的。"⑤所谓"重简"，是指"通道必简""辞尚体要""要言不烦""举一反三"⑥。所谓"形式多样"，是有赋体、有骈文、有诗体，还有随笔、杂记、书信、题跋、序引、评点等等，丰富多彩，而且大多本身就是艺术品。⑦所谓"艺术辩证法异常丰富"，指"一与

---

① 查正贤编：《徐中玉文集》第四卷，华东师范大学出版社2013年版，第1187—1190页。

② 查正贤编：《徐中玉文集》第四卷，华东师范大学出版社2013年版，第1195—1202页。

③ 查正贤编：《徐中玉文集》第四卷，华东师范大学出版社2013年版，第1196—1197页。

④ 查正贤编：《徐中玉文集》第四卷，华东师范大学出版社2013年版，第1198页。

⑤ 查正贤编：《徐中玉文集》第四卷，华东师范大学出版社2013年版，第1198、1199页。

⑥ 查正贤编：《徐中玉文集》第四卷，华东师范大学出版社2013年版，第1200、1199页。

⑦ 查正贤编：《徐中玉文集》第四卷，华东师范大学出版社2013年版，第1201页。

多、远与近、难与易、厚与薄、多与少、形与神、景与情、大与小、疏与密、离与合、变与通、有法与无法"等等，"它们既对立，又统一，既相反，又相成"。①关于中国古代文论的思维特点，徐中玉总结为四点。一是"审美的主体性"，也就是强调"自得之见""自出手眼""自抒怀抱"，要求言必己出，有个人的独特感受和风采。二是"观照的整体性"，既有微观、细节，更重整体、大局，"见树又见林"。三是"论说的意会性"，"重在意会，点到即止，让人举一反三"。四是"描述的简要性"，"力求简要"，"无须烦辞"。②关于中国文艺理论中的形象与形象思维问题，徐中玉以大量资料指出：在古人看来，"写出形象和用形象思维，对文艺创作来说，是'驭文之首术，谋篇之大端'"③；而"形象思维的基础、对象是客观存在的'物'"④；"文艺创作的源泉是物，不能离开物，但作家不能单纯写物，还要抒写出他对所反映事物的爱憎，这就是文艺作品的抒情特点"⑤；文艺作品在描写对象之物时，不仅要"拟容"，而且要"取心"，透过现象反映事物的本质、灵魂⑥；在此基础上还要求高度概括，以小见大，具有"典型性"⑦；运用形象思维加工概括，诞生了"胸中之竹"，接着有一个用语言加以表达的问题；用形象思维进行创

① 查正贤编：《徐中玉文集》第四卷，华东师范大学出版社2013年版，第1201页。

② 徐中玉：《中国古代文论的思维特点及其当代走向》，1991年，查正贤编：《徐中玉文集》第四卷，华东师范大学出版社2013年版，第1204—1208页。

③ 查正贤编：《徐中玉文集》第三卷，华东师范大学出版社2013年版，第799页。

④ 查正贤编：《徐中玉文集》第三卷，华东师范大学出版社2013年版，第801页。

⑤ 查正贤编：《徐中玉文集》第三卷，华东师范大学出版社2013年版，第805页。

⑥ 查正贤编：《徐中玉文集》第三卷，华东师范大学出版社2013年版，第814页。

⑦ 查正贤编：《徐中玉文集》第三卷，华东师范大学出版社2013年版，第820页。

作，需要具备多方面的才能，包括思想的才能，观察生活、驰骋想象、艺术描写、推陈出新的才能①，掌握比兴方法的才能，以及深入生活的经历②。为什么要研究古代文论？徐中玉反复强调：这就是要"古为今用"③，让古代文论在当代文艺理论体系建构中发挥作用。"在文艺理论领域里，我们已经基本脱离了本国文论历史的实际几十年，基本不是在走自己应走的道路。"所以在拨乱反正之后的新时期恢复古代文论的研究传统显得特别有意义。考虑到动乱年代荒废甚多，"搜集、整理、出版、研究资料的工作还需大力进行"④，"目前讲来，首先要详细占有资料"⑤，于是，从80年代初开始，徐中玉便组织、带领华东师大中文系的一批年轻的弟子及个别青年教师着手编纂《中国古代文艺理论专题资料丛刊》。上自先秦下到近代，横跨诗、文、词、曲、小说、戏剧、绘画、音乐、雕塑、书法诸多领域，涵盖本原、情志、神思、文质、意境、典型、艺术辩证法、风骨、比兴、法度、教化、才性、文气、通变、知音十五大主题。第一册《通变编》出版于1992年，第二册《艺术辩证法编》出版于1993年，第三册《意境·典型·比兴编》出版于1994年，第四册《神思·文质编》出版于1995年，第五册《本原·教化编》、第六册《文气·风骨编》出版于1997年，第七册《才性编》出版于1999年。待《法度》《情志》《知音》三编完成后，分为四册于2013年合编出版。此书从开始编辑到最终出版，前后横跨三十多年，达

---

① 查正贤编：《徐中玉文集》第三卷，华东师范大学出版社2013年版，第832页。

② 查正贤编：《徐中玉文集》第三卷，华东师范大学出版社2013年版，第832、836页。

③ 查正贤编：《徐中玉文集》第三卷，华东师范大学出版社2013年版，第908、910、912、923页；《徐中玉文集》第四卷，华东师范大学出版社2013年版，第1176页。

④ 查正贤编：《徐中玉文集》第四卷，华东师范大学出版社2013年版，第1183页。

⑤ 查正贤编：《徐中玉文集》第四卷，华东师范大学出版社2013年版，第1174页。

350余万字，是目前规模最大的中国古代文论资料专题汇编。

第四个领域是现代文论，也就是鲁迅研究和结合现实问题发表的文艺评论或文艺理论思考。关于鲁迅研究，徐中玉出版过三部专著。一部是1954年出版的《鲁迅生平思想及其代表作研究》。这是应开设"现代中国文学"课程需要而写，"在某些问题上""也提出了一些自己的看法"，"例如关于《药》、《故乡》、《阿Q正传》等篇的某些论点便是如此"①，但总体说来，"对于大致已成定论的问题""一般只是综述成果"②；"教课怕出毛病，便根据权威意见，很少直谈自己看法，的确很少可取之处"③。第二部是1957年出版的《关于鲁迅的小说、杂文及其他》。1956年"纪念鲁迅逝世二十周年前后，紧张的空气一度放松了些，这时继续写的东西才稍为象样一点，能够多说自己的话了"，但"没有想到，小册子刚出版，就遭飞来横祸"。④第三部是出版于鲁迅一百周年诞辰之后（1983年）的《鲁迅遗产探索》。时代开放了，这部书对鲁迅的研究更多地是讲自己的真情实感、研究所得，比如对鲁迅"自己思索，自己做主"的研究方法的肯定，对鲁迅文学创作"真实性"、文艺评论"科学性"的揄扬。新时期以来，徐中玉先生作为文坛的执牛耳者，保持了与时俱进的开放态度、高度敏锐的问题意识，就文艺界不断涌现的新问题作出及时回应，表现了对文坛健康走向的有意识把控。代表作有《试论当前文论中七个问题》⑤《当前文艺理论批评工

① 方克强编：《徐中玉文集》第二卷，华东师范大学出版社2013年版，第540—541页。
② 方克强编：《徐中玉文集》第二卷，华东师范大学出版社2013年版，第540页。
③ 方克强编：《徐中玉文集》第二卷，华东师范大学出版社2013年版，第673页。
④ 方克强编：《徐中玉文集》第二卷，华东师范大学出版社2013年版，第673页。
⑤ 王嘉军编：《徐中玉文集》第五卷，华东师范大学出版社2013年版，第1351页。

作中的几个问题》①《论文艺的歌颂、暴露与讽刺》②《使命、责任、价值》③《现代意识与文化传统》④《关于"当代意识"的思考》⑤。比如80年代后期对各种"当代意识"提法的思考与回应："第一，例如'叛逆意识'、'反传统意识'、'批判意识'、'突破意识'，等等。我们要改革、开放、搞活，自然要对一切违反、阻碍这个总体要求的陈腐、僵化、确属过时的一切东西进行革除、创新，但笼统地提出'叛逆'、'反传统'、'批判'、'突破'，至少在客观上有把过去完全'一刀切掉'，割断历史的副作用。"⑥"第二，例如'自我意识'、'超脱意识'、'忧生意识'、'竞争意识'，等等，这些意识在一定意义上都很有必要"，问题在于它们"在具体内容上往往存在显著的差异：强调'自我'，可以走向只顾自己，变成极端个人主义；决心'超脱'，可以走向脱离改革的现实，钻进象牙之塔或空虚的心灵怪想中去；一味'忧生'，可以拼命追求名利地位而钻营奔走，甚至不择手段，去攫取所谓'自己应有的位置'；'竞争'是好事，但……只为个人而竞争，亦会产生某种弊病"⑦。"第三，例如'哲理意识''超前意识''反思意识'等等。高扬这些意识的作用，对浑浑噩噩、自甘保守、得过且过的思想状态也许不无小补，但真要产生有益的作用，并不是提出了应有这类意识就行，主要还得看高扬的是何种哲理，超前于什

① 王嘉军编：《徐中玉文集》第五卷，华东师范大学出版社2013年版，第1369页。
② 王嘉军编：《徐中玉文集》第五卷，华东师范大学出版社2013年版，第1409页。
③ 王嘉军编：《徐中玉文集》第五卷，华东师范大学出版社2013年版，第1419页。
④ 王嘉军编：《徐中玉文集》第五卷，华东师范大学出版社2013年版，第1425页。
⑤ 王嘉军编：《徐中玉文集》第五卷，华东师范大学出版社2013年版，第1431页。
⑥ 王嘉军编：《徐中玉文集》第五卷，华东师范大学出版社2013年版，第1433页。
⑦ 王嘉军编：《徐中玉文集》第五卷，华东师范大学出版社2013年版，第1434页。

徐中玉先生传略 轶事及研究

么，反思些什么而定。"①毫无疑问，这些回应和告诫是具有深厚的历史感和启迪性的。

徐中玉先生曾指出："研究文艺理论要把古代的、现代的、外国的三个方面沟通起来。"②从他本人在苏俄文论、古代文论、现代文论所做出的成果，可看出他在打通这三方面文论的努力。而早先登上文坛的抗战文论，究其实，不过属于现代文论的一脉，不过这"现代"不是指当代，而是指抗战时期罢了。

四、治学方法及其特色

纵观徐中玉先生一生的学术，他在治学方法上呈现出哪些特色呢？

第一是学以致用、知行合一、"纯粹研究与实际应用的统一"③。徐中玉先生不是一个"两耳不闻窗外事，一心只读圣贤书"，与世隔绝、枯坐在书斋里的学者，他的文学评论和理论研究总是关注着自己所处的社会，回荡着时代的涛声，有着强烈的现实针对性。这导源于学以致用、知行合一的治学方法。关于这一点，他在1942年所出《学术研究与国家建设》一书中就辟出"纯粹研究与实际应用的统一"一节详加专论。"学术研究的目的，不但是'格物致知'，而且要'利用厚生'"，而不是"为科学而科学"的"纯粹研究。"④"科学的起源，先由于社会民生的需求，有了这种需求，就促进在这些问题上的研究，结果就有了科学的发展。既发展某项科学之后，沿着实践的路线，再加以理论的研究，而后使实践更进步，社会民生更进化；等到社会民生更

---

① 王嘉军编：《徐中玉文集》第五卷，华东师范大学出版社2013年版，第1434页。
② 查正贤编：《徐中玉文集》第三卷，华东师范大学出版社2013年版，第918页。
③ 方克强编：《徐中玉文集》第一卷，华东师范大学出版社2013年版，第83页。
④ 方克强编：《徐中玉文集》第一卷，华东师范大学出版社2013年版，第83页。

进化，需求更大，于是科学也就更发展、更进步。社会需要与科学发达是相互作用，然而论其始基，当然是社会需要在先，因为没有需要，就不会产生科学。"[1]"科学最后的归趋，必为纯粹研究与实际应用的完满结合、完满统一！"[2]"学术研究必须与实际应用统一起来！""纯粹研究与实际应用的统一，不但将为我国造成许多实际有用的人才，完成许多光辉灿烂的事业，同时学术研究本身也将空前地发展起来。"[3]在后来一生的学术生涯中，徐中玉始终贯彻了这一方法。

第二是微观与宏观、分析与综合相结合。关于这一点，早在《学术研究与国家建设》一书中，徐中玉就辟出"学术专门，学术统整"一节加以专论："学术要分析，要专门，又要综合，要统整。就研究者而言，便是要专家，又要通人。学术无专门不能有深博的统整，无统整不能产生伟大的作用，人材非专家不能，然而必须要有了通人，才得为经世之业。有统整与通人，学术研究才能发展发达。"[4]"专家是通识的基础，没有专精的研究，不足以谈通识，而同时通识也是专家所必需，没有通识的专家，就是腐儒、陋儒，这种学者是毫无用处的。"[5]"学术的目的在经世，要达到这目的，那么对历史发展、学术演进的必然的原理原则，应该有贯通的认识，如果具备了这种认识，那么不论治哪一种专门之学，都可以达到'通'的地步，都可以经世救世。否则就是竹头木屑、破碎不通、害道无用的伪学！"[6]由于"十余年来我们学术

① 方克强编：《徐中玉文集》第一卷，华东师范大学出版社2013年版，第84页。
② 方克强编：《徐中玉文集》第一卷，华东师范大学出版社2013年版，第85页。
③ 方克强编：《徐中玉文集》第一卷，华东师范大学出版社2013年版，第86页。
④ 方克强编：《徐中玉文集》第一卷，华东师范大学出版社2013年版，第75页。
⑤ 方克强编：《徐中玉文集》第一卷，华东师范大学出版社2013年版，第78页。
⑥ 方克强编：《徐中玉文集》第一卷，华东师范大学出版社2013年版，第80页。

研究所走的途径"是"只有专门而无统整"，"一切都显出支离破碎、贫弱无力"，所以在微观与宏观、分析与综合兼顾中，徐中玉更重视宏观综合："由分析到综合，由专门到统整，这就是目前世界学术发展的一个新趋势，也就是现代思潮的一个最著特色。中国的学术研究工作，一定也要朝着这个方向走，朝着这个方向迎头赶上去。"①在八十自述中，徐中玉先生仍然重申了这一方法论见解："视野求广，力求宏观，又有一专之长，善有微观能力，正是我心向往之的境界。"②"宏观而天马行空，流于大言失实，无从操作；微观而非谨严细密，烦琐不得要领，迷途忘归，均劳而鲜功。"③

第三，实证与贯通相统一。关于这一点，毛时安有一段很好的分析概括："徐先生做实实在在的学问。他所有的结论都是按照年轻时在学院就养成的严格的学术规范，建立在实证材料的坚实基座上，几乎每一篇论文都有大量的材料引证。在这点上，先生是不折不扣的学院派。而不像当今的一些所谓才子型学者，学风不严，言出无据就信口开河。读徐先生文章的过程经常就是消化实证引文，在实证引文的阅读遨游中开拓视野走向结论的过程。那些长期被冷落材料，经过徐先生的慧眼识珠、点铁成金，常常就抖落了历史的尘埃，奇异地焕发出了当代的生命活力。""其次是贯通。理论和现实的贯通。针对人们经常引用的歌德的'理论是灰色的'，徐先生提出，'理论有灰色的也有青色的'。理论的生动的青色的活力就在于它扎根在现实需要的厚实沃土之中。古代和当下的贯通。借助先人的伟大智慧和创造，打破、融化现实创作的

①　方克强编：《徐中玉文集》第一卷，华东师范大学出版社2013年版，第82页。

②　方克强编：《徐中玉文集》第一卷，华东师范大学出版社2013年版，第11页。

③　方克强编：《徐中玉文集》第一卷，华东师范大学出版社2013年版，第12页。

层层坚冰，为当下的文艺发展、文艺创作乃至文艺政策的制订，拓宽思路，提供丰厚的具有中国特色、中国传统的文化资源。最后是中国和外国的贯通，徐先生虽治古代文论，但他从来不是抱残守缺、固步自封的冬烘学究和国粹派。他主张理论上的开放和吸收。除了我们先哲的经典言说之外，他在论述中常常会引用歌德、狄德罗、果戈理、屠格涅夫、包括康阿瑟·密勒这样的当代剧作家的观点，互为参照、引证。就是研究社会科学的各门学科之间也有'密切的联系'，可以加以贯通。"①

第四，思辨与感受、体系与札记相兼顾。理论著作，有的重思辨、重体系建构，如黑格尔的《美学》、刘勰的《文心雕龙》；有的重感受，以无理论体系的评论、札记的形态出现，如苏东坡的诗文评、歌德的《文艺对话录》。从个人喜好来说，徐中玉更喜欢后者而不喜欢前者："例如黑格尔，思辨深，很有逻辑，我愿读，但有时感觉过于抽象、枯燥。同样是德国人，读歌德的谈文论艺之作，就亲切舒畅得多"；"东坡在若干极短文字中若不经意谈到了诗、文、书、画创作中的经验教训，读之有味"，"东坡没有的是理论体系之形式，有的是他理论的吸引力、感染力与说服力"。②并且说："我学搞文学研究工作，从未想建立什么庞大体系，高谈一套一套的理论。"③不过，他同时指出："我这样说，绝无非议黑格尔的成就之意，仅仅认为对不同的思维方法与表达方式"，"充分估计其间的互补作用非常重要，不必强分高低，妄下断语"，思辨与感受、体系与札记"各有其长，可以互

① 毛时安：《忧患时代更需要精神坚守——为徐中玉教授百岁华诞而作》，《文汇报》2013年3月9日。

② 方克强编：《徐中玉文集》第一卷，华东师范大学出版社2013年版，第11页。

③ 方克强编：《徐中玉文集》第一卷，华东师范大学出版社2013年版，第10页。

补"。①这种兼顾体现了徐中玉不以个人好恶为取舍的通达态度，这种轻重取向为我们理解徐中玉解放以后的著作为什么都是论文集而不是成体系的著作提供了注脚。

第五，内容与形式、他律与自律相兼顾。徐中玉的著述不少属于文学评论。评论一部文艺作品、一种文艺现象，到底是从政治内容出发还是从艺术形式出发？徐中玉的态度是在有所侧重的前提下坚持二者的合一。"从来批评文艺的标准总括起来说不外两个：一即站在实用主义立场的政治标准，一即站在艺术本身立场的艺术标准。前者评价的主要对象是作品的内容，要求作品的内容能表现真理，有充足的教育和政治宣传的意义……后者评价的主要对象是作品的形式，要求调和与匀整，甚至设立了许多形而上的规律去绳劾一切的作品……显然的，前者的立场就是为人生而艺术的立场，而后者的则是为艺术而艺术的立场。坚持着这两个标准的常常又走进了这样的牛角尖里去：前者奖励了劝戒文学、单纯的宣传画、口号标语诗之类的产生，后者则拉使文学尽量跟现实人生远离，而陷入了虚伪糊涂的境地。""我们知道这样的两种作品评价的方法都是偏向的。"②"艺术作品的内容和形式是统一的、相互关联的，不过也应该认清，在关联之中，内容是占着一种决定的地位。""同样的，政治标准和艺术标准是统一的、关联的，但政治标准是占着决定的或者说是主导的地位。"③徐中玉强调文学必须经世致用，总体上看属于"他律"的文论为主，但对于文学的艺术"自律"，徐先生也未忽视。从《抗战的文学》中对"公式化作品"的"批

---

① 方克强编：《徐中玉文集》第一卷，华东师范大学出版社2013年版，第11页。

② 方克强编：《徐中玉文集》第一卷，华东师范大学出版社2013年版，第313页。

③ 方克强编：《徐中玉文集》第一卷，华东师范大学出版社2013年版，第314页。

判"[1]，到新时期文论中对"文艺修养""艺术规律"的强调[2]，对"空洞说教"的"反对"和"文艺科学本身的特性"的呼唤[3]，到对"反对公式化、概念化"的重申[4]，无不显示着对文艺自律的守护。

徐中玉对中国古代的艺术辩证法曾屡加赞赏，他在治学方法上也体现出相反相成、主从兼顾的辩证色彩，从而彰显出不落一偏、雍容悠游的深刻智慧和大家风范。

2019年6月25日，徐中玉先生与世长辞。

综观徐先生的一生，堪称是风清骨峻、一身正气的道德君子，是颇富凝聚力和向心力的社会活动家，是著述甚富、贡献至伟的文艺理论家，是泽被学子、桃李满园的杰出教育家。

徐中玉先生不朽！

---

① 方克强编：《徐中玉文集》第一卷，华东师范大学出版社2013年版，第26页。
② 王嘉军编：《徐中玉文集》第五卷，华东师范大学出版社2013年版，第1373页。
③ 王嘉军编：《徐中玉文集》第五卷，华东师范大学出版社2013年版，第1403页。
④ 王嘉军编：《徐中玉文集》第五卷，华东师范大学出版社2013年版，第1321页。

忧患年代更需精神坚守：
为徐中玉先生百岁华诞画像

毛时安①

2014年（癸巳年）正月初二，是徐中玉先生的百岁华诞。

记得1984年，徐中玉先生曾经吐露过这样的心声："中国绝大多数知识分子果然物美、价廉、耐磨，穷也穷不走，打也打不走。挨着无奈，忍辱负重，挨过就算了。诚然懦弱、无能，但确挚爱这块土地，这里有我们丰富的文化宝藏。"②

在徐先生百岁华诞之际，我们理所当然地应该把他和老一辈学人的治学、为人，视为我们这座城市、这个国家、这个时代、这个民族，奋然前行实现中华民族复兴伟大理想的一笔"丰富的文化宝藏"。

以我学识的浅陋和治学的疏懒，本无能力对徐先生的学术思想、治学方法加以评论。但在先生的百岁华诞之际，我作为学生，出于对先生"高山仰止，景行行止，虽不能至，心向往之"的敬仰、感激之情，仍

① 毛时安，徐中玉先生在大学本科生中推行"定向培养"改革招收的唯一一名弟子，现为中国文艺评论家协会副主席。

② 徐中玉：《激流中的探索——徐中玉论文自选集》，华东师范大学出版社1994年版，代序第8页。

不免管窥蠡测，谈三十多年来追随先生学习的一些粗浅心得，求教于同好、方家。

一、徐先生近八十年的学术生涯聚焦于中国古代文论的研究，他认为中国古代文论形成了与西方文论判然有别的民族审美思维的特点

徐先生学术主攻领域是中国古代文论。中国在五四引进西方文艺理论，并以西方文论为日后中国文艺理论框架体系后，中国传统的古代文论遭到无情的冷落，成了绝响和新学。先生早在上世纪30年代大学三年级就受叶石荪教授影响，开始中国文论的搜集、整理和研究。叶先生游学欧美，主讲文艺心理学，却反复强调，古代文论是一个宝库。那些著名文艺家的甘苦之言尤其可贵。从研究生论文《两宋诗论研究》始，徐先生近八十年的学术生涯聚焦于中国古代文论的研究。

徐先生的古代文论研究对中国几千年积淀下来的古代文论的意义和价值有高度充分的肯定。他说："中国古代文艺理论是一个极为丰富的宝库，它对全人类文化有着重要贡献，这是海内外学者都越来越公认的事实。"[①]在他看来，中国古代文论形成了与西方文论判然有别的民族审美思维的许多特点。一是强调审美的主体性，自得之见、自出手眼、自抒怀抱，言必己出，有个人的独特感受和风采。二是强调观照的整体性。既有微观、细节，更重整体、大局。如刘熙载论庄子，"今观其文，无端而来，无端而去，殆得'飞'之机者"（《艺概·文概》）。苏东坡以"寒"论孟郊，以"瘦"论贾岛。飞、寒、瘦，观照的都是诗人的整体印象而不是局部的细节。三是强调论说的意会性。点到即止，

---

① 徐中玉：《激流中的探索——徐中玉论文自选集》，华东师范大学出版社1994年版，第375页。

重在意会，凡事以少少许胜多多许，举一反三，重在妙悟。四是强调描述的简要性。通道必简，无须烦辞，解诗说文，皆以少少许胜多多许。

为此，徐先生大声疾呼："多少年来，很多人已只知希腊、罗马、欧美、俄苏、日本等等外国文论家的观点和名氏，仿佛我们自己那些封建老古董中并无理论，更没有非常精采，甚至比外国人谈得更精采、更体现国情和民族特色的理论。在文艺理论领域里，我们已经基本脱离了本国文论历史的实际几十年，基本不是在走自己应走的道路。"[1]他批评那种欧化而抛弃中国古代文论的学者，"连做一个中国人应有的民族自尊心、自信心、自豪心都没有"[2]。激愤之情，溢于言表。在中国实现历代仁人志士梦寐以求的民族复兴的伟大中国梦的时候，我们需要文化的自信和从容。徐先生的这种呼唤不应该成为文化上的空谷足音，而应该引起我们的切实反思：在当代中国面临着重要历史选择和历史转型的时刻，我们应该如何对待自己五千年的文明，对待我们伟大的祖先创造的灿若星河的文化遗产？粗暴地对待我们伟大的文化传统和站在历史长河源头的那些伟大的思想家，除了表明我们数典忘祖的浅薄、愚昧，还能说明什么呢？

我曾当面听章培恒先生讲过，1974年，在"批林批孔"和"四人帮"淫威高压下，徐先生出席《解放日报》座谈会。他在会上公然表示对"批孔"的"不理解"。并且为孔子和儒家学说进行辩护。1987年，他在香港大学作《孔孟学说中的普遍性因素与中国文学的发展》的报告。在报告中他指出，孔孟"仁人志士"的精神品质在中国文学史上形

---

① 查正贤编：《徐中玉文集》第三卷，华东师范大学出版社2013年版，第908页。

② 查正贤编：《徐中玉文集》第三卷，华东师范大学出版社2013年版，第909页。

成了一个优秀的传统。2001年87岁的先生更以4万字长文《今天我们还能从〈论语〉择取到哪些教益——〈论语〉研讨》，从人类文明发展史的角度，全面完整地阐释孔子和原始儒家学说的来龙去脉，以及其对中国、中国文学、中国文论的积极而深刻的影响。他尖锐地指出："过去绝大多数之'批孔'，无知、粗暴、蛮不讲理到极点，居然曾众口一词，横行一时，实在是我们历史上一大怪现象，中国知识者灵魂曾被扭曲到极点的铁证。"[①]同时，徐先生还极为适度地指出了儒学"人治""自律"的历史局限。确实，我们什么时候看到过有欧美学者在时代遇到挑战和危机的时候，拿着苏格拉底、亚里士多德、柏拉图这些先哲来说事的呢？但时至今日，粗暴否定被联合国教科文组织认定为世界十大文化名人的孔子、灵魂被扭曲到极点的"中国知识者"，依然大有人在。这样的作为正应了杜甫批评的"轻薄为文哂未休"。先生这种对祖国传统文化的尊重和敬畏，还表现在自己对老一辈学人的理解和尊重上。参加过五四新文学运动的许老先生去世后，徐先生多次深情回忆许先生的为学为人。他盛赞许先生说："许老一生进步，一生坎坷，一生清贫，一生忠厚，是我的楷模。"[②]他评价长他10岁的施蛰存先生说："像施先生这样做什么事都能成为大家的大才子，以前就很少，现在来看，一个都没有了。"这确实是发自肺腑的知己知音之言。施先生生前，徐先生到市中心开会、活动，只要有空就会去探望施先生，然后一五一十地把看望时的情景告诉我们。

徐中玉先生传略

轶事及研究

---

①　查正贤编：《徐中玉文集》第四卷，华东师范大学出版社2013年版，第1275页。

②　徐中玉：《激流中的探索——徐中玉论文自选集》，华东师范大学出版社1994年版，第501页。

二、徐先生所治古代文论，原本是与世隔绝的"书斋里的学问"，但他的古代文论研究总是关切着自己所处的时代，面对着文学现状

徐先生文学思想的核心是中国传统优秀知识分子两千多年来一以贯之的家国情怀、担当意识，尤其是儒家积极入世的人生哲学。先生在研究顾炎武时指出："'天下兴亡，匹夫有责'，是自觉思想责任，不是为了功名富贵，也不是自以为能扭转乾坤。试看他人在江湖，如何仍关心天下之兴亡，总觉责任在肩，这里一种多么高尚的品质。价值观会随时代变化而变化，但应出于公心，既洁身自好，又能与人民同忧乐，这种精神、器识，有良知者，不能或泯。作诗、治学，如欲有所成就者，无此素养，缘木求鱼而已。"他在自叙《忧患深深八十年——我与中国二十世纪》一文中，把自己的一生与祖国的忧患紧紧相连，经历过各种挫折、各种遭遇，"忧患意识都始终在心中激荡不已。居安必须思危，忧患才能兴邦，怎能居危还可粉饰？"①所幸的是，二十年前先生强烈的忧患意识，如今已成为党、国家、人民前进的共识。徐先生认为，文学家、艺术家应该有自己对国家进步、人民幸福的强烈担当，他们的"伟大""永远不可能同广大人民的幸福、人类社会的不断前进——这种崇高的思想、事业相脱离。大家都承认，我们的屈原、司马迁、李白、杜甫……曹雪芹、鲁迅等，都是大文学家，同样大家也都承认，或不能不承认，他们都具有正当的使命感"。②

在很多人眼里，徐先生所治古代文论，原本是青灯黄卷、大体与世隔

---

① 方克强编：《徐中玉文集》第一卷，华东师范大学出版社2013年版，第7页。

② 王嘉军编：《徐中玉文集》第五卷，华东师范大学出版社2013年版，第1420页。

绝的"书斋里的学问"。但先生从来不只是一个"两耳不闻窗外事,一心只读圣贤书"、枯坐在书斋里的学者。相反,他的古代文论研究总是关切着自己所处的时代,总是面对着文学现状的需求。在他对故纸堆几十年如一日孜孜汲汲地整理、发掘中,我们总是可以听到时代涛声的有力激荡,总是可以看到强烈的现实针对性。20世纪70年代,先生先后发表了《不能够这样评论杜甫、苏轼——评新版〈中国文学发展史〉杜甫部分》《〈水浒〉不是"官书"》等论文,以明确无误的文学史实直接批驳"四人帮"及御用文人出于政治阴谋的需要,歪曲、颠倒文学史的谬论,肃清了古典文学领域的"文革"流毒,廓清了蒙在杜甫、苏轼、《水浒》这些伟大文学家、不朽文学经典上的污泥浊水。从而使古代文论、古典文学研究成为当时中国思想解放运动的重要组成部分。针对文学苍白、绮靡的无病呻吟和空洞无物,徐先生在纪念顾炎武逝世三百周年之际,发表了《文须有益于天下》。其中特别有见地地对顾炎武讲到的"能文不为文人"展开论述。作为一代诗文家的顾炎武,在自己的著作中反复表达了对一些所谓的"文人"的鄙薄。他主张人们"能文",却不主张人们去做"文人",尤其痛恨那些自以为是"文人"的"不识经术,不通古今"的无识之徒和一味追名逐利、只为一己一家盘算的小人。徐先生在文中期待当今作家能像顾炎武那样,在国家形势困难时,拨乱反正;社会风气不良时,移风易俗;百姓生活苦得很,设法解救。他期待当今作家写出"有益于天下"文章来。针对长期以来我们的文学过度粉饰现实,徐先生独具法眼地总结苏东坡创出的现实主义精神"言必中当世之过":诗文"皆有为而作,精悍确苦,言必中当世之过,凿凿乎如五谷必可以疗饥,断断乎如药石必可以伐病"(苏轼《凫绎先生集叙》)。先生论述说,"言必中当世之过"实质就是今天所说的作家应该干预生活、干预政治,对现实生活中的重大错误和缺点不能熟视无睹，对种种不合理、不公平的现象不能不加批评、揭露。"言必中当世之过"，不但要"言过"，还要"中过"，还要找出切实可行、纠正错误的办法。揭露本身不应是终极目的，更重要的是把国家社会的毛病切实治好，使得人们大众真正幸福、高尚起来。徐先生一生真心敬佩的是那些"忧国伤时，为民请命，要求革除时弊，促进社会进步"[①]的文学家，是"发愤著书""穷而后工""不平则鸣"的创作精神。

三、徐先生的治学形成了自己强烈而显著的个人特色，那就是求真、务实、致用的研究目的，尚质、清峻的研究文风，实证与贯通的方法论

在保持与时代思考血肉联系的同时，徐先生尤其重视对古代文论中零星散见的大量生动、感性的创作经验的研究，并且从中提炼出有启发、指导意义的创作规律。在《文章且须放荡》一文中，先生借助南朝简文帝萧纲给儿子信中"立身先须谨重，文章且须放荡"的名言，广征博引，层层分析，积极鼓励青年作家冲破束缚、解放思想、大胆想象，鼓励他们打碎禁锢思想的精神枷锁，呼吁为他们提供自由创作的空间。在《古代文论中的"出入"说》一文中，先生梳理了从南宋到晚清"出入说"一路演变的脉络，从多方面揭示了作家对生活的"入"与"出"辩证关系的理解，把握了感性形态和理性思考的协调。《"入门须正，立志须高"》一文抓住严羽《沧浪诗话》中的这一经典之言，以《水浒》九纹龙史进从王教头习武后武艺大长的生动例子，提出创作一开始就要路径正确、志存高远。先生还对《儒林外史》的语言艺术、陆机《文赋》的艺术形式论、严羽《沧浪诗话》的"妙悟说""神韵说"，

---

① 王嘉军编：《徐中玉文集》第五卷，华东师范大学出版社2013年版，第1420页。

▲ 毛时安与徐先生

做了许多能启迪艺术创作的研究和论述。或许是有感于苏东坡和自己同样命运坎坷却坦荡豁达，或许是出于对苏东坡为人、为学、为文的高度推崇，先生对苏轼情有独钟、用功最勤，专门写了《论苏轼的创作经验》一书。先生像东坡当年夜游赤壁一般全身心地神游在他美妙的文字世界之中，把最精彩的文字风景归纳为"言必中当世之过""随物赋形""文理自然，姿态横生""妙算毫厘得天契""胸有成竹""技道两进""自是一家""品目高下，付之众口""如何作文""'八面受敌'读书法"十个方面，一一展示在读者面前。可以说，在先生之前，有东坡诗、词、文的长篇大论，有侧重各异的东坡文学传记，但从未有过在规律层面上对苏东坡创作经验如此全面而有规模的学术研究。

由此徐先生的治学形成了自己鲜明的个人特色，那就是：一、求真、务实、致用的研究目的。其学术研究的起点和目的是"问题"：发现问题、提出问题、解决问题。他的很多文学论文标题中就有"问题""几个问题""七个问题""一些问题"的字样。然后对问题紧追不舍，探究真相，寻求真理。二、尚质、清峻的研究文风。徐先生文章不求花哨、玄虚，一是一、二是二，清楚、明白、质朴、晓畅。他既不高谈、空谈一套一套晦涩、唬人的理论，也不服膺五光十色的各种主义。先生强调研究的生命在于实践，字里行间承载着浓重的忧患意识，悲天悯人。三、实证与贯通的方法论。首先，先生讲求实证。徐先生做实实在在的学问，他所有的结论都是建立于年轻时在学院养成的严格的学术规范意识上，建立在实证材料的坚实基座上，几乎每一篇论文都有大量的材料引证。在这点上，先生是不折不扣的学院派，而不像当今的一些所谓"才子"型学者，学风不严，言出无据就信口开河。读徐先生文章的过程经常就是消化实证引文，在实证引文的阅读遨游中开拓视野、走向结论的过程。那些长期被冷落的材料，经过徐先生的慧眼识珠、点铁成金，常常就抖落了历史的尘埃，奇异地焕发出当代的生命活力。据先生自己粗略回忆与统计，从大学三年级开始，一生经他手而过的著录、笔记有几千种之多，手写卡片资料不下1000万字。先生晚年带我们所做的工作就是搜罗、抄录、整理、出版上自先秦下到近代，横跨诗、文、词、曲、小说、戏剧、绘画、音乐、雕塑、书法诸多领域，涵盖本原、情志、神思、文质、意境、典型、艺术辩证法、风骨、比兴、法度、教化、才性、文气、通变、知音十五大主题的《中国古代文艺理论专题资料丛刊》。该书既造福后人，也为文艺理论的中国话语大厦的奠基提供了一份基础性的材料。其次，先生重视贯通，重视理论和现实的贯通。针对人们经常引用的歌德的"理论是灰色的"这一论断，徐先生提出，"理论有灰色的也有青色的"。理论之所以存在生动、青色、有活力的一面就在于它扎根在现实需要的厚实沃土之中。先生还强调古代和当下的贯通。借助先人的伟大智慧和创造，打破、融化现实创作的层层坚冰，为当下的文艺发展、文艺创作乃至文艺政策的制订拓宽思路，提供丰厚的具有中国特色、中国传统的文化资源。最后先生还提到中国和外国的贯通，徐先生虽治古代文论，但他从来不是抱残守缺、故步自封的冬烘学究和国粹派。他主张理论上的开放和吸收。除了我们先哲的经典言说之外，他在论述中常常会引用歌德、狄德罗、果戈理、屠格涅夫以及阿瑟·密勒这样的当代剧作家的观点，互为参照、引证。就是研究社会科学的各门学科之间也有"密切的联系"，可以加以贯通。

四、徐先生强调知识的"无用之用"。他最早敏锐地意识到，文学教育对传承中国文化传统、活跃提升学生的思维想象能力有着无可替代的作用

最后，我想谈谈徐中玉教授的办学思想。徐中玉先生无疑属于中国传统知识分子，但他很少耽于清谈，耽于空疏。他是中国知识界少见的行动型而且行动高效的知识分子。其行动充实，饱含着他生命的质量。他以韩愈、柳宗元、欧阳修、苏轼、王安石为例，指出古来有许多大学问家实践经验非常丰富，各种事务都做过，而且卓有成绩，并非皓首穷经、足不出户、老死故乡的人。先生认为，行政事务也是一门大学问，今天谓之"管理学"，搞好搞坏，不仅关系到这门学问本身，还会严重牵涉到别的种种工作，包括各门学问是否得以顺利展开研究。校长不会管理，这个学校便难办好。系主任不会管理，这个系便极难办好。

徐先生1957年因为力主"教授治校""学术至上"，因言获罪，在历史的转瞬之间，从领导的诤友变为"右派"，被打入另册。粉碎"四人帮"后，他平反复出，不改当年初衷，在古稀之年担任华东师大中文系主任。先生办学提倡学术民主，自由创造，以学生为本，以科研为本，惜才爱才用才。前辈、同辈、晚辈，包括"反右""文革"时伤害批评过自己的教师，他都一视同仁，放手使用。老中青各得其所、各尽其才，在三尺讲坛上激扬文字，叱咤风云，传道解惑释疑，宣讲各自的学术观点。在文学教学上，先生更是大胆创新，敢为天下先。上任不久，徐先生即在全国高校中最早试验学分制、免修制、选修制，特别是通过自愿考试选拔本科生，给予特殊的研究生式的定向培养，为学生拓宽学术视野、减负深造，创造有利条件。徐先生不拘一格地鼓励学生在自由竞争中脱颖而出，大胆成才。甚至有文学才华的学生可以发表、出版的小说、诗歌、散文等文学作品替代作业和考试成绩。我自己就是先生办学思想的受益者，先是免修了文学概论课，大二又成为先生定向培养的古代文论弟子，三十多年深受先生的教诲。

先生办学有敏锐的学术洞察力。今天视为热门的国学，早在1980年春，先生即已意识到它的大时代的到来，认识到国学在建设中国特色的马克思主义文艺理论宏观框架中的价值。针对当时这方面人才奇缺的情况，先生倡导、举办了中国文学批评史师训班，延请了郭绍虞、程应镠、钱仲联、施蛰存、程千帆、朱东润、舒芜、王文生、吴组缃、许杰、钱谷融等二十余位名重一时的名家大师，从四面八方来到丽娃河畔的文史楼，为全国各地近四十名学员授课。一时间鸿儒云集、名流荟萃，真可谓"盛况空前"。名师们把各自在古代文论研究中最有心得的精粹，集中传授给学员。这些学员日后都成了全国各高校的教学科研骨干。

担任耶鲁大学校长二十年之久的雷文谈到耶鲁大学作为世界一流大学长盛不衰的经验时，认为要以多学科的通识教育和跨学科的广度，培养学生的创造性和独立思考的能力，强化通识教育的"无用性"。徐先生办学教学强调的正是这种知识的"无用之用"。他最早敏锐地意识到，文学教育作为通识教育，对传承中国文化传统、活跃提升学生的思维想象能力，有着无可替代的作用。他亲自主编《大学语文》，并且不断充实、调整、更新。近三十年来，《大学语文》出版总数达二千多万册，惠及了中国新时期以来的几代莘莘学子。

先生办学思想中几乎绝无仅有的一个理念是重视学会、刊物对大学教学的推动。先生任中文系主任期间，先是和周扬、荒煤等人组建了新时期国内最早的文艺理论学术团体高等学校文艺理论研究会（1985年改称中国文艺理论学会），并且创办了学术地位仅次于《文学评论》的中文核心期刊《文艺理论研究》；在中国文学批评史师训班的基础上与郭绍虞先生一起推动组建了中国古代文学理论学会，推出了《古代文学理论研究》丛刊；在《大学语文》的出版推广中联手匡亚明先生，成立了全国大学语文研究会；此外，还推动成立了全国高等教育自学考试指导专业委员会，还请德高望重博学多才的施蛰存先生主办了《词学》（丛刊）。其中《古代文学理论研究》和《词学》是全国乃至全球仅有的两种古代文论和词学研究的专门学术刊物，已经成为海内外研究这两门学问的学者案头必备的刊物。一个系能拥有如此众多的国家一级学会和学术刊物，在全国高校中确实是"独此一家""独一无二"。这一举措，诚如后来的系主任陈大康坦陈的那样，"既扩大了中文系在全国同行中的影响，又提高了中文系的学术地位"。在我看来，学会和刊物的存在，还极大地激发了中文系师生争相在刊物上发表研究成果的学术研究动力，有力推动了民主、自由的学术风气，极大地提高了学校的教学和研究水平。时至今日，许多高校已经意识到了学术机构、学术刊物的重要性。

正是因为徐先生民主、开明的办学思想，华东师范大学中文系出现

了在全国文学界产生重大影响的华东师大作家群和华东师大青年批评家群两大群体。在上世纪80年代的一次文学研究成果的全国考评中，华东师大中文系甚至取得了全国第一的骄人成绩。现在有不少学者怀念教育家蔡元培。其实在徐先生的办学理念中我们也可以看到教育大家蔡元培先生"自由思想、兼容并包"的办学风范。先生是当代学人中不多见的行政能力强、组织活动能力强，且能用人才，有敏锐学术眼光和开阔学术视野的教育家。当下，我国高校雄心勃勃，一心想成为哈佛大学、耶鲁大学、剑桥大学、牛津大学这样的世界一流大学，建造了许多世界一流、气势恢宏的教学大楼。在我看来，其中有德行、有学养、有才华、有识见的优秀教师固然紧缺，但更为紧缺的乃是有科学民主教育思想、有国家情怀担当意识，又极具教育行政组织才能、不为时风所动、坚持正确而有特色教育理念的教育家。倘若假以时日，或有一个更大的实施平台，徐先生原本是可以作为一个大教育家为国家的教育事业做出更大贡献的。可惜的是，徐先生1989年按规定退休了。

天地有大美而不言。徐先生生活、学习、工作的一百年，也是我们国家、民族在忧患中不断奋斗、牺牲、艰难探索、奋然前行的一百年。先生八十岁自叙就谓之"忧患深深八十年"。但徐先生从来没有对国家和民族的未来失望过，从未计较过个人的进退得失。即使在打成"右派"的二十多年中，他依然读书七百余种，手录资料1000多万字。先生不苟言笑，从不巧言令色。他始终以他自强不息、风骨凛然的人格力量打动着每一个在他身边学习、工作的人。他对腐败恶习深恶痛绝，面对高压刚正不阿，但内心深处始终怀着对事业、对亲人、对同事和学生的一股看不见的柔情，即古人所谓"望之俨然，即之也温"。徐先生为人坚定而从容。都说先生年轻，但和先生一起共事过的作家赵长天却认为，先生没有任何老年人容易产生的偏执，他的行为如高山流水般的畅达，不能简单地用一句年轻来概括。长天说，这是一种成熟而不乏激情、厚重却依然青春的境界，是一种难以达到的境界。现在处处在讲正能量，什么是正能量？像徐先生这样有中国传统知识分子风骨的学者、批评家，就是我们党、我们国家、我们民族的正能量。

今年正月我去给先生拜年。先生仍然像三十年前一样，不管我如何阻拦，分手时一直送我到楼梯口。我站在楼梯上，坚持让先生进房。仰望着先生进房时略显苍老的背影，有股热流在我心中涌动。先生的百年就是一个以自己的生命，守望着他的也是我们共同的精神家园的忠贞学人。在一个充满忧患、动荡起伏的时代里，坚守就是一种力量。由此，我想到童年时读过的一篇儿童文学作品。说的是一群孩子玩打仗的游戏，其中一个孩子做哨兵。后来所有游戏的孩子都一哄而散地回家了，只有那个孩子独自一人，孤独地守在夕阳西下的寒风里。恍惚中，徐先生消瘦的背影和那个孩子单薄的背影，慢慢重叠在了一起。

（本文原刊于2013年3月9日《文汇报》，题名为《忧患年代更需要精神坚守——为徐中玉教授百岁华诞而作》，这里有改动。）

忧患人生：徐中玉先生素描

吴　炫[1]

　　"我的导师是徐中玉先生。"

　　每当与熟悉的或不太熟悉的前辈、同行谈天，聊到我的求学经历时，"我的导师是徐中玉先生"这句话就会脱口而出。我不知道我这样说的时候的心情，但是这句话确实比众多话语更能表达我对徐先生的全部尊敬和爱戴，而这个意思常人并不一定能感觉到。从1986年考入华东师范大学跟随徐先生读研究生以来，除了私下里师兄弟们的聊天外，在公开场合我从不轻易地谈论先生，也没有写过一篇记写先生的文章，一来是因性格不太习惯写散文和记人散文，怕自己写得生硬，反倒没有这句话来得好；二来是觉得写先生是很难的，从先生那里耳濡目染的东西太多，言传身教的东西太多，获得先生的帮助和批评太多，而先生的形象又是立体的，先生的奋斗又是九十年的历史，那里有我很多不了解的人生内容，所以一时竟觉得无法找到一个好的角度，将先生予以很好地描述、概括。

① 吴炫，徐中玉先生第四届硕士研究生，现为上海财经大学人文学院教授，中国文艺理论学会副会长。

记得前年钱谷融先生出版他的文集《散淡人生》的时候，我们很多人在这本书的座谈会上都认为："散淡人生"确实是钱谷融先生审美形象的真实写照，并可以展开很多生动的话题。今天我就忽然想：徐先生与钱先生是多年相濡以沫、互相扶持的朋友，他们的亲密关系不仅应该是文坛的一段佳话，还应该具有中国文化的整体象征意义。那就是：如果钱先生的"散淡人生"更多地依托道家的"超脱"哲学的话，那么徐先生则以强烈的介入现实的责任感体现出儒家的"忧患"意识。正如儒、道哲学在中国文化中形成了牢不可破的互补结构一样，徐先生的"忧患人生"与钱先生的"散淡人生"相得益彰，也得益于这种互补——真正的朋友关系中是有文化意味的，这对我们这些晚辈走自己的路该是一种怎样深远的启示呀。

一、"忧患"的产生：一种与生俱来的人文情结

我清清楚楚地记得第一次见到徐先生的情景。那是1986年春天我去

华师大参加研究生复试，在丽娃河边中文系二楼一个小房间里，我们几个外地过来参加复试的同学在忐忑不安地等待徐先生的到来。大家都在心里揣想着这位德高望重的著名教授是什么样子。徐先生来了，一个清瘦、精干、硬朗的老人出现在我们面前。徐先生敏捷的思维、锐利的目光、温和的容态，使我们心存敬畏，又倍感亲切。记得徐先生和张德林老师问我的一个问题就是：如何看待80年代文学批评的方法论讨论中的问题？我感觉到徐先生对引进自然科学方法进行文学批评是心存忧虑的，后来的文学批评发展也证实了徐先生的忧虑是不无道理的。我记得徐先生当时并没有多说什么。这种忧虑几乎完全出自他的文学直觉与经验。现在看来，徐先生的这种直觉和经验，是出自他深厚的中国文学和文化的积累。而这种忧虑，便成为徐先生留给我的第一印象。

后来，我荣幸地成了徐先生的研究生。我们师兄弟5个人，就常常在师大二村徐先生温煦而简朴的一小间书屋里谈天说地，吞云吐雾。我们师兄弟之间，常常为了某个学术问题争得面红耳赤，也常常为了某个师兄弟生动的"家乡故事"而忘记了"学术问题"。这个时候，也是徐先生最轻松、最愉快的时刻。徐先生尽管和我们一起随便地抽烟，饶有兴味地说故事与听故事，郑重地讨论学术问题，但先生的眉宇间和目光里，总是深藏着对国事的忧虑和对时事的关切。而这方面的话题，先生一谈就忘记了时间。无论是政治的风波、党的会议和政策、官场与学术的腐败，还是抗洪救灾、下岗工人、朋友历险、出国见闻，社会上的大事、小事、远事、近事，无不在徐先生的关心之列。我1990年毕业分配至南京师范大学后，基本是每年都会来上海看望先生。除了寒暄以外，我记得与先生更多的话题还是国事、时事与天下事。事后想想，我和先生在这方面更多的是一致。我属水瓶座，据说水瓶座对人类的关怀胜于对个人的关怀，我没有做过调查与考证，所以可信又不可全信。我确实感到，我的天性和徐先生的忧患意识是太为贴近了，所以我在学术上研究的课题也是大的课题比较多，这就更容易在这方面得到先生的教诲。比如当前的学术体制问题，就是徐先生一直忧虑的一个问题。最近先生在接受上海财经大学的刘金涛先生的采访时就说："过去评奖资助活动不少，结果如何？恐难说很好。不少课题都有太多的政治要求。……这样的奖励能够奖励出认真的学术来吗？……组织评奖过程从不公开，评委组成缺乏公信，黑箱操作。品德、专长缺乏公信力就评不出好东西。多年来评出的有多少经得起人们重视、时间考验的？"①这种批评可谓一针见血。徐先生还就这个问题专门在《群言》杂志上发表文章。在徐先生的影响和支持下，我和夏中义、刘锋杰两位先生也就核心刊物划分中存在的非学术问题进行过对话。学界常说，当代学人普遍在人格、思想、学识、品德方面不如五四一代学人，而当代中青年学者普遍在人格魅力上，也比徐先生这一辈学人略逊风骚。其原因可能是多方面的，但是我想其中的一个重要原因，就是一个学者对社会的责任感和忧患意识，是出自一种与生俱来的文化本能，还是只是一种时尚话语、学者面具？这是完全不同的人生境界。

我由此就想到徐先生在他的《激流中的探索——徐中玉论文自选集》序中所说的一段话："我们这一代人的发奋图强，誓雪国耻，要求进步，坚主改革，不论在什么环境、困难下总仍抱着忧患意识与对国家民族负有责任的态度，是同我们从小就受到的这种国耻教育极有关系

① 刘金涛：《独立思考 和而不同——徐中玉先生谈人文社会科学建设》，《社会科学报》2003年5月22日。

轶事及研究 徐中玉先生传略

的。"①徐先生出生在1915年，虽然没有直接参加五四运动，但五四运动却给这个江南乡镇的学生以重要影响。"一听到列强要把我国'瓜分'，迫使我们当'亡国奴'，就极为愤恨，既想到国族受欺压自己连带要受罪，自然便想到为此自己即应承担一份责任。"②徐先生多次提到他在年少时参加的几次国耻纪念的游行，而纪念实际上是为了"提醒不可忘记耻辱"③。在"国运颠沛，生活坎坷"的时期，徐先生"时常午夜难眠"，"不幸带来苦恼，苦恼引发思考"，中华优良文化传统中的"忧患意识，自强不息，仁爱为怀，天下为公，以身作则"的品质，④就是这样在少年时的徐先生的心灵中扎下了根。

徐先生是这样想的，徐先生的一生也是这样做的。翻看徐先生的大部分文章，无论是其古代文学研究，还是当代文艺理论研究，均贯穿着徐先生上述的忧患意识。在当代文艺理论研究中，"使命、责任、价值"成为他首要的论题："问题不在有没有、而在该有或最好能有怎样的使命感"，而真正的使命感是建立在"人民最紧迫的要求"上的。"只要有利于人民，有利于社会主义事业，而且在实践上真有贡献，他的工作就是有价值的。""我们生活在一个群体互相依存的社会里"，"互相依存就有待于互相负责"，"'伟大'永远不可能同广大人民的幸福、人类社会的不断前进——这种崇高的思想、事业相脱离。大家承

① 徐中玉：《激流中的探索——徐中玉论文自选集》，华东师范大学出版社1994年版，代序第2—3页。

② 徐中玉：《激流中的探索——徐中玉论文自选集》，华东师范大学出版社1994年版，代序第3页。

③ 徐中玉：《激流中的探索——徐中玉论文自选集》，华东师范大学出版社1994年版，代序第2页。

④ 徐中玉：《激流中的探索——徐中玉论文自选集》，华东师范大学出版社1994年版，代序第12页。

认，我们的屈原、司马迁、李白、杜甫……曹雪芹、鲁迅等，都是大文学家，同样大家也都承认，或不能不承认，他们都具有正当的使命感"。[①]徐先生在纪念顾炎武逝世三百年时写了《文须有益于天下》一文，对顾炎武的"有益于天下，有益于将来"是这样阐发的："不要以为'明道'、'纪政事'、'察民隐'、'乐道人之善'等话头有多大复杂的内容难以考辨，就其中心意思来讲，无非要求人们写诗作文，一定要对广大穷苦百姓的命运，对政治改革，起有益的作用。明代末年，国家的形势乱得很，亟须'拨乱反正'，以求'治平'；老百姓的生活苦得很，亟须有志之士设法解救；社会风气也很不好，亟须'移风易俗'。他相信文学作品可能在这种改革事业中发挥作用，而若果然产生了好作用，这便是'有益于天下'的文章。"[②]仔细读徐先生的自选集，你会看到这样的忧患确实渗透在每一篇、每一页、每一行，成为与先生融为一体的文化血液和学术资质。

关键是，以"忧患"为自己人生使命的人，其一生往往也是坎坷多劫的。所谓坎坷多劫，并不简单地等于人生的不顺利。人生的不顺利可以出于各种原因，也可以做生存快乐层面上的解释。比如一个人的工作能力和生活能力较弱，心理素质也较差，他做什么都难以成功，这就是一种不顺利。比如一个人干事业的时期，正碰上政治运动此起彼伏，使得他难以产生多少有价值的成果，这自然也是一种不顺利。徐先生一生的坎坷多劫，我以为更多是因为他的"忧患意识"，体现在国家、

---

① 徐中玉：《激流中的探索——徐中玉论文自选集》，华东师范大学出版社1994年版，第121—123页。

② 徐中玉：《激流中的探索——徐中玉论文自选集》，华东师范大学出版社1994年版，第301页。

民族前途等政治现实之中。我们会看到：无论是徐先生早年读大学参加"民族解放先锋队"的抗日救亡运动，还是抗战胜利后参加学生的反饥饿反内战运动，以致被当时的教育部从大学解聘，抑或与姚雪垠先生合办《报告》杂志、发表《彻底破产的教育》而遭查禁，以及新中国成立后因主张"教授治校"而划成"反党反社会主义"的"右派"，降职去图书馆书库整理书卡，"文革"期间又与许杰、施蛰存先生一起被投入"监改"，直至"文革"结束，徐先生的"坎坷"均与其热爱祖国、热爱人民的政治生活有关。在一个关心民族和国家前途被说成是"抽象肯定"、不同意某某人的意见和主张被说成是"具体否定"的毫无理性的时代，一个学者要显现出真正的忧患意识，肯定就是命运多舛的。

同时我也深切地感到，"忧患"于天下的人，对个人的恩怨与私利，既不太感兴趣，也多不计较。我印象最深的是：每与先生谈及某一学者的学问和人品，先生除了对其学术水平会有一二简短评价之外，对其为人的长与短，往往不多提及。先生不喜欢在背后议论人，足见其坦率的性格和坦荡的胸怀。相比之下，我所见过的一些学者，则很喜欢在背后搬弄是非，说人短处，尤其喜欢议论别人的私生活。这些人把很多精力放在人与人的冲突和内耗上，真正于国于民有利的事必然就会无暇顾及或少有顾及。近年来，高校教师的待遇逐步得到改善，津贴制得以实行，但徐先生这一辈学界老人因为退休，并没有享受到任何利益。但我每次和先生谈到这方面的事情，没有听见先生的任何怨言。相反，先生更关心的还是如何通过各种措施留住人才。每到这时候，我就感觉到我们年轻一代学者在素质上与老一辈学者的差距。相比较而言，我们这一代人比较重视待遇虽然不能说不好——因为待遇可以一定程度上表明受重视的程度——但是如果失去分寸向个人利益倾斜，可能就有问题。我们和先生的这种差距，或许在市场经济的时代，真的是很难再缩短了。

二、"忧患"的方法：问题意识、批判态度、独立人格

应该说，"忧患"来自忧患者对国家、民族与人类前途的价值关怀与审美理解。当这种关怀和理解与现实发生冲突时，"问题意识"与"批判态度"便会影响忧患者面对社会现实的基本行为，而独立的人格，也就成为忧患者的基本形象。尤其在中国文化现代化的发展中，传统与现代、中国与西方、民族与人类、专制与民主、依附与创造等各种冲突，都会使一个真正的学者以"忧患"所必需的问题意识、批判行为来面对中国社会。王国维是这样，鲁迅是这样，胡适是这样，蔡元培是这样，胡风是这样，顾准也是这样。我以为徐先生也是这个队伍中的一员。

见过徐先生并与徐先生相处多年的朋友都会觉得，在华师大的一批德高望重的老先生中，徐先生的"硬朗"是其突出的性格特征和人格特征。这种特征不仅来自先生清瘦、干练、快步如风、腰板挺直的身影，而且来自先生果敢决然的性格、不畏任何权贵的独立操守，以及决不妥协的坦荡的人格力量。对于前者，熟悉先生的朋友们都知道先生的晨练是从不间断的，先生每天早上在长风公园快速散步的身影，成为华东师大和长风公园一道富有诗意的风景。这不仅使得先生的身体出奇地健康，而且使先生看上去比他的实际年龄要小上许多，并成为华东师范大学永葆其青春活力和人文意气的某种屏障。这里有两个细节很能说明问题。我清楚地记得每次徐先生给我们上课，往往一上午两三个小时过去了，接近中午，我们几个师兄弟都已经有点疲惫，有的甚至打上了哈

欠，但先生依然精神矍铄，没有任何倦意，这使得我们几个师兄弟都十分感叹。还有一次是我们帮助徐先生搬家搬书，让我们惊奇的是，将近80岁的徐先生挽起袖子，也跟我们一起忙上忙下，宛如青年人似的劲头十足，精神抖擞，而我们则有些气喘吁吁。事后我们几个师兄弟们就开玩笑：我们要活到70岁，还不知道是怎么样子呢。为此，我们都为先生超过同辈的健康身体而自豪，也为华东师大有这样身体硬朗的老先生而自豪。对于后者，熟悉先生的朋友也会有这样的印象：先生的性格是十分干脆利落的，做事从不拖泥带水。和先生在一起聊天，或者在先生家上课，先生接电话时就是这样的风格，从没有闲聊的习惯，也没有什么多余的话，往往几句话就解决问题。日常生活如此，在政治生活和学术生活中的先生，我想就更是如此了。

我注意到先生在他的自选集序言里有这样一段话："厌恶甚至痛恨本国本族确实存在的弱点、缺点，正是由于爱，希望变好，'恨铁不成钢'，不是一味恨而实在爱得极切"，"我们过去热爱祖国不等于热爱旧政权，恰恰相反，很多知识分子对它持批判甚至反对的态度，因而才显示出深刻的爱国之心"。[①] 也就是说，正因为对祖国和人民深切的爱，徐先生才像很多中国有志知识分子一样，显示出对社会问题、政治问题、风气问题、学术问题的深深的忧虑，并将这种忧虑通过"问题意识"和"批判态度"体现出来。而通过"问题意识"与"批判态度"所显现的徐先生的形象，也必然是独立不羁的、富有人格力量的中国知识分子形象。这种形象或许会得罪不少人，但是比之先生对国家和社会的深切的关爱来说，可能就是必须付出的代价了。

———————

① 徐中玉：《激流中的探索——徐中玉论文自选集》，华东师范大学出版社1994年版，代序第3页。

平时经常和朋友们谈到华东师范大学中文系的整体学术形象和风格，我们就有这样一种感觉：注重对作家作品的感悟和社会现实问题的思考，可能是华东师大现当代文学批评与理论风格区别于北京大学、复旦大学、南京大学之处，当然这只是总体的印象。这样的一个特征，使得华东师范大学在20世纪80年代反"左"与反"传统"的思想解放运动中，发挥过让全国高校瞩目的作用，也由此形成了华东师大充满活力的校园文化风气。尽管任何学术风格与校园风气均各有利弊，我们不好在整体上说孰优孰劣，而且说实在话，在当前文化建设需要大于批判需要的时代要求下，我以为仅仅依赖良好的审美感悟能力、人文热情与敏锐的问题意识已远远不够；但毕竟，对文学问题和社会问题的敏锐关切，确实也比较切合我的学术风格与特点，这也是我在南京工作十年又返回华东师大的原因之一。华东师大中文系这种关注社会问题的学术风尚，我想多少会与徐先生、钱先生等前辈的倡导和身体力行有关。翻开徐先生的自选集，你就会看到以"问题"为题的文章俯拾即是：《当前文艺理论批评工作中的几个问题》《试论当前文论中七个问题》《关于古代文论研究的一些问题》《中国古代散文的发展与美学思维形式问题》等等。在第一个问题中，徐先生对文艺理论界盛行的"左"的思潮深恶痛绝、警惕有加，对棍子式的批评、权威化的批评、教条化的批评进行了十分有力的批判，并针对"生活之树常青，理论是灰色的"的理论虚无主义，同时进行了批判，提出了"理论有灰色的也有青色的"这一富有新意的观点。徐先生认为："左"的理论"其实并非真正的理论批评，的确不过是棍子和刀子。人们说它'灰色'，轻视、不信任它的瞎说，是咎有应得的。但若因此成了习惯，连确是实事求是的理论批评都一律加以轻视和不信任，就不免偏激了"，又说："我们应该反对轻视实践、脱离实践的理论研究，同时也要反对轻视正确理论、轻视理论对实践的指导作用的经验主义偏向"，"理论工作者必须从实际出发，研究新情况，解决新问题，实事求是，要唯实"。①我想，先生的这些观点即使放在今天来看，依然是一些闪光的见解。在徐先生、钱先生等前辈的倡导和支持下，80年代华师大形成了一个"批评家群体"，这个批评家群体尽管个性、风格、才华、研究对象有异，但对当代社会问题和借文学与其构成否定关系，基本上是其共同点。我想，依托文学的审美支点与社会现实问题构成某种否定关系，就是华东师范大学后来成为"人文精神"讨论发祥地的人文背景。而"人文主义"的一个核心内涵，便是知识分子对社会的问题意识和批判态度。华东师大中文系的学术文化之所以特别注重艺术感觉和体验，就因为只有注重艺术体验才可以有效地和社会现实构成这种人文张力。而我所研究的否定主义理论，之所以也特别关注"中国问题"的特殊性，之所以提出"中国个体"是一种"穿越群体的个体"等命题，之所以倡导"第三种批评"，对中西方既定理论采取反思批判的态度，同样是因为师大的这种学术文化的熏陶。

　　关键是，问题意识和批判态度又必须建立在学者的独立人格和独立思考上。徐先生几十年来清醒地看到，如果不强调后者，批判就可能会是政治性的批判，问题也就会成为政治性问题，批判还有可能就会是依托西方思想的批判，而问题则有可能就是以西方视角看待出的问题。徐先生在《独立思考　和而不同——徐中玉先生谈人文社会科学建设》中说："政治家可以提出主张，可以去推行，学者从不同的角度提出些不同意见，从学理上提出建议，即使提错了，又会有什么不好？"并认为"马克思主义

　　①　徐中玉：《激流中的探索——徐中玉论文自选集》，华东师范大学出版社1994年版，第144、143页。

就是批判的学说，马克思做到了"，其独立于政治的学术人格是十分鲜明的。因为"真正学者本不是为了要反对什么人才提建议说理的，是为了共同把事情做好"。[①]这正是学术人格区别于政治人格的十分可贵之处，也正是陈寅恪、鲁迅、顾准等学者给我们留下的最为宝贵的遗产，并可以反衬出不少中国学者趋炎附势的学术人格。徐先生是这样说的，自然也是这样做的，无论是对当代学术体制的批判，还是在杂志的编辑工作中"任文唯贤"，而不是"以人取文"，均可以看出徐先生言行一致的审美人格形象。与此同时，独立人格又必须建立在独立思考的基础上。徐先生认为："独立思考是人文社会科学研究者的一个必要的素质。法律应当明确保障学者的这种权利。"徐先生指出："吹捧西方的各色'主义'"，"靠引用别人的话来立论"，均是缺乏独立思考的表现。[②]徐先生在《论"无胆则笔墨畏缩"》一文中说，真正的独立品格，是"不唯上，不唯经典著作，而唯客观事实，实践检验的结果，自己开动脑筋，讲自己要讲的话，不受任何脸色、风向的影响"[③]。可惜的是，徐先生所指出的这个问题，正是当前学界的致命伤。

而作为先生的学生，我愿意以我的"否定主义思想"对先生的"独立品格"和"批判态度"做这样的补充：一个人活的意义不排除"吃喝玩乐""荣华富贵"等快乐和名利追求，但让人获得心灵依托的，是靠自己的创造性劳动，来对国家和人民做出贡献。如此一来，一个有"忧

---

① 刘金涛：《独立思考　和而不同——徐中玉先生谈人文社会科学建设》，《社会科学报》2003年5月22日。

② 刘金涛：《独立思考　和而不同——徐中玉先生谈人文社会科学建设》，《社会科学报》2003年5月22日。

③ 徐中玉：《激流中的探索——徐中玉论文自选集》，华东师范大学出版社1994年版，第345页。

患"意识的学者，就应该以自己的创造性思想和学术发现来面对民族和人类的一些普遍性问题。一个学者在知识上要捍卫民族和人类的优良知识，但更重要的是能穿越之、突破之，生产出自己的知识，这样就可以在"忧患"问题上给人以启发与收益。如果说先生强调和提倡"忧患"意识，主要是针对独善其身、得过且过、自私自利、明哲保身的处世态度而言的话，那么我更愿意在文化转型和知识重建的意义上，将这个问题引向建设性的思路上来：针对市场经济的发展、中西文化思想的冲突所造成的价值迷乱和心灵空虚的现实，我们如何通过改造中西方思想以获得思想的原创性品格，来解决"用什么来忧患"的问题？

三、"忧患"的基础：打通各种学科和分类界线

徐先生在给我们几个研究生上课时曾经说过：打通古今中外是治学的最高境界。在《忧患深深八十年——我与中国二十世纪》一文中，徐先生又说："博览尚有限度，精专谈何容易。视野求广，力求宏观，又有一专之长，善有微观能力，正是我心向往之的境界"，"宏观而天马行空，流于大言失实，无从操作；微观而非谨严细密，烦琐不得要领，迷途忘归；均劳而鲜功"。[①]我想，一个有"忧患"意识的学者用什么来对社会进行关怀？又以什么作为批判的尺度？如果仅仅凭的是一腔热血、一点良知、一些常识、一些专业知识，那是远远不够的。如果仅仅以为掌握了一些西方理论，就可以对中国社会进行批判，我以为同样是不行的。

所以我是这样理解徐先生的想法的：一是我们每个学者首先应该有

① 徐中玉：《激流中的探索——徐中玉论文自选集》，华东师范大学出版社1994年版，代序第15、16页。

自己的专业，并将专业研究好；但我们又不能限于专业，而应该"穿越"专业，追求文、史、哲贯通的知识结构，才能达到"宏观"与"微观"结合的大境界。比如文学观的突破，常常是哲学观的突破，至少与哲学观的突破相关；而中国文学与哲学、伦理、政治的紧密结合，也使得我们很难把文学与文化分离。没有文化方方面面的知识准备，是很难应对文学的真正创新的。虽然我们在学术功底上很难达到钱锺书先生那样的"博学"境界，但这境界应该是我们的审美性努力。如果我们仅是"专家"，那么无以体现对社会现实关怀所需要的综合性知识结构；如果仅是通才而不能精通某一专业，我们又无以通过专业创新为人文关怀提供有力的武器。这种辩证关系同样适合"学术"与"思想"、"考证"与"思辨"、"材料"与"观点"等学术性关系。二是一个治中国文学的学者，不应该将自己的专业完全限制在或者古代文学，或者现代文学，或者西方文学的领域里，造成学科之间分工过细的状况。所以有时候我想，科学化、专业化之所以能在中国得以实施，这与中国传统的"老死不相往来"观念究竟有没有文化上的关系？我想应该是有的。一个治中国现当代文学的学者如果没有古代文学的功底，就很难避免学术研究上的急功近利，因缺乏历史视野而很大程度上受时代左右；同样，一个研究古代文学的学者，如果没有当代视野和现当代文学的知识积累，就难以对自己的专业保持必要的审视视野和宏阔眼光，也难以使古代文学研究具备某种现实意义。所以，"穿越"自己的专业，追求"中国文学"的整体视野，就是包括徐先生在内的老一辈学者身体力行的。

纵观徐先生的创作实践和工作实践，我们确实可以看出他一生致力于打通理论与现实、古代与当代、专业与普及、学者与行政等方面的努力。在理论与现实结合方面，徐先生既编写过《文学概论讲稿》《文学概论精解》《中国古代文论研究方法论集》等多种理论著作，也写下了像《现代意识与文化传统》《试论当前文论中七个问题》《〈讲话〉的根本精神》等现实感很强的文艺理论文章。在古代文学与现当代文学结合方面，徐先生既出版过《论苏轼的创作经验》的专著，参与过《刘熙载论艺六种》的整理，也出版过《鲁迅遗产探索》《鲁迅生平思想及其代表作研究》等著作，既主编过《中国古代文艺理论专题资料丛刊》，也主编过《中国近代文学大系·文学理论集》，更撰写过《略谈古代文论在当代文艺研究中的地位与作用》《中国古代文论的思维特点及其当代趋向》这样立足当代改造传统文论的文章，目前正在与钱先生一道主编《20世纪中国学术大典·文学卷》。专业研究和知识普及均是徐先生十分重视的工作，除了大量的专业性研究工作以外，徐先生主编的"通行本""自学读本""组编本""统编本"等各种版本的高校通用教材《大学语文》，自1981年以来累计发行两千余万册，此外还有相当一部分中小学教材，在海内外均产生了广泛的影响。很多各行各业的中青年骨干，均是读着《大学语文》成长起来的。我印象比较深的是徐先生从来没有因自己学术上的德高望重而拒绝给最为普通的报刊写文章，尤其是在培养青少年方面，徐先生更是愿意付出自己的劳动。即便是"中学生网络文学集"这样的书籍，徐先生也愿意在百忙中为之作序。从事文艺理论研究的学者很容易轻视写作教学和语文辅导这类实践性、普及性很强的工作，而徐先生却花费相当的精力编写出版了《论文艺教学和语文问题》《写作与语言》《文学作品的阅读和写作》《古文鉴赏大辞典》这类普及性著作。我想，一个著名学者能对普通民众如此亲和，为之付出自己的努力，普通民众就会深深地爱戴和铭记他。这就是徐先生在海内外享有很高知名度的原因。不仅如此，一个以"忧患"为己任的学者，不是一个"独坐书斋"的学者，而是一个很希望将自己的理想和思想付之于现实社会的学者。这应该是知识分子与社会最重要的互动关系。为此，徐先生也投入了相当一部分精力从事社会活动和行政工作。徐先生不仅历任华东师范大学中文系主任、名誉主任，担任过国家教委高教自学考试指导委员、中文专业委员会主任，中国文艺理论学会会长，中国古代文艺理论学会执行副会长，上海作家协会主席等重要行政职务，而且还积极参加各类学术集会、讲学、出访，主编过各类学术与理论刊物。给我留下最深印象，也让我最为感动的是，已近90高龄的徐先生，和钱先生一道，不远千里，于2002年秋季前往湖南湘西参加由《中国社会科学》、《文艺理论研究》、华东师范大学中文系、吉首大学中文系联合主办的"21世纪中国文艺理论研究与学术创新"全国学术研讨会。先生虽然身体硬朗不服老，但毕竟年岁已迈，腿脚有时候不太听使唤，在凤凰县起夜时还跌倒过，但先生依然兴致勃勃地参加各种活动，根本不在意自己的身体状况。参加会议的各地代表，无不为之慨叹，他们感动地对我说："你们徐先生真是不简单啦。"

徐先生说："选上'中文系'，以及选上'研究'这个行当谁也没有勉强我，也未为此特地请教过人。完全是凭自己爱好走上了这条路，还要一路走到底了。"[①]先生这句话我是十分认同的——没有由衷的爱，什么路我们能走到底呢？市场经济来了，很多学者和作家下海了；学术腐败盛行，很多学者忙着追名逐利去了；当代很多研究生将毕业论文写完了，便不知道今后该干什么了……我想原因皆在于他们心中缺乏这份由衷的爱。有了这份爱，才会有屈原的"路漫漫其修远兮，吾

---

① 徐中玉：《激流中的探索——徐中玉论文自选集》，华东师范大学出版社1994年版，代序第13页。

将上下而求索", 也才会有徐先生说的"求学不比从商下海,只要沉得住气,意志和时间便成实力"[①], "一窝风来搞,或怕得都不来搞了,都不必要"[②]。这样的良言掷地有声。我想,徐先生正是凭着那份心底里产生的对国家、民族、人民和文学的爱,正是凭着这平静而执着的求学精神与心态,走到了今天。并且在快90高龄时,还有着青年人一样的干劲、心态和热情,在"学问无涯"的大海中奋力前行着。这是最让我们这辈四十几岁的学者感动和惭愧的地方,也是最让我们值得骄傲的地方。所以我很想再说一遍这同样出自我心底里的骄傲之言:

"我的导师是徐中玉先生。"

(本文原刊于《东方文化》2003年第5期,题名为《忧患人生——记徐中玉先生》,这里有改动。)

---

① 徐中玉:《激流中的探索——徐中玉论文自选集》,华东师范大学出版社1994年版,代序第16页。

② 徐中玉:《激流中的探索——徐中玉论文自选集》,华东师范大学出版社1994年版,代序第14页。

徐中玉先生轶事

中编

为老爷子炒豆豉肉丁

——2018年父亲节感怀

徐　隆[①]

　　1957年的一天，老爷子仅为三二句话及数篇在《文汇报》上登载的文章被打成"右派"前，时任华师大党委书记的常溪萍来访。我正好在家，至今尚未忘记。历时很短，据老爸事后说，常书记希望父亲起而揭发挚友、知名作家、华师大中文系主任许杰先生，指其为大"右派"，这样自身可免。父亲没说自己如何应对，只是数天后，"右派"帽子自天而降。自其42岁至62岁，被反复迫害凌辱整整二十年。一人有几个二十年？况且对于一生执着勤奋的父亲来说，他可以在一位学者一生的黄金时代，努力成就多少事业学问，完成他毕生的心愿？

　　二十年中，先是校内外大小会议批斗，父亲竟大声据理反斥。结果当然是被禁授课和出版著作。随即被逐去市政协，和陆诒、彭文应等死硬"右派"一起学习认罪；发配在安亭的社会主义学院改造；打入系资料室、《辞海》编辑部做文字杂工等。十年"文革"，辱骂、殴打、批

① 徐隆，徐中玉长子，美国弗曼大学现代语言文学系及亚洲学系教授。

轶事及研究　徐中玉先生传略

▶前排自左至右：母亲吴瑰卿、外婆、姨妈。后排：弟弟徐铭、徐隆本人、父亲徐中玉、姐姐徐平、表弟倪端

斗、隔离，更是暗无天日，旷日持久。即便是"批林批孔"时，有关部门也不忘"钓鱼"——"约谈"。父亲决不昧心媚权，当然断然拒绝。于是被拖入政治斗争，遭数月狠批。作为亲属，母亲首当其冲，整年战战兢兢，惶惶不可终日。姐姐大学毕业后，发配新疆，几度死生。弟弟自初中就饱尝歧视批判，崇明劳动十年后，1977年高考成绩优异，仍名落孙山。若不是父亲1978年"解放"，何来我们兄弟二人入学？种种严酷牵连，至今历历在目，不敢或忘。1978年父亲复出。作为系主任，和同仁钱谷融先生等呕心沥血，励精图治，重续研学。同时拨乱反正，培养造就成批新生知名作家，鹊誉中华，塑就华师大中文系数十年辉煌。

至今，虽是儿子，还是实在不解也感到衷心钦佩的是，父亲终生夜以继日授教研学述著，同时担任全国三个顶级文学学会的负责人，独立编纂两个全国权威文学理论研究学刊，培养提携大批学子，直至2014年获上海文艺界终身成就大奖。自1978年父亲64岁复出，至2011年97岁依依不舍地不再编刊，近三十年，父亲做了多少事，干了多少人不敢想象的工作！

父亲为人行事，一生崇尚清苦自立。幼时考入公费无锡师范学校，毕业后按规定任小学教师两年，后考入国立山东大学，自此全倚稿费生活发展。时局跌宕起伏，关注全在学问，生死波折，不易其志。父亲立世如是，生活上却绝无奢求。岂止无"奢求"，连平时衣食都不讲究。父亲仅有一套夏日白色西装，还是带着我在旧货店购得。家中家具，自师大折买而来，旧损不堪，尤其那个大衣橱，一边镜子早就破碎残缺，直到80年代后期才配上，是母亲数十年怨源之最。他之所爱是带我去福州路旧书店，一停几小时，令我诉苦不已。另一记忆便是常带我去华东化工学院看望二姑母，周济生活拮据的二姐，用的全是稿费。

倒有一事，时而幡然想起。1957年父亲打成"右派"后和一帮文化界"右派"在南京路市政协认罪。马路对面是以川扬菜肴著称的"绿杨村"饭店，这成了他们中午聚餐的场所。大约就在那时，父亲喜欢上那里的川菜，诸如鱼香肉丝、干烧青鱼之类。我了解到父亲这个喜好后，在西藏路川湘商店买回川味豆豉，交阿姨试用。多次下来，发觉烹炒肉丁最佳。肉丁需肥瘦相间，切成公分大小，菱粉勾芡，加盐少许。待锅中油热，放入两匙豆豉煎至滑熟，加入姜末细葱，大火拔香后倒入肉丁，重糖烹炒三二分钟即成。但凡有此，父亲便生兴致，常自斟五加皮酒一杯，一筷一抿，细饮慢品，展眉舒额，油然自得。想想这就是老父难得的生活享受之一吧。

后因阿姨更换，渐渐地我就成了掌勺者。好在平时耳濡目染，看看就会。此道菜香浓味郁，开胃下饭，我们都极喜品尝。上世纪五六十年代，生活清苦，肉类佳肴，来之不易。更何况看到父亲高兴，我也喜不自胜。只是现在回想起来，更生几分原来不及体会的父子情深，悔不该那时多做几次，也后悔那时没有多想想能否做点别的，稍稍慰藉苦难重压下的父亲于万一！时光荏苒，豆豉肉丁已成六十年前往事。父亲已然103高龄，言语行动不便，病困医院。插上胃管，不复自行饮。然而，今秋返沪，我一定要寻遍上海，购得昔日川味豆豉，炒上一盘肉丁，带去医院病床。父亲纵然不能吃了，香味还能识得么？

徐隆

当代知识分子精神：徐中玉先生的立德与立言

钱中文[①]

认识徐中玉先生是20世纪80年代初的事。那时中玉先生正筹办在广州召开的中国文艺理论学会的年会，来信嘱我参加会议并要发言。我向他汇报了我拟在会议上介绍两本外国的文艺理论著作，一本是出版于20世纪40年代末的美国韦勒克和沃伦合著的《文学理论》，一本是1976年出版的苏联波斯彼洛夫的《文学原理》。两本著作各有自己的思路和体系，可算是当时见到的不同于我们文艺理论的代表之作，都算是"新知识"，因为我们的研究工作荒废得实在太久了。其后，我在广州会议上发了言，介绍了这两本著作。这样我和徐中玉先生就算认识了。以后不断读到先生的著作，它们对于我国当代文论的建设，起到指导性的作用；并有多次登门求教的机会，逐渐了解了徐中玉先生的为人，使我对他由衷地产生了一种崇敬之情，直至今天。

中国人文知识分子讲究立德、立言、立功，这立功恐怕难以和人文知识分子联系在一起，但立德、立言恐怕是不少人文知识分子挥之不去

轶事及研究

徐中玉先生传略

---

① 钱中文，中国社会科学院荣誉学部委员，中国中外文理论学会名誉会长。

的情结，当然，这立德、立言的内涵和过去是大不同了。徐中玉先生正是这类人文知识分子的典范和旗帜。

先生深深受到优秀传统文化的熏陶，对国家、民族饱经忧患沧桑有着深切的感悟。阅读先生出版于十年前的《激流中的探索——徐中玉论文自选集》一书的《代序：忧患深深八十年》，真使我感动不已，这是一个优秀的爱国主义者的胸怀自述。一个人的生命短促得很，不过几十年罢了，而能有所创造、有所发现，也就在这几十年中一个短暂时期内。先生青年时期倾心求学，颠沛流离，进入盛年创业时期，却连遭两个十年的摧残，真是情何以堪！然而不屈于命运摆布的先生，历经多次的生死拷问，却仍然一往无前，虽九死其犹未悔！何故？爱我家园使然，忧患意识使然，这是不少优秀的传统人文知识分子都具有的品格，也是我国优良文化传统的品格。先生说，在我们这块土地上，"这里有祖宗庐墓，有父母兄弟姊妹，有亲戚朋友，有故乡山水，有优良的共同文化传统，有基本一致的现实利害关系，在哪里都找不到可以如此自在、发挥作用的地方。这就是为什么历来志士仁人都有热爱国家民族的思想。这是爱国思想最重要的基础和来源"。我几次读到这段充满血性和良知的文字，总会在感同身受中悄然动容！

忧患意识与居安思危的意识，使人自觉地要有器识，要有高尚品德，并且自觉地去服务于社会与人群。所以先生秉性耿直，胸怀坦荡；总是强调做人要胸怀大我，要真诚，敢于说出真话；为文，要有志天下，要有意而言；言必中当世之过；不以一身祸福，易其忧国之心；等等。他把古代文化中的优良成分，与当今为人和创作的需求融而为一了。

先生知识丰富，积学深厚，所见甚多，视野开阔。他贴近现实，跟踪文艺理论批评的发展，主张实事求是，要按文艺自身的规律办事，早在20世纪50年代就洞见教条主义的危害。1957年他写的一篇名为《闲话自封的马克思列宁的代言人》的论文，深刻地揭露了文艺理论、批评界的时弊，捅了教条主义的马蜂窝。他说："是什么造成了类此教条主义宗派主义的文风？这就是某些人灵魂深处的唯我独尊、我行你不行、马列主义只有我在行你不在行，或者只有我的马列主义才是'真正的''老牌的'等等思想在作祟。"[①]这种振聋发聩的言论，在当时自然是奇文，自然要受到"全国共讨之"的命运了。即使在今天看来，先生的真诚批评，又何尝不是奇文！它充满了何等的智慧和大无畏精神！

徐中玉先生是我国当代文艺理论的成绩卓著的建设者，古代文论研究家，又是文艺理论队伍的组织者，他对我国文艺理论的发展，做出了不可磨灭的重大贡献。

新时期以来，先生把文艺理论界组织了起来，成立了中国文艺理论学会，他总是处在理论批评的前沿，关注着文艺理论、批评的发展，不断提出有利于文学艺术发展的主张。他对20世纪80年代初出现的文艺学的方法论热，给予了热情的肯定。在文艺理论批评中，先生很早就关注"当代意识"问题，对于那时提出的各种说法如"叛逆意识""反传统意识""批判意识""突破意识""自我意识""超脱意识""忧生意识""竞争意识""哲理意识""超前意识""反思意识"，先生都做了辩证的、令人信服的辩明和阐述。

先生精通古代文论，早在1980年代初，就提出古代文论这一丰富的资源开发、研究的方式和方法问题，并且确立了古代文论在建设当代文论中的地位，语重心长，持论中和得体。他说，目前古代文论是一个摊

---

① 徐俊西主编：《上海五十年文学批评丛书·思潮卷》，华东师范大学出版社1999年版，第19页。

子，西方文论是一个摊子，从苏联介绍过来的文论是一个摊子，我们文艺理论的建设，要把这三个摊子有机结合，融为一体，建成具有中国特点的文论，这是极有见地的观点。后来先生提出古代文论的民族特色，和它在当代文论研究中的地位与作用，更是抓住了我国当代文论建设中的根本性问题，极具启发性。而且从这一问题的探讨，到具有继承意义的如何使得古代文论发生现代转化的研究，现在正在大力地开展中，成为我国文艺理论研究中一个长盛不衰的热点，而且取得了不少成绩。

传统文化有何意义，是先生不断关注的一个大问题，他反对把现代意识与文化传统对立起来的做法。他认为要看到"现代意识不但并不总与文化传统对立，往往还是文化传统中合理部分的延续和发展。现代意识并不只是一个限于现代时间的概念，更重要的是一个随着历史的发展而不断有所发展、充实的观念"，立论精当。就孔孟学说来说，70年代还有人在斥责"孔学名高实秕糠"；90年代国学研究兴起，有些人马上就认为这是要代替马克思主义而十分惊惶。其实，这都是长期糟蹋、中断了文化传统的后遗症，这种病症实际上已经走到人已非人、国已不国的地步。中玉先生的有关孔孟学说的几篇文章，令人信服地揭示了传统文化中，哪些属于精华部分，哪些属于可以被继承的东西，哪些属于我们现代有用并可进入未来的东西，哪些是可以恢复、滋养我们被摧残了的人性的东西，简明通俗，读来令人回肠荡气。

先生就是这样立德立言的。九十年过去了，岁月如诉，精神可敬！先生的形象，将是人文知识分子立德立言的完美结合，而昭示我们后学！

（本文原刊于2003年11月19日《中华读书报》，题名为《徐中玉先生的立德与立言》，这里有改动。）

钱中文

中编　徐中玉先生轶事

徐中玉先生的忧患意识

钱中文

我和徐中玉先生的交往自80年代初就开始，最早的一次是1982年，那年中国文艺理论学会在广州开会，先生嘱我就美国、苏联有代表性的文论做些介绍。1985年4月，文学理论方法论研讨会在扬州召开，中玉先生等上海学者都去了。会后不久得中玉先生信，约我写稿。作为后学，我慢慢地了解了先生的为人、为学，以及他身上所秉有的中国知识分子的精神。但是这种精神可不是与生俱来的，而是在国家的内忧外患之中，怀着一种热爱祖国、家园的深情，抵抗黑暗，挣扎锤炼而成的一种博大的胸怀和与人民结合在一起的精神，那就是深深的忧患意识。可是，这种对祖国、家园的深情，竟使先生吃尽苦头，遭到了两个十年的摧残，生死拷问，虽九死其犹未悔。

2003年10月，华东师范大学为徐中玉先生九十华诞与施蛰存先生百年华诞举行庆祝会，我应邀前往。行前，校方嘱我要在大会上就徐中玉先生做个发言，我当然觉得这是义不容辞的。在那天庆祝会上，大礼堂坐得黑压压的一大片人，都是两位先生的同事、学生。随后我在会上发言，我引用先生所说，在我们这块土地上，"这里有祖宗庐墓，有父母兄弟姊妹，有亲戚朋友，有故乡山水，有优良的共同文化传统……"这时我难以忍耐，竟在讲台上哽咽语塞，约有半分钟之久。下面的听众见到我的这副神情，竟鼓起掌来，我一时还是难以镇静下来，但是下面又鼓起掌来。这时我定了一下神，才继续念了下去。回想这一情景，主要是想到先生的遭遇，不仅是他一个人的遭遇，而是大批知识分子共同的遭遇！二十多年间，我与中玉先生多有书信往来，字里行间，透露着真诚的师友情谊和对整人运动的厌恶，一面担心风波还会不断，一面又认为不可能再走回头路。

先生对《文艺理论研究》一片深情，注入了大量心血，视它有如自己的生命的组成部分。他自己"凭良心、尽义务"编辑杂志，一干就是三十余年。同时不时提携后学。中玉先生写给我的信中，有对我手术后的祝愿，有诉述家乡情谊的温暖，还有对文艺界学风的点评。下面我录下他的一些信件（已取得他女儿的同意），作为宝贵的文献资料保留下去。

中文同志：

　　扬州匆匆未及多多请教为憾。刊物请赐稿，写的、译的都好。方法论、国外新思潮，均请经常留意、撰寄。明年拟改双月刊。请提改进意见。

　　祝健。

徐中玉

1985年5月15日

中文同志：

　　28日示收。诸承关切，刊物也承大力支持，非常感谢。南帆好学深思，解放而不趋时，但这都出于他自己的努力，你们的鼓励也给了他力量。他似乎颇安于目前的工作，杂事少，家人都在一起，那边对他也知重视。当然，如能到你所工作，会条件更好，有利于未来的成长。当相机一说。[①]

　　再复同志主所后，生气勃勃。"开天窗"事这里略有所闻，已顺利解决，最好。看来风波还会不断有，总不可能走回头路的。大作读了不少，切实有力，非常敬佩。开放搞活，是当然之理，但目前稿件时髦之风尚盛，大言空言狂言不少，而为了爱护探索，鼓励青年，往往对此种现象也过于保持沉默，便于"左"者以口实。存在唯恐为时风所不喜的心理，实在也不是正常的现象。我们刊物不想赶时髦，希望有点保存价值。以后仍望继续支持，你所有何好文章，也请介绍。

　　上海外表还平静。并未要求大家表态。一般都不愿涉及人的问题，沉默观望中，或谓外松内紧，不知其详。但愿严守政策界限，而外地则知每多，逾越不少。再复、西来、春元诸同志请代致意。

　　祝健。

徐中玉

1986年3月8日

---

①　注：我当时见南帆功底不错，邀请他到文学研究所来工作，并请徐先生帮助。

中文同志：

　　信收。切望你能莅会，这次来会70人左右，中年同志多数，很整齐，力求开得好些。你《文学评论》一文，实际即谈了会议题目。时间已定11月21—26日，正式通知下月中旬发出。何西来同志前允一定来，何以尚无复至？学会工作，端赖各方一切努力。一定力求广泛。原则是坚持改革开放，不断要求有实质性的进步。不卷进任何人事纠纷，你说这样妥否？

　　通信希家址为便。

　　祝好！

徐中玉

1986年9月16日

中文同志：

　　"体裁"一文已排明年第1期，勿念。

　　2期起，拟陆续发谈40年来文艺理论研究回顾展望性文字，可只及一事一题，5—6千字为宜，希支持。祝好。

　　再复同志晤时希代为致意。

徐中玉

1986年12月13日

中文同志：

　　承惠大著①，甚佩，甚谢。你的文章丰富切实，清新而有独

---

① 注：信中所说"大著"，指我寄他的《现实主义和现代主义》一书。

见，非常难得。仍望继续支持来搞。近日调子似渐平实，希望真能安定下来，让大家好好研究、探索些学问。再复同志近况如何？时在念中。晤时希代为致意。

徐中玉

1987年

中文同志：

大著敬收①。甚佩。已在我刊文讯中简介。

听德林同志说，贵羔即可痊愈，万分喜慰，仍望保重。

此间外表平静，未多牵连。一般均置之不想，尽其在我。

有空请惠稿。

祝

春节全家安好！

徐中玉

1990年2月3日

中文同志：

刊物经常收到否？

近况想安吉，时以为念。

德林同志说，你们可能11月内来沪，很欢迎。

希续支持惠稿。就"学院派"吧。

我如常。"免于处分"的处分。

① 注：指我寄他的《文学原理—发展论》。

上海似尚稳妥、明智。

祝

好！

徐中玉

1990年10月7日

中文同志：

信收。因赴厦门、浙江之会稽等，乞谅。大作已发在明年《文艺理论研究》第1期。希赐稿。

文艺界仍迷茫。难出好作品。

敬祝全家新年好。

徐中玉

1992年12月23日

中文同志：

拙作希指教。

学会如常。刊物今年有点改进。经费太少。希寄文支持。

近来理论研究很不景气。空话多，炒风盛。

想安吉。

祝好！

徐中玉

1995年1月8日

中文同志：

　　信收。很感谢。给元化同志一信已转交。学术天下公器，多个机会互相交流、促进、补充是好事。预祝会议成功！

　　前几天才从西安回来。21日又要去昆明、大理，这次可能算放松、休息一下。

　　7月底北大的"文心"之会，决定不去了，太累。济南之会，恕也不能去了。便乞代达贺忱。

　　这些年来，无论创作、研究，看来起色不多。"炒"风、"包装"风太盛。最缺的是批评精神。原因很复杂。一时仍会很难。元化同志潜心学术。我们刊物作了些改变，力求活泼一些，也难。有何新作，请寄来。

　　匆此祝健！

徐中玉

1995年5月18日

中文兄：

　　示信收。自当遵命，后寄复几句话。

　　这几期贵刊颇可读，具见大力。福建拟出本世纪学术大辞典，文学卷重在研究之研究，正与谷融兄勉力着手，一俟条目就绪，正拟请你帮助承担些部分。回顾、小结云云，谈何容易，尽其绵薄而已。

　　匆此祝好！

徐中玉

1997年9月11日

中文同志：

　　大作4册敬收。十分高兴、敬佩。国内文论，一向认为你同庆炳、立元诸位贡献为多，真正有所丰富、积累。[①]一般都太犬儒气，重重反复那些常谈。我看可能短期仍难有多少进步。

　　我们这刊物目前仍由我负责，想每期收到，请指教，特别请赐稿。因从不收钱，也不赶时髦，凭良知，尽义务。故外稿踊跃，鼓励了我们。请告知电话号码，以便随时联系，你信得过的稿子也请介绍寄来。

　　我已进九五，老态日增，幸尚能做些自己爱做的事。操持此刊，至今已30年。同时还编点高校教材。有个已退休的女儿在上海，不时可以回来晤面。朋友来往谈天亦不少。总之，一切尚可。

　　家乡江阴华士镇，所谓"天下第一村"，即我镇下属。

　　你还常去家乡看看么？

　　匆此祝好！

　　庆炳电话也请告知。

中玉

2009年3月10日

下面是我给徐先生去的一信：

徐老：

　　接你来信，十分高兴。先生字迹十分刚健，我一见信封，就猜

---

　　① 注：徐先生所说的4册书，指我的《钱中文文集》4卷。我得信后又去了一封。其中所说三人，系徐老对后学的提携。文论界有贡献的同行很多。

想是先生写的了。先生九五高龄，还亲自审稿，真是令人感佩。先生操持刊物，坚守原则，30年如一日，真是不易。原本严肃的刊物，受到市场的影响，如今都已纷纷改弦易辙，令人痛心。学界干净的地方已经不多。我于1978年摘掉了10年的反革命帽子，因此只想埋头学问，不问窗外大事，执笔为文，只求有感而发。谁知一晃30年，只有这么一些东西，和一些青年学者相比，我是生性愚钝，下笔甚慢，可能是太感到文字的重量了。有的青年人，写理论文章，有如写小说一般迅速，我只能自愧弗如。所幸尚能记得30年的经历和了解当前的文论趋势。至于一些古里古怪的问题，我已没有精力去了解个究竟了。

时代为我们准备了同样的命运，同样的遭遇，同样的感受。在庆祝先生90华诞的大会上，当我念到先生写的"这里有祖宗庐墓……"时，大约由于感同身受而哽咽不止，停了片刻，真是老少同悲，这可能是年轻人不理解的了。好在顽强的生命又给了我们30年，也许会更多，让我们有些作为。有时我想，如果前30年，或者哪怕是20年，能像80年代后那样工作，我们做的事也许会更多些，生命也许会更完美些。

先生讲学界的犬儒主义太重，是啊！也许更为恶劣的是金权对学术的干预。博士学位可以买卖，权大学问大已是普遍现象，没有多少知识的首长学问更大。解放初期，官员还承认高级知识分子是专家，当然要加上"资产阶级"帽子。现在官员一买到博士学位，再在哪个学校一镀金，就成了大专家了，到处发号施令了，而且只有他们说话的份，要想说话的人，就免开尊口了！当然现在十分民主，朋友间可以发发牢骚，别无它意！先生的嘱咐，我努力去办，最近我正在校阅俄国巴赫金的7卷本译文，出版社清样来的很快，又要让我进入新一轮的校阅，这纯粹是为他人作嫁衣裳的工作。等稍闲下来一定给刊物写稿。

先生身体健康，大家高兴。健康长寿，能继续工作，有儿女探望，这是人生的幸福了！

后学中文谨上

2009年3月19日

另附徐先生约稿信一封：

中文兄：

前信收到。写奉几句，祝贺。

年来我们连发了"学人访谈"，反应颇好。明年第1期拟请你拨冗撰写一文，由你自写，或由你约同志用谈话方式，主要谈你对当前文学研究中的问题，都可以。

务请协力。篇幅5000—8000字左右。10月底交来，切盼。

匆此祝好！

徐中玉

2009年9月15日

以上通信，录此存念，以志永怀。

徐中玉先生的"三个高台"

童庆炳①

徐中玉先生传略 轶事及研究

杜甫当年写诗，说：人生七十古来稀。这位诗圣的这句诗也太缺乏前瞻性了。现在活过60岁的人不可胜数，活过所谓"古来稀"的70岁的人，也很普通，连我都活过这个年纪了。徐中玉先生活到100岁，就用他的生命的长度结结实实地"驳斥"了杜甫。重要的还不是徐先生活到人们平常祝愿的话——"长命百岁"的百岁，更重要的是他的生命和精神，与他的事业和贡献，争相辉映，奏响了他人生的美丽交响曲。有一次，我在一个地方看到一副对联，其中一联写道："青天白鹤见精神"，心中为之一动。我觉得这句诗恰好用来形容徐先生：徐先生是"青天"，又是"白鹤"，青天衬托白鹤，白鹤也衬托青天，两者互相衬托，见出一种生命与精神蓬勃的生机和境界。

我与徐中玉先生的交往，始于1978年在陕西师范大学召开的中国文艺理论学会成立的大会上。当时我陪伴我的老师黄药眠先生一起去参加会议。徐先生是当时筹备会的秘书长，精力充沛，但事情很多。我就主

---

① 童庆炳（1936—2015），曾任北京师范大学文艺学研究中心主任，中国文艺理论学会副会长、中国中外文艺理论学会副会长。

动让徐先生给我派活，我帮助他干。那时候我年轻，刚过40岁。我们一起合作，我也常给徐先生出一些主意，合作非常愉快。我们的交往就从那时开始。后来我们为《文艺理论研究》的出版又有多次来往。我们当时都无力承担这个刊物的出版，所以我记得第一年是交给江西的一个出版社来出版的。后来那个出版社也没有兴趣，要我们把刊物拿回去。徐先生跟我联系，问我们要不要这个刊物。我去问黄药眠先生，我老师说，我们要刊物做什么用，又没有钱。问题就转回给徐先生。徐先生是位有眼光有办法的人，刊物就落在华东师大了。

再后来，徐先生以他的资历、水平和影响，被任命为教育部高校自考委员会中文分会委员会主任。每一个学科要有一个学科委员，其实徐先生可以自己出任，或在上海或在他自己的学生中寻找一位，但徐先生没有这样做。1984年或稍后的一点时间，他亲自在华师大召开文学理论自学考试大纲的会议，要列一个文学理论的体系。讨论持续了十天左右，讨论深入到概念的界定。我那时真的"人到中年"，各种各样的事情很多。因此讨论中，我总是抢着先发言，希望讨论的速度能快一些。徐先生请大家发言，发言后徐先生从善如流，有时候不等别人发言，就说：童庆炳的界说不错，就这样定了。大纲讨论完，不久徐中玉先生就来信，要我出任教育部高校文学理论学科自考委员，这完全出乎我的意料。我以为徐先生自己就是研究文学理论的，这门课的考试委员应由他自己亲自出任，结果不是，他自己去当大一语文的委员了。随后他便放手让我带领一帮教师编写全国《文学概论》自考教材，中间改过两次，第三版后未改，由北京大学出版社出版，也有好几年了。还有一件事要说的，那就是徐先生主编《文艺理论研究》后，我若写了文章，有时就寄给徐先生，希望能在《文艺理论研究》占一点版面。徐先生对我寄去的由我署名的所有的文章都一概予以刊登，并且从来不压缩和修改我的文字。我真的要感谢他。更有缘分的是，凡我推荐给徐先生的我的学生的稿件也一概刊登了。我老师留下的一篇很长的关于1957年美学大讨论的记录稿，他也照样刊登。我的老师地下有知，也会感激徐先生的友情。

徐先生的道德文章都是我们这些后辈学者的楷模。就"为人"来说，根据我的接触，活到百岁的徐先生为人朴实、诚恳、友善、谦虚、谨慎、大度、包容。他是一位学者，但他是学者中的组织者、活动家，在这组织、活动过程中，徐先生为人的修养、境界总是会在不知不觉中体现出来。中国文论界，特别是新时期以来的文论界，没有徐先生的组织，是很难办成这些事情的。如中国文艺理论学会，没有徐先生以他的为人亲和的、合作的、包容的精神，以及亲自的张罗，是坚持不下来的。他主编的刊物、丛书，质量皆很高，这些充满人文精神的刊物、著作，也是以他的为人境界和精神作基石的。抽去这基石，这些就失去了支撑的力量。事情是人做的，人做事情要有实事求是的作风，要有包容合作的精神，要有高尚的道德境界，这些徐先生都做到了，并且成为我们这些后辈学者的榜样。他的为人精神落实到了他热心的事业中。

徐先生是中国当代著名的学者。他治学的重要精神是实事求是，用事实说话，从不发没有根据的虚悬的奇谈怪论。譬如，他一生用很多时间从事中国古代文论的研究工作，他总是从古人的原著出发，提出自己独特的见解。对此，这里我想简单讲几点：

第一，徐先生对中国古代文论性质的理解。他说："诗话，词话，虽零碎而作用甚广，娓娓道来，亲切有味者不少，何尝不如堆砌名词概念、生造字句动辄数十万言之作？各民族互有短长，各有所适，倒决不想尽煞别人志气，一味长自己威风，乃是要求实事求是，有点科学态度和历史唯物主义精神。”这些话说得很平易，但又很深刻，道出了中华古代文论的实际，因此具有启发人的力量。

第二，徐先生对中国古代文论特征的理解。他讲了四点，就是“尚用”“求真”“重情”“重简”。这些概括字字珠玑，从事实出发看起来平易，实则凸显了中国古代文论的实际。譬如在讲道“重简”一点时，他解释说：“爱好要言不烦，能使人举一反三，厌恶唠叨不完，以艰深文浅陋。”这些话不但符合古文论的实际，而且也具有现实的针对性，特别是最后一句，“以艰深文浅陋”，就是针对当时文论界文字艰涩而意思则很浅陋的情况而说的。

第三，徐先生对中国古代文论研究目的的理解。他是反对那种为学术而学术的，主张学术要崇尚“用”。他在引用了古文论中“发愤读书”“不平则鸣”“怨而不怒”“文须有益于天下”等著名论点后，说道：“尚用而着重在怨，固然有长期封建社会专制统治的历史背景，但只要社会需要无止境的前进，那么即使在现在，批判精神将永远值得肯定，当然出发点应该是为了促进历史的前进，而不是拉向后退。”徐先生虽搞的是古代文论，可认为研究的目的还在于用，特别是要求我们仍然需要葆有批判精神。联系今天社会面临的种种问题，这一要求就显得尤为可贵。

第四，徐

▶ 徐中玉先生与童庆炳

先生对中国古代文论研究的方法的理解。他说："分析不妨入细，即所谓微观，而分析之后尚需综合、宏观，看到子系统上面的高一级系统。"这当然是非常好的方法，但说起来易，做起来难。可徐先生自己就是这样去做的。我印象中他有一篇论《文心雕龙·知音》的文章，他在文中谈欣赏里的"见异"问题，分析得很具体，特别是联系屈原"异采"而论，细致入微；但另一方面，文章又能提升到欣赏的规律来进行理解，给人以极大的启发。

百岁老人的徐中玉，在为人上站住了，在为学上也站住了。他有三个高台：生命，为人，治学。三个高台都那么平稳、那样美好。最后，我祝愿徐中玉先生福如东海无限深、寿比南山日月长！

（本文系已故著名学者童庆炳教授在徐中玉先生百年诞辰庆祝会上的发言稿。徐先生去世后，《文艺理论研究》编辑部将此文刊出，见2019年第6期。）

留得正气在人间

陈伯海[1]

　　初识中玉师，是在1953年秋考进华东师范大学中文系之时。他当时担任系副主任，和系主任许杰先生给我们一年级新生共同开设文学概论课程。他与许先生讲课的风格很有差异。许老师浙江方音较重，但言谈常带风趣，有感染力；中玉师用的是普通话，阐释理论详尽周密，逻辑性强，而相比之下稍欠生动。两位老师的搭配甚好，既便于我们系统掌握理论思维，又能给人以某种心灵感悟，由此促成我对文学的爱好从中学时代的偏重作品逐渐转向究其原理，这一习性长期保持下来，至老未曾衰歇。

　　我这个人生性不善交际，读书期间除知识上有疑问请求解惑之外，很少与师长们有私下交往，对中玉师还算是接触稍多的。一则因为我历年来担任班长，系里召开的学生干部会议必须参加，而中玉师也常来主持会议。二则进到二年级后，我被吸收加入中文系组织的学生科研兴趣小组，专事探讨文艺理论问题，中玉师时或莅临指教，所以跟他的接触

━━━━━━━━━━━━━━━━━━━━━━━━━━━

　① 陈伯海，毕业于华东师范大学中文系，曾任上海市社会科学院文学研究所所长。

在四年大学期间迄未间断。尽管如此，我并不感觉跟他特别亲近，这缘于他为人方正，原则性强，加之平时表情严肃，不苟言笑，亦让我增添了几分敬畏的心理。不过我也注意到他待人接物通情达理的方面，先生要求严格却并不流于苛刻，处事严正却从不疾言厉色待人，属于外相端方而内情蔼然的那种品性。不久前，一位亲临其炙教多年而对他深有了解的学界人士跟我提起他，引用《论语》中形容孔子风度"望之俨然，即之也温"这样两句话来作表白，我深有同感。

中玉师给我们讲授文艺理论，自己对中国现代文学乃至古代文论亦甚有研究。在文艺思想上他很早便接受了左翼文坛的影响，新中国成立后更牢固地树立起马克思主义文艺观的指导地位，始终未曾背离。不过他也并不墨守成规，对于一些新思潮、新理念时能吸纳参考，即使是明显不认同的观点，徐先生在不吝表白意见之余，亦从不强迫别人听从。我记忆中较深的一件事，是就读四年级时参加的一次全系学生科研习作交流活动。那时正当全国美学思想大讨论之际，我受到形势鼓舞，亦不自揣力地写了一篇题为《美和美感》的论文习作提交大会，并引起激烈争辩。中玉师亲临指导，在最终作会议小结时，他就我论文中着力发挥的有关美感的三个特征问题逐一评议，认为我对审美非实用功利性的界定大体能够成立，"同感心理"现象的提出亦有意义，但解说不够分明，而以"直觉思维"来把握审美活动的机制则不符合认知规律，是错误的。我一听，心想"糟了"，三个特征只肯定了一个半，不是只能打50分吗？当属于不及格了。没想到会议一结束，他就将我找去，要我将论文稍稍修葺一下，交到系里，便于收入学生科研成果集子（后因"整风""反右"的开展而未付诸实施）。从这件事上我切实体会到，他对自己不赞同的言论，会毫无保留地提出批评，但并不强加于人，其严正

自守的立场与平
易通达的学风是
互为表里的，这
恰是一个严肃的
学术工作者所必
具的优良品质。
我也观察到，这
一素质为中玉师
终身持守不懈。
改革开放后在多

▲ 陈伯海2000年与徐先生
在青浦朱家角

次会议上听他发言，还是这个基准，不苟同、不媚俗但也决不以权威架
势强加于人，总是心平气和地表白自己的观念，阐释有待商榷的问题。
他所带的历届研究生中有不少比较倾向新潮，研究方向与所写论文和他
并不同调，他亦多加容许且常鼓励他们循着自己选择的路子继续前进并
独立成才。正是这一兼容并蓄的作风，加以高超的组织能力，使他在改
革开放后的学科建设中发挥了巨大的作用，为上海乃至全国学术事业的
发展做出自己独特的贡献。

　　学风严正与为人正直是分不开的，中玉师一生持守甚严，在大是大
非问题上从不含糊。1957年春夏之交，党内"整风"发动，中央号召广
大党外人士参与"整风"，向党组织及党员同志提意见。一时间，师
大校园里贴满了大字报，有的学生甚至将针对系党总支书记的大字报
贴到总支办公室内，其中含带嘲弄的语调。中玉师对这样的大字报很不
满意，在全系学生大会上公开表示，希望张贴者主动将大字报撤下。不
久，"反右"运动打响，系主任许杰老师（校民盟负责人）被第一个抛

出来，中玉师却又仗义执言为其辩解，随即他自己也被定为"右派"，不过这已是我毕业离校后的事了。"反右"告结，他一度被撤离教学岗位，60年代初虽得"摘帽"并暂时恢复教职，仍常处在被督察与挨批判的境地，而不久启动的"文化大革命"又将其直接投入监管队伍，从事打扫卫生之类体力劳动达十余年之久，至改革开放后始得彻底平反。总计自"戴帽"至平反这整整二十年间，中玉师基本上被剥夺了其所一贯从事的教学职务，但并没有真正离开学术事业，依然坚持不懈地读书与思考，自称用工余时间读书七百多种，摘录卡片数万张，并手写札记约1000万字，严格保持住作为一个学人的本色。更难能可贵的是，在他获得彻底平反并复出工作后，回顾这段惨痛的经历时，并无过多的牢骚与愤怨，只是语重心长地告诫道："过去的已经过去，还有什么个人恩怨须记，觉得认真总结严重教训，一致向前看才是道理。""大风大浪大起大落无法使真诚爱国的知识分子对国族命运闭目掩耳，不忧心忡忡。高尚情操，志士品格，书生意气，不在这种时代，也许还学习不到……如果大家都只会发牢骚，叹失落，只顾个人，甚至以玩世不恭，皈依佛老为超脱、潇洒，那就于公于私，什么都会没有长进而更加落伍，沉沦永无翻身之日。"[①]这番告白中所蕴含的热切的"志士"情怀，读来不能不让人肃然起敬。也只有体认到他的这一情怀，方能理解他在复出工作之后，何以能以如此旺盛的精力投入学校教育、行政工作和多种学科建设事业中，且都取得令人瞩目的成效。

　　我在1957年大学毕业后，即与中玉师失却联系。政治风云的变幻使母校在我心目中的亲切印象有所改观，一定程度上降低了我返校重温旧

　　① 引自徐中玉1994年写定的《忧患深深八十年——我与中国二十世纪》一文，见《徐中玉文集》第一卷，华东师范大学出版社2013年版，第6—8页。

徐中玉先生传略

轶事及研究

梦的热切愿望，偶尔去一次亦无缘得见中玉师。加之1960年春夏之交我在一场学术批判运动中因发言不慎而被逐出高校，1979年才得以返回，这十八九年间全然脱离学界，连中玉师的信息亦无从知晓。重新见到旧日师长，是80年代初的事了。中玉师已从原先四十上下的盛年，进入六十好几的老境，模样自有了一定变化，但乍见的感觉是，身姿仍然笔挺，神气依旧旺健，那方正而又蔼然的品性也一如往昔。他见我经多年沉浮而未曾抛荒学业，亦表示十分欣慰，积极而又主动地将我引入他所主持的文艺理论和古代文论等学会活动之中，帮助我迅速地打开了学界的门户。此后我和他的联系一直未曾中断，但主要还是在各种会议场合，除春节期间的例行"拜年"外，绝少有私下交往。我知道他事务繁忙，拜访、求教者甚众，不敢给他增添麻烦，当然也就丢失了就近问学的机会。最后一次见面我记得是在2015年他100周岁之际。我带着自己新问世的文集六卷本进奉求教，发现他对我已难能辨识，只是看到名字还表示记得。我心底有点怅然若失，但见他坐得正、站得直的模样，又感到几分慰藉。此后我只是打电话向他问安，没有再主动上门求访，我内心的企望是在心目中永远保持他那挺直方正的形象，别让龙钟老态模糊了他，这个考虑是对是错，我常自问而未能确切回答。

中玉师终于离我们远行了，带走了他那一代人的活动踪迹，而留下了供后辈思考与实践的人生指向。他们那代人士大抵出生于五四运动前夕，成长于三四十年代之交，可算是20世纪的同行者吧。这代人尽管未直接身受五四的洗礼，却依然深得其精神熏陶，而成长期所经历的革命斗争与抗日战争，又将他们直接推向忧患深深的人生境遇，且个人的忧乐更常与整个社会、民族的忧乐相交织，由此激发出那种"忧国""忧民"的胸怀与情结，往往显得根深蒂固而难能释脱。新中国成立后，绝大多数知识分子是抱着为民族自立、富强的热切愿望来投入建设事业的，而政策的失误与斗争的扩大化，打击了许多人的积极性且使其陷于无所作为的境地。改革开放的实施，重新焕发起这代人的报国热忱，他们成为新时期里最早的领军人物，为各项事业的恢复与发展，也为刻不容缓的后续人才培养，打下了坚实的基础，其对20世纪中华民族崛起的重大贡献当被牢牢铭记，而"忧患意识"实构成其强劲动力源之所在。

"忧患兴邦，逸乐亡身"，是我们民族的传统信条，更是屡经历史证明的事实。20世纪的中国恰发端于前所未有的重大危机时期，"忧患意识"亦即成为有良知的中国人的普遍情怀。中玉师和他的众多同时代人正是怀着这样的情怀来缔造其人生信念并指引其生活路向的，其立身处世之端正不阿，接物待人之从容有方，实基于此。这代人今已逝去，可他们的情怀与理念对我们尚存活着的人是否还有现实意义呢？90年代后市场经济大潮兴起，特别是新世纪以来享乐主义生活方式抬头，我们似乎已送走了"忧患"，一味高高兴兴地享受人生了，于是各种不正之风也趁机抬头，社会"良知"丧失严重，这实在是很可怕的现象。纪念中玉师，纪念老一辈的学人，我以为在承传其学业和事业的同时，要大力发扬他们的"忧患意识"和正直品行，因为眼下的中国并没有全然度过"忧患"时期，各种明确合理的法制规范也未曾牢固地树立起来，21世纪的中国在很大程度上仍然接续着20世纪的步伐，我们对这一点要有足够清醒的认识。这算是我缅怀中玉师所引发的一点个人感想吧！

"想做点好事实事，如此而已"

王纪人[①]

徐先生驾鹤西去时，已逾人生难得的期颐之年，敬仰他的人还是觉得不舍。

我认识中玉先生已有四十七年。1972年上海五所高校合并，统称为上海师范大学，我从而得以与中玉先生相识。"文革"后五所高校分开，教师各回各校，但我见到中玉先生的机会反而多了起来。因为上海作协开会比较频繁，多半是为了拨乱反正、清除极左文艺思潮的流毒。开会时思想最活跃、批判极左思潮和文化专制主义最积极的，往往是在"文革"中或更早就深受其害的老作家们。其时中玉先生的"右派"错案已获平反，而且他担任了华师大中文系主任，系里的工作搞得风生水起，名声在外。在作协开会，他往往要言不烦，切中时弊。有一次作协组团到绍兴参观，记得同去的有冯岗、王西彦、钱谷融和我等近十人，大家一路相谈甚欢。我与中玉先生同住一室，相谈时就有了忘年交的感觉。

① 王纪人，上海师范大学人文学院教授，曾任上海市作家协会副主席。

当时我是上海师范大学中文系文艺理论教研室的青年教师，蒙徐先生的信任，我受邀参加高等学校文艺理论研究会和会刊《文艺理论研究》的工作。1978年12月，徐先生等人在上海倡议成立高等学校文艺理论研究会，并成立筹备组。1979年5月正式成立于西安，公推陈荒煤为会长，黄药眠、陈白尘、徐中玉为副会长，聘请周扬为名誉会长。徐先生兼任秘书长，是学会的实际领导者。纪怀民（中国人民大学）和我任副秘书长，协助中玉先生工作。学会成立后，学术活动频繁，一般隔一两年就要开一次年会，会议的议题对文艺思想的解放和学科的创新起到推动的作用。很多省市的高校愿意承办，很多专业人士纷纷前往。如1980年7月召开的庐山会议，议题为"文艺和政治的关系"。与会者多达三百余人，可谓盛况空前。由于住房不够，我和几位秘书处人士只能打地铺住礼堂后台。陈荒煤、王若水、丁玲、黄药眠、侯敏泽、吴强、王西彦、白桦等都到会并作了发言。发言观点并不一边倒，有较大分歧，如丁玲引述亚里士多德说的"人天生是一种政治动物"（《政治学》）的话，认为既然如此，那么文艺从属于政治也就理所当然了。当时学会的会刊《文艺理论研究》刚刚创办（1980年6月），会议综述在会刊上披露并在一些报刊上转载后，文艺与政治的复杂关系问题，再次成为学术界的热点。接下来在不同城市举办的年会的议题有"文艺理论研究方法的更新与多样化""20世纪中国文论的回顾与展望""新时期文学的现实主义问题"等等，大多能切中时代热点。由于非高校的研究所、媒体、出版社的专业人士也纷纷申请入会，所以在1985年3月于桂林召开的第四届年会上，学会宣布改名为"中国文艺理论学会"，成为教育部领导下的一级学会，公推王元化为会长。每次召开年会之前，学会都要拟定会议的主要议题，与愿意承办的高校和研究机构不断沟通，

王纪人与徐先生合影

还需要邀请几位嘉宾，凡此都由中玉先生在听取各方意见并与会长沟通后作出决断。而临到开会，他要做的也不仅是主持其中的某次会议，连最终的讨论综述也过目修改。迄今年会已开了十三届，议题也就有十三个。而徐先生一直参加到2006年的第八届年会，这届年会改选了新的理事会。当时我当选为学会的副会长，徐先生要我主持闭幕式。我请新会长南帆发表就职演说，最后请徐先生讲话。91岁高龄的他发表了热情洋溢的讲话，对年轻的学者们勉励有加，要求大家共同努力，互相切磋，把中国文艺理论研究推向新的高度。

会刊《文艺理论研究》由名誉会长周扬题名，最初三期在江西出版，从第四期开始由华东师范大学出版社出版，后由季刊改为双月刊。该刊由陈荒煤任主编，黄药眠、陈白尘、徐中玉任副主编，中玉先生是刊物的实际掌门人。编委虽说有十人左右，日常编务仅由张德林和我协助。我们一年至少有六次要聚在徐先生的办公室，他与我们一起讨论栏目、重要选题、约稿、选稿、退稿等事宜，甚至与我们一起开信封、贴邮票。刊物的固定栏目《国外文艺理论译丛》和《文论动态》在当时是首创，很受学界的欢迎。当时会刊在国内经由新华书店在全国发行，在国外由国际书店发行，已有不少国外固定订户，对此徐先生很感欣慰。刊物也有困难的时候，如印刷经费问题、审查问题，都需徐先生亲自出面解决。为了慎重起见，刊物刊发的稿子，一律由他终审决定。现在回想起来，他为中国文艺理论学会和《文艺理论研究》这本杂志，曾经付出多少精力和心血啊！在1985年学会改名为"中国文艺理论学会"时，他才与钱谷融先生并列为刊物主编，直到1993年时，才出任会长。这样安排固然是出于把学会和刊物推向更高更强和更有组织保障的深谋远虑，但他出于公心没有私念的高尚品格，至今仍然令我景仰。

在我担任上师大中文系主任后，徐先生体谅我的忙碌，不再让我参加具体的编辑事务。但他还是致信要我关心学会和刊物，如1991年1月来信说："我们刊物，下次年会，这些问题先考虑一下。"另外还写信来约稿索稿。

徐先生的正职是华师大的终身教授，并担任过该校的中文系主任和文学研究所所长。中国文艺理论学会会长仅仅是兼职之一，此外他还有其他几个同样忙碌的全国性学会会长和刊物主编的兼职，在此我就不一一赘述了。1989年经二选一的差额选举，他又担任了上海市作家协会主席，因为他的威信最高，那时已74岁了。人们难以置信，他的精力竟如此充沛，行政和学术组织能力竟如此强大。更何况在70年代末复出后的二三十年中，他又写了许多专业的和跨学科的文章，其中有不少至今还发人深省，葆有鲜活的生命力。早在他九十华诞时，一些权威刊物和人士就给予了崇高的评价，如中国中外文艺理论学会来函说："徐中玉教授是我国学界重镇，他以超人的智慧、精力和组织才能，为推动我国当代文艺学的建设，做出了重大贡献，为学界所景仰；他的道德人格，是人文学者的典范，为学界所称颂。"我完全赞同这样的评价。

中玉先生在90年代初致我的信中却这样说："日忙于杂务，荒陋甚益。可能情况下，还想做点好事实事，如此而已。"这不是故作谦虚，刻意低调。讲得如此平淡恳切，因为他讲的是他最质朴的初心。每每忆起这句话，再想到他的高山景行，我就觉悟到其中的必然和路漫漫其修远。我为此而落泪。

一位永做更高攀登的人

黄世瑜[①]

我1952年入学师大，徐中玉先生1954年调入师大。我是他到师大后教文学理论课的第一届学生，课程名称是"文学理论专题"，在三年级开讲。1956年我大学毕业，留校工作，是徐先生的助教。他上大班课，我分小班辅导，组织课堂讨论。以后他当了"右派"，我随系里落户嘉定东门。当"右派"大概主要是因为应报纸之约写了些为什么要"整风"，怎么"整风"之类的文章。报社整理材料，在作协搞批判。再就是接替总支书记掌握教师鸣放会议，有要掌握"整风"领导权的嫌疑。（其实是总支书记有事要徐先生代的。）

徐先生是个要干事业的人。文学理论对他来说不仅是一门专业，而且是大事业；当教授也不仅是教书，而且是伟大的事业，是培养人，关乎国家、民族的命运。"文革"前，他当系副主任，教文学概论，就一个人抓紧编写了《文学概论讲义》上册（铅印，校内传用），着手编辑《语文教学》杂志，为打开局面，主动向全国各校著名专家教授约稿，

①　黄世瑜，华东师范大学中文系资深教授。

（左侧竖排）轶事及研究　徐中玉先生传略

▲ 从左至右为田兆元、徐中玉、陈谦豫、黄世瑜、祁志祥，摄于2004年上海宝地绿洲城祁志祥居所

我是从他手里拿到名单，一一开列信封寄出的。那时比现在办《文艺理论研究》杂志更简约，没有一个专职人员。我负责登记往来稿件，马兴荣跑印刷厂、财务，还有张继林。我记得那年还在知味观邀请一些同志聚会，商讨有关事宜。当时我才留校，校内有本科辅导一年后开课的具体要求，校外有函授答疑等许多工作，便向徐先生提出可否集中力量搞教学，后来徐先生好像是让张继林多做些杂志工作。事后想想，徐先生从来不给自己限定工作范围，总想多做点，再多做点。当然，他在遇到问题时也会有不自信的情绪。一次在他家，说起系里有人对处理某事有意见，他曾对我说，有时也会怀疑自己是否能独当一面地挑担子。但对工作，他仍然风风火火地干。

徐先生给人的印象比较严肃，不苟言笑。其实他很健谈，只是平时忙，或舍不得花时间聊天而已。记得我和谦豫结婚时，他拿着一对全棉布枕套送到我们婚房里来。那时结婚很简单，两个人将各自借用的书桌、椅子、竹书架搬到一起，再从母亲家把父亲的一个书橱、两把椅子放好就成了。徐先生来时，我正在整理书桌抽屉，乱糟糟的，无法坐下来，他问问情况，说了些祝福的话走了。之后我身体不好时，他又来看过我，说他爱人当年也有过体弱的情况。谦豫有病，他拿了写有自己吃些什么药治的情况单给谦豫，说可参考。"文革"中，一次，记不得是为什么系里学生糊了他大字报，他找谦豫谈，说自己已经60岁了，到了退休年纪，何必对他这样呢？其实，我们也想不通，只能宽慰宽慰他。

徐先生是很关心人的。那年万云骏先生到昆明参加文论会，车票紧张，只买到一张上铺的。夫人送万先生上车，万先生无论如何上不了上铺，便回来了。我在资料室听到后遇到徐先生，就告诉他万先生回来了。徐先生当时才复出，即刻就到万先生家去慰问，了解情况。徐先生办事果断，不拖泥带水，同时也重视做人的工作，很讲情谊。

一天天好，我们也能走动，便步行到二村去看看徐先生，没什么事商量，更没什么要求助，就是看看说说话。他坦率地说，他对比我们年轻点的很熟悉的同志叫不出名字了。看到我失望的表情，又马上补了一句"你们两位的名字我肯定记住，不会叫不出来！"同时站起来拍拍谦豫的肩膀，到书橱顶上篮子里摸出两个美国橙，一人一个塞到我们手里："很甜的，很甜的。"那时徐先生90多岁，谦豫也是快80岁的老翁了，我这个70多岁的老人拿着黄灿灿的橙子在边上不由自主地傻笑。但是自然规律不可抗拒，认不出我们的日子还是来了。要经常去看看他的诺言无法兑现，谦豫走在他前面了。

90年代，徐先生为我的著作《马列文论与文艺现实》一书写序。他工作那么忙，带研究生，办杂志，管学会，还办班。但他关心支持我的教学和写作。从序言中看出来他从马克思、恩格斯、列宁他们的思想和著作进而推及为人类做出巨大贡献的伟人的思想和著作中汲取养分，力争做更高的攀登。文章中说："他们的远大理想、高尚品质、历史贡献，总仍不同程度融合在子孙万代的思想意识里、流动在不灭的血液里，不仅累积在人类社会的历史档案中，而且依然在后人澎湃的现实生活中产生鼓舞做更高攀登的影响。"徐中玉先生的精神力量，逆势待蓄、顺势奋行的坚韧和不断做更高攀登的志向也来自此吧？徐先生是一位永做更高攀登的老师、学者、凡人、大家。

黄世瑜

中编　徐中玉先生轶事

学人的承担

南　帆①

　　1982年春天到1984年底，我幸运地成了徐中玉先生的研究生。大约是1981年的冬天，我在华东师范大学的一间寒冷的办公室里接受徐先生的面试，那是我第一次见到徐先生。徐先生戴一顶呢帽子，坐在窗户旁边，和蔼地问了几个问题。我忘了自己是如何回答的，总之，没说多少话就溜出来了。心里惴惴不安，没有一点底。

　　收到了录取通知书，周围的许多人都十分羡慕。徐先生的名声很大，跟随徐先生读书肯定可以长进得快一些。自然，当时只有一种高山仰止之感——当时甚至没有能力了解徐先生的治学范围。徐先生发表的论文涉及许多领域：鲁迅，苏轼，中国古典文学理论，当代文学理论问题等。我不时还能从报纸上读到徐先生的杂感随笔。一时显然是跟不上的，我只能按部就班地根据徐先生开列的参考书开始孜孜矻矻地苦读。

　　徐先生当时还担任中文系主任，主编《文艺理论研究》和《古代文学理论研究》，手头学术事务极多。我时常见到徐先生提一个包在校园

---

　　① 　南帆，徐中玉先生第二届硕士研究生，福建省政协副主席、福建省社会科学院院长、福建省文联主席、中国文艺理论学会会长。

里疾行而过。闲常的日子不好意思打扰徐先生，上徐先生的课就成了一个盼望。

上课多半是在徐先生的书房里。油漆剥落的地板，几架子书，一张不大的老式书桌，一摞一摞的学术杂志，徐先生的书房一直如此简朴。几个研究生坐在沙发上，每人捧一杯热茶，上课就开始了。徐先生的课多半是引导我们围绕某一部著作进行充分的讨论。见仁见智，每个人都可以自由地表述自己的观点，甚至互相争辩。徐先生从不限制学生的思想。他往往仅是作一个引导性的总结，略作点拨，留下空间让学生自己领悟。徐先生学识渊博，视野开阔。他时常轻而易举地绘出一张学术地图，告知某一个学术问题所处的"方位"，拥有哪些价值，可能延伸的方向，如此等等。所以，尽管徐先生的总结可能仅仅是精辟的三言两语，然而，这恰恰是讨论的升华，令人豁然开朗，产生种种思想启悟和电光石火一般的灵感。我想，这就是导师的意义了。如今，我自己也开始带一些研究生。教学之中，常常袭用徐先生的方法——自由讨论。

这种总结无疑源于徐先生的深厚学术修养。这并非一朝一夕之功，而是来自常年不懈的积累。徐先生积存的读书卡片在学术界相当有名。我在徐先生家见过一个柜子，里面贮存着大量徐先生手抄的读书卡片。卡片抄在各种纸张上，有的甚至是抄在一种近乎马粪纸的纸皮上。40年代还在中山大学读研究生的时候，徐先生就开始积累。根据徐先生自己的回忆，四十多年手抄的读书卡片多达1000万字。这是学术研究的"硬功夫"，徐先生深有体会：

我是很重视搜集之功，也不辞抄撮之劳的。"巧妇难为无米之炊"，治古代文论，如不能积累尽可能丰富的材料，怎么谈得到研究？材料非常多，而且很分散，怎么办？只有一点一点地披沙拣金，积少成多地干起来，持之以恒地干下去。古代文论有专著，更多的是在作家全集中的散篇碎著，还有随笔、杂记、小说、戏剧等书中的零星记录、序跋甚至对话。只要脑筋里随时装着许多问题，处处都能遇到有用的材料。……治学必须从实际出发，把握的实际愈完全，基础就愈牢固，研究也愈可能深入。①

研究课题的选择必须以扎实的材料作基础。徐先生曾经说起他经历的一个有趣的学术转折：读书愈多，思考愈周密，研究的目标反而缩小了——"直到现在的定为古代文艺家的创作经验"②。这是深入材料之后获得的真正体会。徐先生的甘苦之言："有了专长又自知它在整个学问中的适当位置，便不致自我感觉太好，以为知识学问已尽在自己腹中。"扎实的材料可以避免大言欺世之作。徐先生的理论论文总是言之有据，例证翔实。正是在这个意义上，徐先生对于单纯的思辨性理论体系啧有烦言，他时常更欣赏中国古代文学理论家的表述方式："中国人大都不喜欢烦琐、抽象的思辨，从自己关门建构的一个什么理论框架出发来高谈阔论。中国人绝非缺乏这种能力，不是没有人这样做过，但一般人不愿意、不习惯、甚至还有认为这样做不合适的。即使在讨论问题、抒发已见的时候，文论家们总仍恪守文艺规律：有感而发，不得已而言，精语破的，点到为止，使人自悟并得以举一反三，并且始终仍保

---

① 徐中玉：《我怎么会搞起文艺理论研究来的》，见徐中玉：《激流中的探索——徐中玉论文自选集》，华东师范大学出版社1994年版，第505页。

② 徐中玉：《我怎么会搞起文艺理论研究来的》，见徐中玉：《激流中的探索——徐中玉论文自选集》，华东师范大学出版社1994年版，第506页。

持着具体、感性、描绘、比喻、想象、意在言外等文艺色彩，有理有趣，举重若轻，愉人悦已。篇幅短小，形式多样，要言不烦，更是它的特色。"

迄今为止，徐先生的严谨学风仍然时时鞭策我，令我不敢懈怠。从事学术研究的日子长了一些，发表了些许论文，出版了几部著作，约稿的要求也会逐渐增多。如果仅仅是应付版面，根据某种理论框架略作拼凑，多"生产"几篇论文并非难事。这个时刻，徐先生的言传身教就会是一种督察：是否言之有据？是否精思熟虑？

我有幸得到一本徐先生赠送的《激流中的探索——徐中玉论文自选集》。这个书名的确是徐先生思想的一个写照。联想徐先生的坎坷遭遇，我感喟再三。徐先生的文字耿直硬朗，直陈要义，不遮掩，不迂回。我时常觉得，这种文字象征了老一辈知识分子的硬骨头。徐先生信奉文艺必须有益于世道人心。这不是来自报纸上空泛的大口号，而是来自多年的切肤体验。我曾经多遍地阅读这部论文自选集的序言《忧患深深八十年》。徐先生回忆起六年小学期间经常参加的国耻纪念游行。这种刻骨铭心的耻辱感铸成了徐先生的人生姿态：

我们这一代人的发奋图强，誓雪国耻，要求进步，坚主改革，不论在什么环境、困难下总仍抱着忧患意识与对国家民族负有自己责任的态度，是同我们从小就受到的这种国耻教育极有关系的。"天下兴亡，匹夫有责"，这不是说个人有了不起的力量，而是说每个人于国、族兴亡，都要负起自己应该并可能承当的责任。当时一听到列强要把我国"瓜分"，迫使我们当"亡国奴"，就极为愤恨，既想到国族受欺压自己连带要受罪，自然便想到为此自己即应承担一份责任。①

熟悉徐先生的人都知道，这种人生姿态曾经为他带来许多磨难，从国民党的迫害到"右派""反动学术权威"之厄。可是，这一切并不能改变徐先生惦记国家民族的拳拳之心。这几句话的确是徐先生的肺腑之言："中国绝大多数知识分子果然物美、价廉、耐磨，穷也穷不走，打也打不走，挨着无奈，忍辱负重，挨过就算了。诚然懦弱、无能，但确挚爱这块土地，这里有我们丰富的文化宝藏。""国运颠沛，生活坎坷，时常午夜难眠。"②徐先生和许多老一代知识分子一样，胸中自有一腔忧患意识，虽九死而不悔。

也正是这个缘故，不论文坛刮什么风，徐先生仍然要推崇"使命、责任、价值"——"使命、责任、价值"是徐先生一篇论文的标题。徐先生真心钦佩的是那些"忧国伤时，为民请命，要求革除时弊，促使社会进步"③的作家。徐先生从不阻拦形形色色的理论探索，但是，他也从不因为趋时阿世而隐瞒自己的观点。徐先生的心目中，"使命、责任、价值"这三个概念是衡量种种理论探索有没有价值的基本尺度。必须意识到：尽管身在书斋，一个学人的肩上仍然分担了民族的命运。

20世纪的文学理论风起云涌。诸子百家纷纷登场，各种文学主张纷至沓来。置身于复杂的理论旋涡，许多人心驰神移，目迷五色。在许多

① 徐中玉：《激流中的探索——徐中玉论文自选集》，华东师范大学出版社1994年版，第505页。

② 徐中玉：《激流中的探索——徐中玉论文自选集》，华东师范大学出版社1994年版，代序第8、12页。

③ 徐中玉：《激流中的探索——徐中玉论文自选集》，华东师范大学出版社1994年版，第122页。

徐中玉先生传略

轶事及研究

人看来，"使命、责任、价值"已经是一些过时的老派概念了。然而，纵观20世纪下半叶的文学理论动向，看一看女权主义、后殖民理论或者文化研究的考察焦点，我们发现，这三个概念正在不露声色地返回。某种意义上可以说，这是许多知识分子不会放弃的基本理念。的确，众多文学理论的命题正在指向崭新的领域，一些前所未有的思想层面正在打开。可是，返璞归真，理论家必须找得到自己的安身立命之地。这个时候，我们会再度想到徐先生的忧患意识。

（本文原刊于2019年7月3日《北京晚报》，题名为《学人的承担——怀念徐中玉先生》，这里有改动。）

纯粹的知识分子

南 帆

　　我曾对我的研究生说，你们的师祖已经100岁了，他们"哇"地惊叫了起来。100岁！年轻人觉得，一百年差不多就是历史的同义词了。我高兴起来了，让他们看一看前年徐先生与我一起在北京的一个会议上拍摄的照片。他们又"哇"地惊叫起来：看起来这么年轻！

　　大约三十年前，我投考到徐先生的门下，有些偶然。我是77级的大学生，曾经在厦门大学的海滩与棕榈树之间做了四年的文学梦。1981年底临近毕业，我从南京大学的研究生招生简章上发现了"文艺理论"专业，决定报考南京大学中文系。报名截止的前一天，两位同学突然找我商议。他们均为南京籍人士，试图利用读研究生的机会返回老家，希望我退出竞争。南京大学的"文艺理论"专业仅仅招收两名，我没有理由坚持，只得改弦易辙。时间紧迫，我冲进了厦门大学那一间不到十平方米的招生办公室，重新在散落四处的招生简章之中慌乱地搜索。我从地上捡起一本华东师范大学印制简陋的招生简章，第一次发现了徐先生的名字。当时并不清楚徐先生的学术成就和治学方式，仅是隐约地听说是个大人物。犹豫了一阵子，我还是决定冒险试一试。考试的感觉并不好。当年的研究生考试考场设在厦门市郊的一所中学，我所在的那一间教室与校外的民居紧邻。一户人家用最大的音量播放邓丽君的歌，那绵软甜腻的歌声令人心烦意乱。不久之后，我竟然收到了华东师范大学寄来的复试通知，的确惊喜交加。

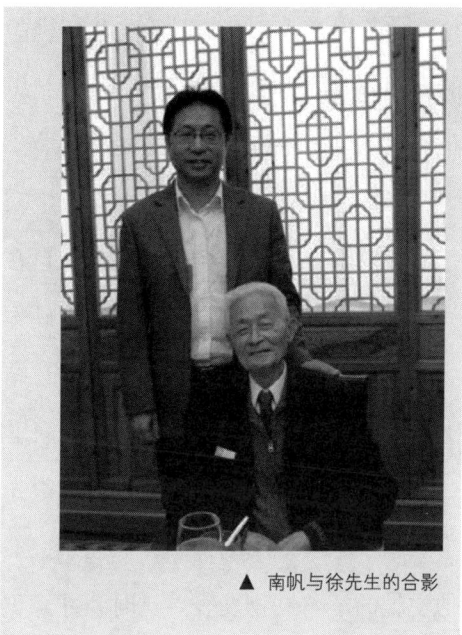
▲ 南帆与徐先生的合影

研究生复试的时候，我在华东师范大学中文系的一间寒冷的办公室里第一次见到徐先生。他坐在窗户旁边，戴一顶深蓝色的呢帽子，和蔼地问了几个问题。我想不起来自己如何回答，仅仅记得孤零零地坐在屋子的中央，十分不自在，大约没有说多少话就溜出来了。

进入华东师范大学就读之后，我常常见到徐先生拎一个公文包疾步穿过校园的背影。他担任中文系主任，兼任上海作家协会主席，还是《文艺理论研究》和《古代文学理论研究》两份学术刊物的主编，手边的事务极多。徐先生名声很大，我们这些没见过多少世面的小人物，遇到他的时候心里未免惴惴的。

我从图书馆找到了徐先生的多本著作，逐渐熟悉了他的文字风格：耿直硬朗，直陈要义，不遮掩，不迂回，摒除各种理论术语的多余装饰。我时常觉得，这种文字象征了老一辈知识分子的硬骨头。文艺必须有益于世道人心，这是徐先生年轻的时候就开始信奉的观点。徐先生的大部分时间生活在学院里，苦读精思，摘录了数万张的读书卡片，但是，他不是那种皓首穷经的书斋型学者，徐先生的心思很大。

每隔一段时间，我们会在徐先生家的书房上课。几个研究生坐在一张旧沙发上，手捧一杯热茶，自由自在地讨论乃至激辩。徐先生从不干涉我们的想法。他通常是坐在那把硬木椅上，仔细倾听我们的观点，最后略为点拨，或者做一个引导性的总结，留下让我们自己领悟的空间。上课结束后，有时还能在徐先生的家里蹭到一顿丰盛的午饭。

闲常的日子，我们不愿意打扰徐先生，总是觉得他正在忙碌一些大事。第三个学期刚刚开始，徐先生突然通知我，我的一份假期作业将在他主编的学术刊物发表。这时我才意识到，他的确花费功夫读过我们交上的那些浅陋的习作。最后一个学期，我到外地游学，返回之后得知，我的一篇论文获得了一个学术奖项。告诉我这个消息的同学说，他是从徐先生那儿听到的。我至今记得那个瞬间心中的暖流：我们这些初出茅庐的学生一直在他的视野之内。

我们都听说了徐先生的坎坷经历。二十年左右的"右派"身份，这是一个巨大的磨难。因此，徐先生的身体如同一个奇迹。90多岁的高龄仍然担任刊物主编，目明耳聪，他的清瘦身板仿佛蓄了无限的精力。徐先生年轻时抽了不少烟，偶尔也不忌惮呷一两杯烈酒，他的锻炼无非是到附近的公园散散步，我觉得他并不刻意保养身体。徐先生的心思全部托付于学术工作。我从未听到他抱怨什么。读书数百种，写下逾百万字的读书笔记，这是徐先生横渡二十年厄运的精神舟楫。有这种性格，许多磨难不得不失效。

毕业之后的二三十年，到了上海多半要拜见徐先生。闲聊之中，他提到的通常是国计民生的大事，譬如高等教育问题，譬如台海局势，譬如金融危机，饮食起居这些琐碎的小事是没有资格成为话题的。徐先生年事已高，闲聊的时间愈来愈短，但是，每一回端坐在徐先生面前，总是有一种熟悉的感觉立即漾开来。当年我曾经是一个无知的学生，聆听教诲，心中驰过各种憧憬；如今我的人生已经逐渐定型，身躯开始发胖，徐先生依然容貌清癯，言辞睿智，神态从容——时光仿佛在他的身边停下来了。最近一次拜见徐先生是今年的五月。入室坐定，谈笑甚欢，过了一会儿，徐先生对我说："你的脸很熟悉的，但想不起来是谁，能不能把名字写一下呢？"我怔了一下，连忙写出名字，徐先生呵呵一笑：刚刚电话约好了，正想着怎么还没有到，原来就是你了。于是起身，热络地握手，重新入座——这时我终于意识到，坐在面前的是一位百岁长者了。

二三十年间，拜见徐先生的地点始终是当年上课的那一间书房。徐先生一直住在华东师范大学的一幢旧的宿舍楼里，房间很小。书房木板地面的褐色油漆已经多处剥落，靠墙几架子书，窗下一张不大的老式书桌，四处一摞一摞的学术杂志、报纸和书籍。二三十年期间，书房里的景象始终没有什么变化，仿佛只是一面墙上增添了一台空调机。

如此简朴的家居表明，徐先生显然不在乎各种生活享受。况且，徐先生业已退休二十年。二十年前中国教授的工资相当有限，徐先生不可能多么富裕。因此，听到他捐赠一百万作为奖学金的时候，我吃了一惊。不过，我很快释然了。这种事情发生在徐先生身上，真是再自然不过了。

我和太太谈到了徐先生，从她那儿听到一个说法：纯粹的知识分子。我想了想，的确，这就是我这篇小文章一直要找的那个词。三十年的时间说来不算太短，徐先生在我心目中的形象始终就是——一个纯粹的知识分子。

（**本文原刊于《现代中文学刊》2013年第6期，这里有改动。**）

徐中玉先生传略

轶事及研究

徐中玉老师

胡晓明①

华东师范大学附近有长风公园。公园里有一个湖，叫银锄湖。住学校附近的教师，常常到这里绕湖而走。很长一段时间以来，我都没有看见徐先生在这里散步了。这原本是公园里的一道非常特别的风景：一个80多岁的老人，银发满头，步子健朗地在前面走着；一个70多岁的保姆，始终保持距离在后面跟着。我总觉得这样的一个风景，可以像湖畔的柳风、池塘的荷绿、中天的月色一样，作为长风公园美丽自然风景的一个部分，永远周而复始地继续下去。然而终于有一天，我不能不接受这个事实：有些东西，只能永远定格在过去，成为一幅永不复返的旧日风景。

徐中玉先生逝世后的这些日子里，我意识到这样的风景成为过去，于是多少有一份责任，应该把我所了解到的东西写下来。像我们这一代人，亲身接触过王元化先生、钱谷融先生、施蛰存先生这些师大前辈，忝为懿亲弟子，他们的生活世界与思想风貌，犹如吉光片羽，弥足珍

---

① 胡晓明，华东师范大学图书馆馆长，中国古代文学理论学会会长。

贵。我深切地知道，这一辈老师，不同于我们现在这一代，也肯定完全不同于将来的一代知识人，可能真的已经越来越珍稀，成为一道渐行渐远的历史人文风景和这个时代的一种遥远的记忆。因而，我自己写他们的文字，也将会渐渐成为对历史的一种守护与典藏，而不仅仅是一种个人意义的悼念与回忆了。

华东师范大学是一个有学术传统的学校。其中的一个重要传统就是古今中西的兼容并包。现代新感觉派作家施蛰存先生推崇《昭明文选》、庄子，因而与鲁迅起争议的故事，是现代文学史的著名典掌。现代文学史家钱谷融教授对《世说新语》的终身酷爱以及对其老师国文教授伍叔傥的一生追随，也是一段佳话。徐先生的老师老舍，是著名的新文学家，但由于他在国学传统深厚的中央大学读本科，深深受到了区别于北大五四新文学的学术传统的影响。我因为老父曾是中大政治系的学生，在重庆与南京各读两年书，因而有机会以此为话题，与中大的前辈（包括蒋孔阳先生等）叙旧，谈那里的一些旧人旧事——吴宓、宗白华、方东美、胡小石、柳诒徵、唐君毅等。我是"自我懿亲化"，抱一份"怡然敬父执"的情怀。我心中的学术，正是这样的长河千里；我心中的大学，正是这样的传薪不绝。而徐先生在中大重庆时期显露出其领袖才华，做文学会主席，更为活跃趋新，先后邀请郭沫若、李长之等新文学的代表人物来校讲学，在中央大学乃至在重庆都引起了轰动和争议。我以为，施、钱、徐三先生，以及先师王元化，都有一种喜新而不厌旧的包容风范，这一点，似乎在我们这一代学人中，比较少了。有一回陈平原兄有点无奈，又有点宿命地说："我们无论如何跨界，在别人的眼中，永远都是某某是做这个的，某某是做那个的。"学科的专业定位当然带来了学术的专精，然而也失去了一些格局、通识与时代情怀。

某种意义上，我们越来越像日本汉学家了，然而并不一定学得到日本人的精致与从容。

华东师大的老先生拥有的另一个财富是"人格魅力"。在坎坷的时代人生际遇中，他们都立身有本，高风淑世，一个大写"人"字的生命故事，各自都讲得精彩。徐中玉先生因为不汇报许杰的言论而被打成"右派"，以及他披横幅大步行走的照片，已成为佳话传诵。就四位先生的特点而言，以我个人的交往，无论是施先生的冰雪聪明，钱先生的豪华落尽，先师的健爽英发，都是一时之选。徐先生是望之俨然，即之也温。煦煦然仁者之风，与之相对，如坐春风。简单比较，徐、王、钱、施，就是春、夏、秋、冬。西哲喜说：我来了，我看了，我走了。康德每天下午三点准时散步，无一故事，何等无趣。吾国老先生尤其是文哲知识人，有故事才有情义、有光彩。生命才不枯干萎缩。

徐先生长于奖掖提携后学是非常有名的。我隔一段时间去他家见他，他书房的桌子上总是报刊满案，令人吃惊的是，他总会提起我近期的某文，说某一个意思很好，嘱我多给他主编的《文艺理论研究》撰稿（但毕竟是本系的老师，我还是尽可能往外投稿）。有一回他很好奇地问我：你写的那些关于巴黎的文章，是如何写的？你懂法文么？我解释说：我学的一点法语根本用不上。文章中的这些材料，一是得益于我有一个名为"法语王"的翻译器；二是因为我知道有一个很好的法国国际网站，可以搜索有关法国文化的大量信息。这些事无非说明了他对小辈的真正关心。他不仅是我博士论文答辩的座师，还多次有求必应，担任我的博士生答辩会的主席。我后来偶然在他捐赠给王元化学馆的书籍中，见到徐先生在我的博士论文上的密密批注，满纸画杠，或指出硬伤，或商榷异见，或红圈，或问号，多达四五十处，我心中感愧交加，

胡晓明父子与徐先生的合影

现在的博士论文评阅，有几人能做得到？

　　我自从1999年即参与了中国古代文学理论学会的工作，参与了学会的刊物编辑，而这个学会与刊物，正是徐先生在华东师范大学创立的三个学会与两大刊物之一（华东师大中文学科之所以发展得好，与期刊、学会掌握了学科话语权有重要关系）。即便是后来先生不再担任主编与会长了，他也十分关心刊物的稿源与学会的发展，以他对古今文学理论的宏观把控与前瞻眼光，给予重要的指导。譬如他的"一个态度、两个思想"，一直是我们办刊的指导思想。一个态度，即办一份干干净净的学术刊物，不收钱。他多次对我说起某某或某某某要出钱包一个专栏，他坚决反对，不为所动。在一些学术刊物拜倒在金钱之下的狂潮中，我们几个刊物没有倒下。两个思想，一是反对空洞，二是力尚创新。说来话长，文风空洞之弊，原本是八九十年代的一个通病。那是思想大于学养、口号多于真干、立场胜过论证的时代。徐先生主持的学会会风与刊物学风，纯正而稳重扎实，一步一个脚印走过四十年，深深获得学界的

徐中玉先生传略

轶事及研究

好评。而反对空洞文风，跟他长期以来一直注重集累资料卡片的习惯有关系，养成了他言之有物的学术特色。后来他在卡片的基础上，主编了一套《中国古代文学理论资料汇编》，很长时期以来，对于当时的研究者，这套书无疑是案头最重要的集大成的资料。主张创新，我想这与他关心古代文论的当代转化有很大的关系。他跟元化先生在这一点上很一致，他们都不是书斋里的埋头故纸的学者，对当代理论思想，一直保持着必要的敏感性，因而有一种守正出新、活古化今的思维。他就像是一面旗帜，在古代文学理论学界，高标宗旨，聚焦人气，团结同道，发展出一波一波的新论述，使学科不断产生重要的学术活力与社会影响。

我们一起参加过上海、呼市、保定、武汉、济南、昆明、成都等很多届的年会，同车同机，我甚至有时就和他住在一个房间里，照顾他老人家。徐先生头脑之清楚，做事之周到，思维之细致，80多岁还能做总结报告，细大不捐，点评参会代表的论文要义，表彰有新意的观点，引发观点与观点间的联系，收放自如，被会员们视为奇迹。学会越来越发展壮大，有一千多名会员。记得有一次我曾与先生谈一困惑："这个学会好大好杂，有人喜欢理论，有人喜欢文献，这两种人，将来如何在一个学会里相处呵？"徐先生回答十分干脆："学会不改变什么，只是朋友聚聚，所有的意见，都没有太大的差别。不必担心。现在主要是生发与创意不够，这方面稍多加关注就可以了。"这是我在2001年10月6日的日记里记录的一段话，至今读来，其中智慧，为我辈所不能及。学会因势利导，会员相互促进，心情舒畅，一个一千多名会员的学会，非常需要有一种具有人格魅力、仁厚慈祥而且心底无私、完全不计个人名利的长者来领导。仅以一事为例，徐先生有求必应，为很多人写序，因此而牺牲了自己写作专著的时间，有人曾经以此诟病，认为序文太多。

然而，经师易求，人师难得。如果我们不简单地以一个"经师"来要求他，而以一个"人师"来理解他，他那样做，正是牺牲自己，而成全了许许多多的年轻后辈。

徐先生是非常温和而低调的人，我最难忘记的是每当王元化先生出席的雅集场合，元化师总是滔滔不绝，而徐先生总是说话不多，永远保持着一副笑眯眯的倾听者的表情。但是，在一些重要的时刻，他还是会慷慨激昂，据理力争。我的日记中记载：2001年10月20日，我们邀请林毓生先生来华师大文科大楼作报告，题目是"中国近现代历史上的几个重要问题"，王先生、徐先生都到场了。林先生报告中讲到，近代思想很多都是假问题，唯有一个真问题，即如何学西方。在他看来，近代中国对西方的学习非常失败，梁漱溟等人都不行。讲完后，听众提问环节，徐先生说儒家在现代仍有很大的现实意义。他那时刚刚写了3万字有关《论语》的文章，有很多想法。而林先生打断了徐先生的话，说儒家不是不对，而是在现代政治生活中，基本上是一个零。但是在家庭、教育方面，仍有意义。在现代，儒家如果定错了位，就糟糕了。……徐先生这时也打断了林先生，说我看儒家不仅仅是以身作则、独善其身，义利之辨、民贵君轻等思想在当代社会生活中仍然有不朽意义云云。当时二位先生各执己见，都有点激动。后来我想了一下，其实双方都未能真正理解对方。林先生对中国传统，一贯持创造性转化的观点，认为重要的是要区分不同的领域，私领域的事情德性管，公领域的事情政治管，政治是一整套设计与配套程序，传统帮不上什么忙。而徐先生身处中国社会历史情境之中，最了解中国的事情不能简单搬用来自西方的那一套设计，传统儒家绝不仅仅是修身一套，也有其核心的价值，可作为现代社会的政治与道德的基础。而两位先生有关《论语》的交锋，可以

徐中玉先生传略 轶事及研究

看作中西观念长期磨合中的一个小小的缩影。

传统思想自有其核心价值，可作现代社会政治与道德之基础。这是徐先生四十多年从事古典文论研究与大学语文教育的根本宗旨。他那一代人从五四新文化而来，又超越了五四的局限，回归了对华夏文明的自信。信心正在传递中延续。记得徐先生家住在师大一村的老式公寓的三楼。这座公寓里面全是老旧木地板。每回陪他一起外出开会，从机场乘出租夜深回来，都要踏上吱嘎作响的老旧木楼梯。与先生作别，这回是永远作别，不会再踏上吱嘎作响的楼梯了。然而那情景所蕴含的一种岁时悠长之思与人情温润之感，却永远延续下来，不只是记忆，更是永不消失的温情与敬意。

（本文原刊于2019年7月8日《南方周末》，修改题名为《徐中玉与林毓生两位先生关于〈论语〉的一次交锋》，此处沿用原题，正文略有改动。）

我是如何成为"徐先生弟子"的

毛时安

我习惯称自己是"徐先生弟子",甚至有人称我是"徐先生开门弟子",但我并不是徐中玉先生的研究生。这到底是怎么回事呢?这里就来说一说其中的故事和原委吧。

我出生在杨浦区的工人新村。工人新村的环境,对于成长来说,是有利弊得失的。对要求上进的人来说,你所有的苦难都会变成促进你改变、前进的一个动力。但对于有些人来说,苦难也许变成让你犯罪的动因。我们工人新村也有一些因为贫穷和苦难后来走上犯罪道路的人。但我的一生,有幸遇到了许多影响我终生的老师,小学、初中遇到了影响自己一生的好老师,高中遇到了后来得到"人民教育家"这一国家最高荣誉的于漪老师,在大学遇到徐中玉先生,是先生改变了我这个寒门子弟的命运。

我第一次参加高考是在1977年。那年我考了330多分,是很高的分数,可因为政审不合格,被单位卡住了,没有录取。1978年我又第二次去考,分数出来后,又是高分,又被单位卡住了。但当时小平同志已提出取消政审,单位领导不能决定一个人高考的命运。我有幸碰到了杨浦区招生办公室的一位"老太太"，现在想起来，其实她那时只有四五十岁，但我当时看她觉得很老。这位"老太太"，顶着七八月份的炎炎烈日，一次次地到我的厂里去找领导说："你们必须保证他要能够上学。"最后终于成功了。所以我到华东师大报到时，晚了一个月。再晚就没资格报到了。

我就是这样进了华东师大中文系，认识了时为系主任的徐中玉先生。

徐先生的教育思想是儒家的教育思想。第一条是有教无类。我进学校的时候，我们学生的成分非常复杂。有的是干部子弟，有的知识分子子女，而我是完全工人家庭出身的平民子弟。徐先生不管什么学生什么家庭背景，只看你是不是好好读书。他自己也是平民家庭出来的。第二条是因材施教。根据学生的专业兴趣和特长，有针对性的教学。徐先生提出，一门课程学生自己认为过得去，可以参加免修考试。只要你免修过关，这门课就可以不学，腾出上这门课的时间自己另行安排。我就这样，大学低年级参加免修考试，免掉了文学概论。徐先生又提出定向培养，就是说，本科生可以根据自己的爱好，去考你有兴趣的资深教授的专业课，考试通过以后由这个教授对你定向培养。当时大学还没有恢复研究生制度。先生推出的这个定向培养改革，其实是在本科生中招专业弟子的一种有益尝试。我找了几本书，临时突击复习，去考徐先生中国古代文论专业的定向培养生，很幸运，自己又考上了，而且系里考上的只有我一个人。我就这样有幸跟随徐中玉先生，成为他的弟子。后来，徐先生编《中国古代文艺理论专题资料丛刊》，里面分册的主编全部是徐先生的研究生，只有我是唯一的本科生。

徐先生喜欢刘熙载、研究刘熙载。受先生影响，在先生的引领下，

▲上世纪90年代初毛时安与徐中玉先生合影

我写出了《〈艺概〉和刘熙载的美学思想》一文作为古代文论定向培养学习的阶段论文。不久我们学校校庆，中文系通知我在校庆学术报告会上作报告，介绍我这篇论文的主要内容。那场报告会上，作报告的学生只有两个人，我是其中一个。会上徐先生第一个作报告，我是最后一个。那时候我看见先生穿着一身笔挺的中山装，脸又是四四方方的，非常威严，很有些怵他。没想到报告会后一天，我走过系主任办公室，先生叫住我，说："你把这篇文章压缩到八千字，一周后给我，在《文艺理论研究》发表。"我感到意外，也感到惊喜。因为那时学术刊物很少很少，在《文艺理论研究》发表论文的大都是我的前辈教授，是大名鼎鼎的专家学者。修改后，那篇文章果真在《文艺理论研究》1981年第3期发表了。这是刊物第一次全文发表一个学生单独署名的论文，记得此前仅发表过蒋孔阳先生女公子蒋红和她同学孙乃修合作的一篇论文。发我的论文，开创了刊物历史上的先例。

多少年以后，有人告诉我一段故事：就在我要做学术报告的前一天傍晚，徐先生的办公室门缝里面塞进了一封匿名信。这封匿名信有板有眼地说，毛时安关于《艺概》的论文是抄袭的。徐先生看了就让一位老师查一查"毛时安的这篇文章抄自什么刊物、什么作品"。那位老师查过后对徐先生讲："我查过了，完全没有抄袭。"徐先生对那个老师说："你不要给毛时安透露任何风声。明天你就坐在现场，让毛时安去做学术报告。如果有人出来，说毛时安抄袭，你就站出来说明一下。"当然写匿名信诬告的人是没有胆量跳出来。我是先生定向培养的本科生弟子，先生暗中保护，先生在生前，从来没有跟我吐露过一个字，是多少年后当年的亲历者亲口告诉我的，我也从未先生说起过这事。有些事情，一说就俗。直到先生去世，我们都把彼此的情感深深地埋在了心里。我毕业以后，分配到上海一家研究单位，但那家单位拒不接受我。徐先生见状先后为我给复旦大学王运熙教授、上海古籍出版社李俊民总编和美国康奈尔大学东亚系写推荐信。

我与先生无亲无故，没有任何背景，有幸成为先生的弟子，在上海市作家协会又得以成为先生的工作助手，三十多年得缘亲炙先生，深受厚爱和信任，直到2019年6月25日凌晨3点25分最后送别先生。

先生的关门弟子祁志祥曾感叹："徐先生这个人好，好得很内涵。"我很赞同这个评价。

山高水长。先生人格如高山巍峨仁厚，先生之于我的恩情如江河之水长流不息，浇灌着我的心田。

活出生命的意义

毛时安

华东师大中文系有几位年高德劭、很受人敬重的老教授。他们是许杰、施蛰存、徐中玉和钱谷融。我1978年进大学的时候，除满头霜雪的许先生只给研究生上课外，其他三位老先生都偶尔给本科生开课。大家知道，这样的机会难得，以后不会很多，但凡他们上课，总是早早地到教室占座位，把偌大个文史楼大教室挤得水泄不通。施先生学贯中西、才华横溢，即使年逾古稀依然才思敏捷，又是鲁迅先生文章里挂过号的人物。他讲课一如九曲黄河，大开大阖，古今中外跑野马一般牵出连珠妙语。至于钱先生，我们早就在图书馆悄悄读过他五六十年代名震文坛的长篇文学论文《论文学是"人学"》，对他的《〈雷雨〉人物谈》更是佩服得五体投地。他讲课从容不迫潇洒自若，对周朴园、侍萍、繁漪，每个人物的每个动作每句台词，都能抽丝剥茧、细腻地讲出许多意想不到的道道来，艺术感觉惊人地好。徐先生是系主任，讲的是古代文论。他的课质朴平实，没有任何外在附加的华丽和趣味。大量地引证材料分析阐释，像一堵方砖砌起的城墙，严严实实密不透风，压得人喘不过气来。对于刚进大学不久、喜欢新奇趣味的低年级中文系学生来说，听徐先生的课无疑是枯燥、乏味、最吃力不过的事，和听数学课一样生涩。因为我喜欢古代文论，一直硬着头皮听下去。听久了，犹如在品尝武夷山的乌龙茶，不香、很苦，但另有一股绵长的回味。和喝功夫茶一样，先生讲的是功夫课，重的是学问的苦修积累。长天君曾不止一次对我说起先生的为人，以为已经到了一种很高的境界。我想，先生的这种境界主要不是靠天才顿悟得来，而是积八十年人生的每一天苦苦修行的结果。

先生是个线条刚硬的人。国字脸、剑眉、硬梢梢的短发，脸上的每一根线条都像刀刻上去的。他行如风站如松，身板硬朗挺直，站在天地之间，与其说是文人不如说更像军人，说话处事干脆利落从不吞吞吐吐。他的字也是这样，力透纸背，转角处棱角分明、顿挫有力。他的文章慷慨质朴，字里行间总是承载着过重的忧患意识，悲天悯人，奔走呼号。即使古代文论的论文，也可以使人听到时代激越的回声。他永远不是那种能回避民瘼、"躲进小楼成一统"的象牙塔里的文人或纯粹书斋里的学者。先生最反对《水浒传》里教师爷中看不中用的锦拳绣脚，他写的是动真情、讲真话的文字。即使在讲真话有风险的时候，他也还是要讲真话。

他一生多次因言获罪。上海解放前夕，他在和姚雪垠主编的刊物上发表《彻底破产的教育》，险遭不测。1957年，他帮党"整风"，主张大学里"专家治校""学术至上"，顷刻间由自我感觉的新中国主人、领导的诤友，变为"右派"打入另册。但他似乎从来没有吸取教训。1974年，他以刚被解放的"反动学术权威"的身份，居然公开在会议上对"评法批儒"表示"不理解"。谁都知道，在"四人帮"高压淫威的时代，这种"不理解"意味着什么。这些年，凡是先生觉得于国、于

民、于党有利的话，从干部中的严重腐败、不正之风到商品大潮裹挟下文化的失落、教育的困境、道德的沦丧，该讲的他都讲了，不仅在私人场合讲，而且在公众场合大声疾呼。有好几次谈到大款一掷千金，摆豪门宴，先生情不自禁地吟起了杜诗"朱门酒肉臭，路有冻死骨"的名句，掩不住一股忧心如焚的书生意气。真是国事家事天下事，事事在心，以至有时候做学生的我都暗暗为先生捏一把汗。倘若有什么能概括先生形象特征的词的话，在我看来，最准确的莫过于"风骨"二字。

先生不苟言笑，话很少。说话的时候大都很严肃。在当学生很久的时间里，我一直有一种敬畏感。读大学时，我们真正的私人谈话只有一次。那天，我走过系主任办公室，先生走出门来叫住我："把你的那篇论文改一改，压缩一下，不要超过八千字，放在《文艺理论研究》上发表。"我站在门口惴惴不安地听先生讲完，告辞走了。前后不会超过两分钟。然而就是这两分钟的谈话，决定了《文艺理论研究》将首次全文发表一个学生单独署名的论文，也决定了我以后的人生道路。先生是那种外刚内柔外冷内热的人。对于晚辈学生，他从来只把爱深藏在心里而不放在嘴上。

我读大学的时候，年级里学业竞争有时厉害到了白热化的程度。有一年校庆，系里让一位同学作学术报告。报告会的前一天晚上，任课老师在办公室门缝里捡到一张纸条，说那个同学的论文是抄袭的。并且白纸黑字列举了所抄篇目。任课老师不敢怠慢，报告了徐先生。徐先生找到有关材料，认真对比，发现并没有抄袭之嫌。当场关照那位老师，明日学术报告照做，你坐镇现场，千万不要告诉那位同学，影响了他的情绪。不久徐先生又推荐那篇论文发表。那位学生全然蒙在鼓里。毕业前夕，那老师将此事一五一十告诉了学生。学生激动得哽咽不已。他与徐先生非亲非故，先生为他担了风险和肩胛，却从来未言只字。多少年后，他遇到先生，先生依然是守口如瓶的缄默。那同学告诉我，他将一辈子将这件事埋在心里，努力用踏踏实实的工作来回报先生的厚爱。我的一些有才华却也有争议的师兄弟，正是因为先生的一再坚持和力荐，才得以找到最适合发挥才能的工作岗位。

这些年，我和先生在师生关系上又添了一层工作关系。1989年，上海作协换届，先生担任主席，和我同处作协一个办公室。先生高大的形象日见平易，我在敬畏之外又多了一份亲切。我看到了先生在严谨学者以外的另一面：随和而热爱生活。一次我随先生去外地出席一个学术会议，主办方给先生安排三个人合住一室。我觉得有点不妥，正想向会议主办单位提出，谁知先生豁达地笑笑："能这样住蛮好。现在开这样的文学研讨会不容易。"有次吃饭，先生兴致勃勃地突然当众提议让我为大家唱一首歌，而且亲自用手来推我，让我大吃一惊。我不知道，这是不是先生的"老夫聊发少年狂"？

也许是年岁大了，先生变得很念旧。他常常怀着一种不见诸文字的温柔，怀念着自己的母亲、姐姐，怀念着自己的恩师，怀念着为国捐躯的乡贤、同学，怀念着青岛大学门口摆水果摊的老人。《劳动报》有人去北京，行前先生托他带一盘磁带去。他在磁带里录了自己问候思念老友陈荒煤、张光年、姚雪垠等人的讲话。那天我碰到先生，先生正把一台小录音机凑到耳边："我也很想念你啊……"来自远方苍老温暖的问候弥漫着整个房间。这是从北京录回的老友们的声音。先生已然沉浸在一种忘我怡然的境界中。事后他对我说："这比写信好，方便还可以听到声音，很亲切的，空下来听听……"一脸自得的神情，显然很为自己的发明而满意。

先生无疑属于中国传统知识分子，但他很少耽于清谈、溺于空疏，他是一个少见的行动型知识分子，行动充实饱满着他的生命。他的学术生涯不仅是著述，而且是用一连串小跑步一样步履匆匆的文学活动、学术组织活动，填满他的学术履历。粉碎"四人帮"后先生平反复出，以已近古稀之年，出任华东师大中文系主任。他广罗人才，奖掖后进，开创了惜才、爱才、用才、养才，提倡学术自由竞争、开明办学的学风，把中文系办得红红火火，这已是有目共睹的不争事实。有感于文理分家的弊端，先生亲自主编《大学语文》，传播光大祖国的语言文学。

这册书累计已达一千万册，受惠者遍及全国，何止千万！学术上有些变化是很难一言概之的。90年代一度冷寂的国学已成显学。在学界似乎非国学不成学人。其实早在1980年，先生已从建设中国特色的马克思主义文艺理论的宏观基点出发，认识到国学在这一宏观框架中举足轻重的地位，举办了中国文学批评史师资培训班。王元化、程千帆、程应镠、舒芜、吴组缃、王文生、朱东润、吴奔星……从四面八方来到师训班授课。一时间鸿儒云集、名流荟萃，将祖国文化的精粹端陈在学员面前，真当得起"盛况空前"四个字。在这个基础上，中国古代文学理论学会成立了，出版了《古代文学理论研究》丛刊。如今，这些当年的学员大都在天南海北，成了我国高校国学研究的骨干，《古代文学理论研究》也成了海内外研治中国古代文论的学者案头必备的典籍了。今天这门学科蔚然大观，先生筚路蓝缕的开拓功不可没。

1957年"反右"的时候，我还是个系着红领巾的孩子，什么也不懂，懵里懵懂，隐隐感到校园内外正风起云涌，并且按教导在自己心里替"右派分子"画了一张青面獠牙的脸谱。二十多年后，当我终于脱尽稚气，重读那部灾难深重的历史，才知道"右派"分子其实大都倒是有点才华、有点学问、敢讲点真话的人。我怎么能相信先生这样的人会猖狂反党反社会主义呢？三十年后，先生还记得当年许杰先生被打成"右派"申诉无门时"沮丧、受辱而又无可奈何几乎绝望的表情"。这是一种让人心死的大绝望、大悲剧。

本来像先生这样七十年生活在校园、所治的是与现实很少沾边的文艺理论中的古代文论的学者，他的一生应该像一张白纸那样单纯，没有什么跌宕忧患的人生故事。不幸的是，他赶上了一个颠沛流离的动荡时代。从少年时的国耻到"文革"的疯狂，在这样的年代，即使校园也不能幸免，成了汪洋中的一条船，在惊涛骇浪中战栗不已。生在这个时代，先生的学术选择只能是与忧患意识相连的经世致用。这是他个人的选择也是时代的选择，或者可以说是患难中的别无选择。

荷马说过："在患难中，一个人会老得很快。"但是，令人惊讶的是，这句话对80岁的先生似乎并不适用。几乎所有访问作协的友人都怀疑徐先生年龄的真实性。先生确实精力健旺过人。一次去马鞍山，一路上火车、汽车，会见、考察、参观、宴请、会谈，连喘气的片刻都没有，我们都累得人仰马翻，先生却毫无倦色。一到上海，风尘未洗，先生又步履匆匆赶去参加他必须出席的学术活动。他从来没有午睡的习惯，年轻时就靠每天一片安眠药入睡，而且他并没有什么养生秘诀，唯一的体育活动也无非是每天清晨到华东师大附近的长风公园银锄湖边散步。80岁的徐先生，历经风雨坎坷，身体不老、精神不老，行动思维敏捷，接受新事物、新思想的能力都像年轻人。担任系主任的那阵子，百废待兴，很少闲暇，他年近70，竟能在公务繁忙之间的五一节，一人独坐书房从早到晚，写完1万多字的苏轼文学思想的论文。在我的印象中，先生这十几年中相貌几乎没有什么变化。时间之于他，似乎是一个凝固的存在。 我想，这样旺盛的生命力决不仅植根于肉体，更来自心灵，来自他生活方式的随和、流畅，来自他生活态度的执着、通达。从"反右"到"文革"，二十余年，他不自戕自沉，而另寻"自全"之径。在七百种典籍中撷录卡片四五万张，达1000多万字，还私心窃喜，得了"无用之用"。也许，这"无用之用"正是先生一生为人的奥义之所在。

中国文人历来有出世与入世两种。生民涂炭，水深火热，出世于心不忍，固不易，但以出世求心境平和则易。而徐先生恰恰是一个极为入世之人。他信服"文须有益于天下"（顾炎武）、"言必中当世之过"（苏轼），一直以这样的信念介入人世和文学。他的文学观念很清楚，反对故弄玄虚，脱离现实生活的文风，反对过于轻慢的"玩文学"的创作态度，反对过于华丽而不务实的藻饰。而且他总不隐瞒自己的文学观念，即使在为年轻人著作写序文时也揭橥自己的观念。面对当今不断变化、不断丰富的文学，先生的文学观念难免会得罪一些人。

但他不管自己出入怎样的风浪，都能如履平地地保持心的平和。从文化渊源上看，先生的行为更接近孔子，但他内心的自由无羁又很靠近老庄。这样，他就像一潭深湖，狂风能掀起表层的滔天巨浪，却在深处保持着静观的智慧。

学而优则仕。中国的知识分子有相当多的人长期生活在"地位志向性"的阴影下，倾向于通过谋取一官半职的地位来实现自己的抱负。先生强烈追求的是"目标志向性"，从年轻时起就以"国家兴亡，匹夫有责"为人生信条。除此而外，心无旁骛，别无他求。对生活没有任何额外的索求，一切都在可有可无之间，烟能抽，酒能喝，但大都限于社交场合，平日很少抽很少喝，而且从不讲究品牌，也没有什么特殊的、非享受不可的文艺娱乐，更不去争名分。先生筹备组织过许多全国性的学术团体，如中国文艺理论学会、中国古代文学理论学会，一旦筹备结束，他就主动请更加年长的学者专家担任团体的主要领导，自己则仍然去做那些不起眼的日常事务性工作。上海作协在他的倡导下，每年都要为80岁以上的老同志举办文学纪念活动。去年先生文学教育生涯满六十年，华东师大中文系和作协要为他开个会，他听到以后心里一直很不安。当晚十一时他打电话给我，表达了他无奈之下妥协的条件，一连发出几个"断断不能"：会议地点断断不能放在热闹的市区，只能放在远离市中心他任教的华东师大；会议断断不能用作协的经费，"我是现任主席，万万不能开这个先例，否则我这个老头子要被人骂死了。作协是个穷单位，不能让作协出一分钱"；会议时间断断不能超过两小时；会议断断不能惊动有关领导……"否则，就你们自己开去。"放下电话，他严厉的口气依然在听筒里嗡嗡作响。没有任何商量余地，作为后辈，只能尊重老人自己的意愿。后来我们在华东师大为他开了一个朴素而热烈的纪念会。

1994年的大年初六，按中国人"做九不做十"的习俗，系里的老师和我们这些弟子凑了份子为79岁的先生做寿。一口气吹灭蛋糕上的八支蜡烛后，先生在大家簇拥下站起来致辞。他说，他当年到华东师大工作，看到许杰先生的满头银发，一直在想有一天自己老了会怎么样。其实当时许先生才50出头一点。一天天过起来很慢，但回头看看，过得真快。自己还没感觉到已经80岁了。他说，他牙齿都好，眼睛也没有老花，耳朵不聋，手脚也还灵活。大家鼓起掌来。他说，他一辈子只是一个普通的教师，他最高兴的是学生都成了国家的人才。他只有一个愿望，做一个问心无愧的人。他说他想这样做，他努力这样做，但也没有完全做到。大家都比他年轻，他希望大家监督他，和他一起做这样的人。说到这儿，先生有点动情，大家的眼睛也有点湿润了。兴许是喝了些酒，灯光下先生脸色微微泛红。

归家的路上，一位师兄对我说："你是不是觉得先生这个人好得很内涵？"他用了"内涵"两个字。我默然。橙黄温暖的路灯光下，高架桥巨大的影子长龙般投在阒无人影的马路上。

夜很静。我想起，这些年先生时常在追悔自己当年对俞平伯、胡风、胡适的批判，一直在追悔在那些荒唐的年代，自己为什么连和恩师老舍先生叶石荪先生通信的勇气都没有……

人生在世总会有痛苦。在这世上最理性的是知识分子。他们通过学理思考，凝聚、整理自己对世界的基本看法、基本模式。但是最浪漫的也是知识分子。因为一旦这种模式在他们治学和人生中确立，就意味着他们毕生将为这理想的模式去献身。所以，对于人类来说，知识分子这个职业本身就常常如西绪弗斯一样，具有知其不可为而为之的悲剧意味。"西伯拘而演《周易》；仲尼厄而作《春秋》；屈原放逐，乃赋《离骚》；左丘失明，厥有《国语》；孙子膑脚，兵法修列；不韦迁蜀，世传《吕览》；韩非囚秦，《说难》《孤愤》；《诗》三百篇，大抵圣贤发愤之所为作也。"司马迁的这番话，真是划破弥天大夜的一道闪电，照亮着我们身前身后的茫茫道路。知识分子其实只是灵魂始终在炼狱中煎熬的人。要活下去，就要在痛苦中找出意义。只有那些懂得为什么而活的人，才能经受得起痛苦。先生是一个活出意义，并终生执守自己一方生命意义的人。

（本文原刊于《收获》1995年第2期，系为徐中玉先生80寿辰而作，这里有改动。）

中编 徐中玉先生轶事

高山不老松，风雪见峥嵘

赵丽宏[1]

两个星期前，徐中玉先生以105岁的高寿去世了。这几天海内外很多人在写文章悼念他、回忆他、赞颂他，文章的作者有他的学生，有他的同行，有他的读者，所有写纪念文章的人，都钦佩他的学问和他的人品。6月28日上午，我去龙华殡仪馆参加徐先生的告别仪式。现场来了数不清的人，徐先生躺在鲜花丛中，表情安详，就像是刚刚安静地入睡。告别这喧闹的世界，对他来说，也许没有多少遗憾。因为，他这漫长的一生，一直在做自己喜欢的事情，一直在追求自己向往的目标，他一生都坚守着知识分子的良心，保持着独立的人格。作为他的学生，我深感荣幸，也为他骄傲。

我是"文革"结束恢复高考后的第一届大学生，我们进华东师大时，徐先生是中文系主任。我们知道他著述等身，是很早就名满天下的大教授。在大家眼里，他是一座山峰，很高，但和我们有距离。徐先生开始给我的印象是，有点威严，不苟言笑，在中文系的走廊里脚步匆匆

① 赵丽宏，毕业于华东师范大学中文系，现为上海市作家协会副主席、中国散文学会副会长。

徐中玉先生传略·轶事及研究

地走过，目不旁视。刚进中文系时，我只是远远地看他，没有机会和他说一句话。这种距离感，后来渐渐缩短了、消失了。那时我们热衷文学创作，很多学生对创作的热情超过上我们的专业课。有人说，中文系学生，搞创作是不务正业，徐先生却理解我们。我们组织文学社，他很支持。我们贴在教室墙壁和走廊里的习作，他也会走过来看一看。他多次在中文系的大会上热情鼓励同学的课余文学创作，对我们几个创作上有一点成绩的学生，还常常点名表扬。

我进大学那年，正是中国改革开放的第一年，寒冬过去，新春来临，万象更新。每天晚上，我常常一个人在教室里写诗，写散文。一次，我在一张废纸上写了一首长诗，题为《春天啊，请在中国落户》，表达了对春天的向往，也隐隐表达了对"倒春寒"的担忧。一天上午，有同学跑到宿舍里告诉我："快去看，你的一首长诗发表在《文汇报》上！"走到文史楼的报栏前，只见很多人围在那里看。长诗发在报纸副刊上，很醒目。我在人群外看了一眼，悄悄地走开了。在文史楼后门口，正好遇到徐先生，他笑着喊住我，说："我读了你发在《文汇报》的诗，很好啊！你写出了我们大家都有的心情。"我忐忑地站在徐先生面前，不知说什么好。他把我带到他的办公室，很难得地谈了一次话。记得他除了表扬鼓励，也告诫我："你还是要重视文艺理论，除了创作，在理论上要下功夫，多读书。这对你创作有好处。"我记住了徐先生的话，从图书馆借了不少文艺理论书搬回家读。

我的同学孙颙在大二时写了长篇小说《冬》，被人民文学出版社接受并准备出版，但要他去北京修改。有人认为学生请假去修改小说，没有先例。钱谷融先生知道后，认为这是好事，应该支持，他跑去找中文系主任徐中玉。徐先生的观点和钱先生一样，他很爽快地决定准假，并鼓励孙颙把小说修改好。《冬》出版后，徐先生在中文系的大会上发表了热情的讲话，他说："中文系的学生能在人民文学出版社出版长篇小说，是我们华东师范大学的光荣。"中文系当时那种日益高涨的创作热之所以能形成，和徐中玉先生热心支持的态度有极大的关系。我们这一届学生写毕业论文时，徐先生在系里宣布，对创作上取得成绩的学生，毕业论文可以用文学作品代替。我的毕业论文，就是一本诗集。孙颙和王小鹰的毕业论文，是两本小说集。这样的做法，大概也是史无前例的。这是徐先生的胆识和魄力，也是他对我们的鼓励和期望。华东师大之所以出现"作家群"，徐先生功不可没。

徐中玉先生不仅在学业上是我们的恩师，他的人格和品行，也是我们的楷模。徐先生一生饱经磨难，但他从不说违心的话，更不做违心的事。他曾当选上海作家协会主席，作为作家协会的专业作家，我和徐先生有了更多的接触。在人世的风暴中，徐先生是一个铁骨铮铮的硬汉，他把名利看得极淡，而把知识分子的责任和良心，看得高于一切，为了年轻一代的理想和前途，他甘愿承担一切。

二十五年前，我和徐中玉先生一起到长江口的长兴岛采风，一起去的还有他的另一位成为作家的学生王晓玉。我们沿着江岛的长堤散步，徐先生谈了他年轻时代的很多往事，他说："此生虽然曲折，但从不做亏心事。"我们在岛上一起庆贺他的80岁生日。在祝他长寿的同时，很想倾吐心中的感激之情，但却不知道怎样来表达。我对他说："你不仅教会了我们怎样做学问、搞创作，也教会了我们怎样做一个正直的人。"徐先生笑着说："有你们这些学生，我感到欣慰。"而他对我们的关爱，这些年来一直没有中断。前些年，我在《新民晚报》上开了专栏《玉屑集》，是对阅读古典诗词的回忆和思考，每周一篇。徐先生多

次打电话给我，说他喜欢这个专栏，每篇都看。他说："以前谈古诗，从政治和历史背景上分析得多，你的文章都是艺术赏析，很有意思。"徐先生的鼓励，使我对自己多了一点信心。这个专栏，开了两年，共有一百多篇。我把结集出版的《玉屑集》送给徐先生时，他笑着说："这是你的新收获，我为你高兴。"

一个人，能活到100多岁，而且始终精神饱满、神采飞扬，在走路，在思考，在工作，在不断地编书写作做学问，这是一个奇迹。徐中玉先生就是这样一位创造了奇迹的学者。徐中玉先生对事业和工作的态度，一般人难以想象。年过九十，他依然精神健朗、思路清晰，还在主编刊物和教材，还在撰写论文。钱谷融先生曾开玩笑说："这位老兄，永远想着工作、工作、工作。"文学界有活动，徐中玉先生常常和钱谷融先生一起来参加。大家都说，这两位德高望重的老前辈出席的活动，就是上海文学界级别最高的聚会。

徐中玉先生从教大半个世纪，桃李满天下。经他教育、受他恩泽的学生不计其数。我们这些喜欢创作的学生，也许只能算作少量异数，更多的学生，成为优秀教师和学界精英，遍布世界各地，可以组成一支浩浩荡荡的大军。徐先生百岁生日时，华东师大中文系为他祝寿，我和很多同学都去了。为祝贺先生百岁华诞，我的同届同学王小鹰画了一幅山水，画面上群山连绵，松林苍翠，我在画上题写了一首五言诗："高山不老松，风雪见峥嵘。群峰贺百岁，天涯桃李红。"笔墨虽轻，但表达了我们对先生的敬意。

华东师大中文系庆祝徐中玉先生百岁华诞的请柬上，以文言叙述先生的经历和他的人格精神，写得言简意赅，文采斐然：

> 语曰："大德必得其寿"。又曰："仁者寿"。诚哉斯言！江阴徐中玉夫子，幼丁苍黄，壮经兵燹。负笈求学于洙泗，开帐授业于沪渎。旋罹党锢之禁，更遭丙午之祸。历经颠沛，淡泊自处。著述宏富，教化广大。鲁殿灵光，岿然屹立。道尊上庠，滋兰蕙乎日久；泽被学林，傲松柏于岁寒。才博学赡，四海共钦；年高德劭，九如皆拟……

行文至此，我的脑海中出现了一个画面：在人声鼎沸之中，满头白发的徐先生安安静静地坐着。那是八年前一个让我难忘的情景。那次，徐先生以96岁的高龄和我们一起到北京参加作家代表大会。文代会和作代会的尾声，是在人民大会堂宴会厅举行的一场盛大热闹的联欢会。舞台上歌舞花灯，光影汹涌，乐声轰鸣，喻示着文坛的热闹喧哗。和我同桌的徐中玉先生三个小时都保持着端坐的姿态，脸上含着安然的微笑，默默地观赏台上的演出。这雪山般的沉静，让我感觉到的是文学的生命和力量。

　　徐中玉先生的生命，会延续在大学的讲台上，延续在他的文字里，延续在他主编的教材中，延续在天下学子的心里。

2019年7月9日写于四步斋

　　（本文原刊于2019年7月15日《人民政协报》，题名为《高山不老松　风雪见峥嵘——回忆徐中玉先生》，这里有改动。）

华东师大"长寿系"是怎样炼成的

朱国华[1]

徐中玉先生传略轶事及研究

相当长一段时间以来，华东师范大学中文系在非正式场合下进行自我宣传的时候，都指出该系以"长寿系"著称：我系80高龄以上的有六十多位，90高龄以上的接近二十位。当然，最著名的三位老人是施蛰存先生、徐中玉先生和钱谷融先生，他们都以期颐之年的高寿陆续往生另一不可知的世界了。一个院系能有如此众多的寿星，也许不是一件偶然的事情，也许与某种泰然任之的传统相关，也许这种精神血脉的铸就传承，就与这三位世纪老人相关。因为实际上在中国这样的尊老社会，在某些具有相对独立性的较小社会空间也就是所谓"单位"中，其群体总体上的行止性情，往往会镌刻着前辈长者的个人印记。

很遗憾，我聆听施蛰存先生教诲的机会并不太多。2003年，我重返华师大中文系没多久，施先生即安然长逝了。我跟施先生只有一次近距离接触，那是1996年，在他的弟子也是我的大学同学宋广跃兄的带领下去看望他。印象最深的是年逾九秩的他，对我们同去的女同学衣服与身

① 朱国华，华东师范大学中文系主任，中国文艺理论学会秘书长。

材的互为映衬关系、上衣与裙裾的色彩搭配与款式风格发表了精妙的美学评论。一位耄耋老人，其心灵超越了已经日渐衰迈的身体，依然观照着生命之光的狐步舞，依然散发出新感觉派的高蹈气息，他还是一位洋场翩翩少年优雅的玩赏心态，这在当时就深深打动了我。

当然，我接触更多的是徐、钱二老。据我个人来看，尽管施先生的社会声誉可能要更为卓著，但是徐、钱二位对华师大中文系的实际影响要更大一些，一小部分原因是他们就住在与华东师大一路之隔的师大二村，中文系的许多活动会经常得到他们的有力支持，他们也乐于出席。还有一个更重要的因素可能是因为他们在中文系退休的时间要晚于施先生：施先生退休于1986年，徐先生退休于1989年6月，而钱先生则晚至1997年。更何况徐先生承担过不少行政事务，钱先生的诸多弟子名满天下，而施先生很少过问中文系的大小事务。

我曾经分别请教过徐、钱二老高寿的秘诀。徐先生的回答，坦白地说，显得非常平实甚至平庸。他告诉我说，他每天到长风公园散步，控制饮食，每天抽烟不超过三支，至于喝酒嘛，他从未喝醉过，原因是他喝啤酒从来没有超过一瓶，这个回答和任何电视台的养生节目上嘉宾的标准答案应该是一致的。我问他父亲享年多少，他回答91岁。因此我推论基因是决定性的。但是徐先生的长子徐隆教授认为情况并非如此。徐隆教授指出，他父亲能成为人瑞，与他顽强进取的个性相关：他复出的时候已年过花甲，正是人们享受承欢绕膝之乐，也就是颐养天年的时候，但是对他来说，这只不过是人生的又一次辉煌的开端。我跟钱先生谈起他的高寿的时候，他就告诉我说，几年前，有个年轻人敬祝他长命百岁，然后笑着评论道："他的意思是我活不了几年了。"钱先生对别人用老年人这个标签所赋予的内涵来对待他，始终不以为意。2016年他

以98岁的高龄去北京参加了中国作家协会第九次全国代表大会，创造了一个令后人难以企及的奇迹。也许忘记年龄（"不知老之'已'至"）正是他永葆活力的决定性因素？

显然，徐、钱二先生的性格是迥然不同的。徐先生如夏日之日那样令人敬畏，而钱先生如冬日之日那样可爱。尽管我们可以说徐先生"望之俨然，即之也温"，尽管他实际上相当谦逊温和，但是即使是燕居闲聊时，他也往往正襟危坐，神态严肃，举止端庄，我们很难想起来跟他开玩笑。徐先生基本上是没有太多私人的感情流露的。方克强教授说，徐先生从来不会有忧郁或者感伤的时刻。在一定意义上，钱先生集中了徐先生所没有的一切性格特征：徐先生理性，钱先生感性；徐先生近儒，钱先生近道；徐先生一丝不苟，钱先生自由洒脱；徐先生热心实际事务，钱先生超然物外；徐先生向中文系捐款一百万，钱先生散书给任何人。但是他们二老，也包括前面提到的施先生，可能有个突出的共同点：可以说他们都是性情中人。实际上，性情中人不仅仅可以视为这三位百岁老人的共性，在一定程度上，还可以视为华师大中文系师生的集体性性情特征。我丝毫无意于说，华师大中文系的每个师生都具有这个特点，甚至也不是说几位老先生在任何时候都合乎性情中人的人格形象，但是无论如何，我们可以说，如果我们以"性情中人"这个符号标签去想象华师大中文系的师生，会觉得两者相吻合的比不大吻合的次数要多一些。当然，20世纪90年代以来，其强度是否逐渐减弱，我很难断言，不过人们经常说，华师大中文系的人"好玩""有趣"，这倒是一个不争的事实，虽然"好玩""有趣"，或者个性鲜明，可能只是性情中人的一个侧面。

那么，我说的"性情中人"是指什么呢？我说的是任其性命之情的人，也就是保守住本真的天性、不以外物来役使自己本心的人。当然，这套两千多年前庄子的术语，可能经不住后结构主义哲学的挑战，因为所谓天性或者本心在福柯这样的批判理论家看来，很可能不过是话语的建构的产物。不过，假如我们承认，每个人在某些特定阶段都拥有具有连续性的某些对自我的期待和要求，并根据这些——或者可以称之为"理想自我"——来确定自己的社会定位，寻求自我实现，并赋予自己的行动以意义与理由，如果是这样，我们也可以说我们拥有一个自性，可以说我们要守住自己的心。虽然这种自性或者本心未必具有超时间的本质属性和永恒的稳定性。在这样的意义上，"性情中人"可以说是那种听从自己内心呼唤的人，也就是不愿随波逐流、听命于外物的人，也就是那种能够做到适性逍遥、跌宕自喜的人。其具有可见性的状态是外不设防、内不失正、内外一统、表里如一。一个人越是胸有城府、越是骄矜高冷、越是装腔作势，就越不是性情中人。

毫无疑问，钱先生就是典型的性情中人。他挂在口头的话，就是他喜欢自黑"懒惰、无能";别人夸奖他善于培养学生,而他总是说他不过是擅长来料加工。关键的是,这并不是他故作谦逊,我相信他自我认定如此。他虽然拥有巨大的名声,但是我猜想他相信庄子"名者实之宾也"之类的名言,并不认为应该享有与盛名相符合的厚遇。胡范铸教授告诉我说:钱先生曾经投稿给《华东师范大学学报》,因为稿件没有按照学院派话语风格来写作,他只好退稿。但是钱先生从来不以为忤,此后他对钱先生有所托请,完全不受此事影响。

　　钱先生当然也喜欢"倚老卖老",但仅限于在作为老顽童跟别人开玩笑和他要"占人便宜"的时候。记得有一次我跟他下棋,我赢了他,他就批评我说:"你陪我老人家下棋,主要是让我开心的,你怎么可以赢我呢?你对老人家尊重吗?"第二盘棋我下输了,我说:"钱先生你看这回我输给你了。"他也并不饶我:"你有本事能赢我吗?"他喜欢跟我唇枪舌剑,其反应速度无人能及。我曾经在微信中记下的这些话,可见一斑:"太阳最暴虐的时候一过,我拿了一盒猴魁去拜访钱谷融先生。快到他家门口的时候,看到他挥动着拐杖,在阿姨的陪伴之下,昂然前行。他看到了我,说:啊!你怎么出现在这里啊?我说:来看你啊。他说:荣幸!你怎么和安徽有关系啊?我说:我祖上朱元璋,是凤阳人。他说:你把安徽茶叶送到我家,我们就此别过。我说:陪你聊聊啊。他说:不行,你卑之无甚高论。我说:不对,我个子比你高,如何不是高论呢?他说:所以需要'卑之'啊。我问:钱先生你现在还读书么?他说:不读书怎么叫钱先生啊。我说:你身体这么好,怎么办到的?他说:我减肥成功了啊。我调侃他:钱先生你头发不如徐先生多,不过你额头很亮啊。他回答说:其实我本来该做皇帝的。""钱先生……一见到我就说看上去我长大了。我说:为什么啊?他说:你长

胡子了。我说：啊！我以为已经刮干净了。他说：年轻人啊，仪表还是很重要的。你要经常接受批评，要不然怎么会进步呢？……我说：98岁的老人家你狡猾狡猾的！他说：哼！偏偏你把我的岁数记得这么牢！"但钱先生并不是那种只会说那种别人爱听的话的人，有时候他对人的评骘非常犀利。他对时下有些风头正健的人一针见血的评论，时常不留情面，他似乎并不担心听者会传话。

徐先生则属于性情中人的另一种标杆。他是属于那种追求事功的人，但是这个事功对他来说，并不是谋求自身的荣誉或利益，而只是谋求事功本身所蕴含的社会价值或社会正义的实现。举例来说，他联手匡亚明先生，倡议大学语文课程的开设，只是痛感于高等教育存在着人文素质全面走低、传统价值面临沦丧的危险。职是之故，他也欢迎其他学校或专家对此事业的支持。至于后来由于大学语文教材的大量印行从而使得大学语文的教学变成一项有利可图的买卖，这样的变化是有违他的初衷的。徐先生一个最令人惊叹的地方在于，他熟悉中国社会的游戏规则乃至潜规则，但是他在相当程度上能做到"物物而不物于物"，也就是说，他能够利用这些规则为自己所献身的事业服务，但是自己并不被这些规则所控制。他高瞻远瞩地推动了三个全国性一级学会的建立，并使它们挂靠在华东师大中文系。他承办了许多学术期刊（当时著名的《文艺理论研究》由于无人愿意承担人力、物力的付出，因而成为烫手的山芋，他毅然接手，一度甚至自掏腰包以支持刊物的正常运行）。他还抓住改革开放之初百废待兴的历史机遇，大胆推行了许多制度革新，例如优秀文学作品可以替代学士学位论文写作、招收超龄人成为中文系学生等，一时间华师大中文系出现作家群、批评家群，成为全国中文学科的翘楚和文学青年向往的殿堂。但是，学界对他称许最多的，并不是他超强的行政能力，也不是其重要的学术贡献，而是他刚正不阿的挺拔人格。他爱憎分明，疾恶如仇，对他所理解的正义，从来是不计得失、不顾后果地加以追求和落实的。他毫不妥协、百折不挠、敢于担当的硬骨头精神赢得了知识分子的广泛认可。老庄之道认为，要保身全生，应当和光同尘，与世推移。但徐先生这样硬朗性格的人，这样无畏于开罪他人、处世绝不圆滑的人，也能够取得世俗成功，并能尽其天年，竟至于享年105岁。长寿基因之外，是不是内心磊落、境界阔大这样的卓越品格有以至此呢？

徐先生对人有极大的包容心。华东师大中文系的人，那种猖狂不羁（有所进取）、狷介不群（有所不为）的人，也就是任由自己的个性做主、不愿随俗从众的人，那种出没于"丽娃河畔的文化幽灵"（张闳语），那种奇人、怪人、畸人、异人，之所以大面积存在，其实在很大程度上是因为得到这位曾经执掌过中文系的老先生的庇护，当然也是因为受益于几位民国老人（名单当然包括但不限于施、徐、钱三老）的身传言教。从阿多诺的角度来看，所谓性情中人，率性而为，从心所欲，有可能违背了客体性优先原则，不能将自己客观化，其偏差的方面，将会引导人走向原子个人主义，缺乏与社会共同体的良性互动。事实上华师大中文系也有不少人也曾经荒腔走板，曾经干过许多不能转化为佳话的荒唐事。从这个角度来看，性情中人绝不意味着好人，或者值得我们成为的人。因此，指认华师大中文系人多半是性情中人，笔者在自我赞美的同时也是一种自我批判。当然，话说回来，在中国这个有着强大集体主义传统的社会空间中，个人主义也许只能以性情中人的面相自我呈现，而它与这个社会某种程度的紧张关系，也许显示了被遮蔽的真实界的某些症候，因此它依然具有某种合理性。

最后回到我的问题来：华东师大中文系何以成为"长寿系"？因为华师大多是性情中人。性情中人何以往往长寿？苏东坡云："安心是药更无方。"性情中人坦荡清澈，不被外物所摧折改变，而是将外物内化，从而能够做到一念放下，万般自在，不让自己处在内心的自我交战状态。古人云：仁者寿。附带说一句，其实恶人也可以长寿，只要他能够做到足够地无耻，因为这样他也是内外一贯的。

然而，性情中人容易长寿，这个论点能够得到经验科学的支持吗？很抱歉，也许我这里在进行一种文学叙事。所以，既然如此，请允许我断章取义地，或者干脆地说就是歪曲地，引用德里达的一句名言，聊以自辩："文本之外别无他物。"

2019年7月7日于丽娃河畔

（本文原刊于《文艺争鸣》2019年第8期，题名为《论长寿系是怎样炼成的——兼怀徐中玉、钱谷融二先生》，这里有改动。）

黄药眠、徐中玉、童庆炳：三代学者的友情

赵　勇[1]

其实我是没资格写这篇文章的，因为黄药眠先生虽是北师大文艺学学科的开山祖师，但上世纪80年代我还在山西、山东念书，没机会面见大师。徐中玉先生虽有幸见过几面，但每次他都坐在主席台上，是我仰视的人物。唯有童庆炳老师我是熟悉的，生前他曾讲过他们三人之间交往的故事，但又春风不入驴耳，我只记住了只言片语。这让我如何下笔？但朋友约请再三，我已答应试试。

先找资料。黄先生曾有《黄药眠口述自传》（中国社会科学出版社2003年版）一书行世，但这本书只是写到1949年之前。查阅一番，那里面对徐先生并无任何记录。黄先生去世五周年之际，徐先生写过一篇简短的回忆文章：《药眠先生硬朗精神永在》，收入《纪念黄药眠》（群言出版社1992年版）一书之中。这篇文章叙写了一些往事，很是珍贵。我没见过童老师写有关于徐先生的正式文字，但徐先生过世后，朱国华教授找到了一篇佚作：《徐中玉先生的"三个高台"》。此文是童老师

---

① 赵勇，北京师范大学文学院教授，文艺学研究中心研究员。

在徐先生百岁华诞庆祝会上的发言稿，时为2013年11月8日。

这差不多就是我找到的全部资料。

在进入叙述之前，还需要交代一下三位学者的生卒日期。黄先生生于1903年1月14日，卒于1987年9月3日，享年85岁。徐先生生于1915年2月15日，卒于2019年6月25日，享年105岁。童老师生于1936年12月27日，卒于2015年6月14日，享年80岁。徐先生写黄先生时说："他比我年长12岁，能论擅诗，学识渊博。"而童老师又比徐先生小21岁，他们是名副其实的三代人。

为什么这三代人能走到一起？这要从黄、徐二先生的交往说起。据徐先生交代，他与黄先生相识于1946年5月。其时徐先生在广州中山大学教书，文协港粤分会首次举办"文艺节"，邀请黄先生与徐先生同台演讲。徐先生说："那天药眠先生先讲。讲时有同志告诉，不少特务即在会场里。我在后台等待，听不清楚药眠先生的讲话。他讲完后，听到很多掌声，也有些起哄的声音，未成气候。……我同药眠先生相识，便是在这次匆匆一见才开始的，谈话不多，却给了我深刻印象。"

两位先生叙谈较多的时候是在建国之后，"反右"之前，其中有两次徐先生曾重点讲述："一次是讨论师范院校的'文学概论'教学大纲，另一次是讨论中文系的教学计划。药眠先生代表北京师大，我代表华东师大。两次都讨论一个多星期，当时的合影还在。讨论时他的从容宽厚以及往往切中要领，令人心服。当时教育部已有要药眠先生、我和东北师大的蒋锡金先生一道去长春办个文学理论教师暑期讲习班的具体计划，不料反右'阳谋'突起，我们三人无端全被打成'右派'，计划当然被取消了。"徐先生的这一讲述让我想起了我们这里的官方表述。在各种介绍或汇报材料中，下述文字总是被置于全文之首："北京

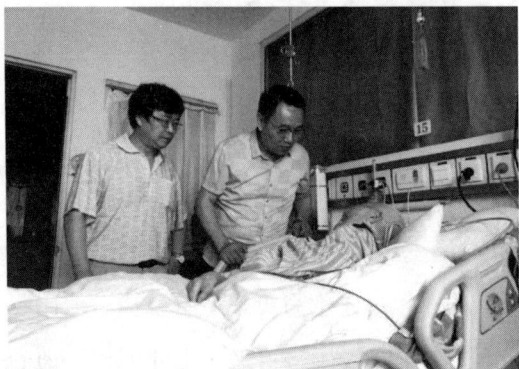

▲2019年6月8日下午，北京师范大学文艺学中心赵勇主任（左一）在祁志祥教授陪同下到华东医院看望徐中玉先生

师范大学文艺学学科是一个有着悠久传统的学科。1953年建立了全国第一个文艺理论教研室。在著名文艺理论家黄药眠的指导下，于1953—1956年期间，制定了全国第一个文学概论教学大纲，开设第一个研究生班，为我国文学理论学科的形成与发展做出了重要贡献。"这里自然不可能出现徐先生的名字，但既然他与黄先生讨论过，北师大的这份文学概论教学大纲肯定也有他的一份功劳。想当年，黄、徐二先生做的可是筚路蓝缕的事情啊。

因为"反右"，两位先生二十年未通音问，直到1979年才重新走到一起。这个时候，童老师也出场了。

对于文艺理论界的人来说，1979年发生的一件大事是高等学校文艺理论研究会的成立。是年5月，该研究会的成立大会在陕西师范大学举行，周扬任名誉会长，陈荒煤被推为会长，副会长由黄先生、陈白尘和徐先生担任，同时，徐先生还兼任秘书长，研究会挂靠在华东师范大学。六年之后，研究会改名为"中国文艺理论学会"。

童老师陪黄先生参加了这次成立大会。他说："徐先生是当时筹备会的秘书长，精力充沛，但事情很多。我就主动让徐先生给我派活，我帮助他干。那时候我年轻，刚过40岁。我们一起合作，我也常给徐先生出一些主意，合作非常愉快。我们的交往就从那时开始。"他还说："后来我们为《文艺理论研究》的出版又有多次来往。我们当时都无力承担这个刊物的出版，所以我记得第一年是交给江西的一个出版社出版的。后来那个出版社也没有兴趣，要我们把刊物拿回去，徐先生跟我联系，问我们要不要这个刊物。我去问黄药眠先生，我老师说，我们要刊物做什么用，又没有钱。问题就转回给徐先生。徐先生是位有眼光有办法的人，刊物就落在华东师大了。"

这就是说，《文艺理论研究》是有可能办到北师大的，只是因为黄先生无意于此，才花落华师。我对黄先生的性情并不了解，但他的行事风格由此也可见一斑。为了说明问题，我不妨再举一例，以资佐证。记得童老师曾多次给我们讲过申报博士点的故事，而这个故事也进入他的"口述历史"之中，大意如下：1981年，他找黄先生商量博士点申报一事，却被黄先生训了一顿。黄先生说："你这个人胆子怎么这么大，你年纪轻轻的，就想带博士。我不是博士，你也不是博士，我们能培养出博士来？这是不可能的事情嘛。自己给自己找麻烦，怎么可以这样呢？这不好。"童老师就给他讲了一番恢复学位制、申报博士点的道理，但黄先生根本听不进去。两年之后，童老师再去做黄先生的工作，晓之以理，动之以情，黄先生起初依然没兴趣，嫌麻烦，不为所动。只是在童老师的再三劝说下，他才勉强同意了。于是有了全国高校的第一个文艺学专业博士学位授予点。

连博士点都懒得弄，黄先生怎么可能在意一本刊物呢？

而徐先生的说法是："《文艺理论研究》出版时，荒煤为主编，药眠、白尘和我为副主编，因为是在上海编辑发行，具体工作我多做些，经常同药眠先生商量，请他指教。为此我们通过不少信。他把几篇很有分量的论文寄来支持了。"我没见过这本刊物最初的模样，但因缘巧合，我却目睹了《批评家》1985年创刊的全过程。当时董大中主编和蔡润田副主编忙于组稿出创刊号，事必躬亲，其艰辛程度至今难忘。在我的想象中，当年的徐先生、黄先生也该是那种情景吧。

程正民老师在回忆文章《迟到的怀念》中说，因为心脏病，黄先生在1980年4月住了一次医院，后来身体就时好时差。而在黄先生身体欠佳的80年代，童老师与徐先生的交往变得密切了。童老师说，80年代中期他曾去华东师大参加过一个文学理论自学考试大纲的讨论，那是徐先生召集的会议。其时他已担任教育部高校自考委员会中文专业委员会主任，随后他又举荐童老师任教育部高校文学理论学科自考委员，并让他带领一哨人马编写全国《文学概论》自考教材。那个时候，童老师已独立撰写出一部《文学概论》（红旗出版社1984年版）教材，影响很大。而徐先生能把《文学概论》自考教材的编写任务交给他，一方面是提携后进，另一方面也应该是觉得他能担此重任吧。

让童老师念念不忘的另一件事情是在发文章方面徐先生对他的关照。他说："徐先生主编《文艺理论研究》后，我若写了文章，有时就寄给徐先生，希望能在《文艺理论研究》占一点版面。徐先生对我寄去的由我署名的所有的文章都一概予以刊登，并且从来不压缩和修改我的文字。我真的要感谢他。更有缘分的是，凡我推荐给徐先生的我的学生的稿件也一概刊登了。我老师留下的一篇很长的关于1957年美学大讨论的记录稿，他也照样刊登。我的老师地下有知，也会感激徐先生的友情。"

因为童老师的这一说法，我便去知网上查阅一番，发现他在《文艺理论研究》上总共发文16篇（包括讲话、访谈、笔谈各一篇），第一篇是《评当前文学批评中的"席勒化"倾向》（1981年第4期），最后一篇是《中西文学观念差异论》（2012年第1期）。值得一提的是，2001第3期的杂志上有一组"人文精神与大众文化"的笔谈文章，童老师打头阵，我、于闽梅、吴子林、曹而云、王珂的文章紧随其后。我记得这组笔谈是童老师委托我组织的，当时我正跟童老师读博士，便在童老师的授意下，召集几位师弟师妹开会讨论，然后又各自成文。当时童老师说，这组笔谈稿要给《文艺理论研究》，但究竟是徐先生约稿在先，还是童老师主动为之，我现在已说不清楚了。

　　童老师所谓的"我老师留下的一篇很长的关于1957年美学大讨论的记录稿"，是指黄先生的《美是审美评价：不得不说的话》，此文刊发于《文艺理论研究》1999年第3期，文下注释云："本文系黄药眠先生于1957年6月3日在北京师范大学的一次美学讲座上的讲稿。由于后来突发的反'右派'斗争而未能刊发。现据记录稿整理发表，谨以纪念。"童老师之所以整理出这篇稿子，在四十多年后找徐先生刊发，当然有师生情谊的因素，但更重要的原因还在于，他认为黄先生的观点非常值得重视。因为在他看来，50年代美学大讨论中的所谓"四派"，都是"认识论"派，唯有黄先生把美学问题转换到了"价值论"层面。于是在黄文刊发的十多年后，童老师特意写了一篇大文章：《中国20世纪50年代美学大讨论的第一学派——为纪念黄药眠先生诞辰110周年而作》（《北京师范大学学报》社会科学版，2013年第6期），详细阐述了黄先生的美学思想。

　　童老师对黄先生的深情是我们有目共睹的。关于黄先生，他曾写过《风沙中的胡杨、红柳、白刺》和《黄药眠先生的最后一课》等文章，那是散文，是对黄先生为人为学风范的记录与缅怀。而在2012年前后，他谈论得最多的便是黄先生的"美是审美评价"了。为了写好这篇大文章，他在十年前就曾"彩排"一番，写过《黄药眠20世纪50年代初、中期的文论与美论——为纪念黄药眠教授诞辰百年而作》，刊发于《文艺理论研究》2002年第6期。而因为这篇文章，徐先生也破例在文前加了千字左右的"徐中玉附记"。附记中简略回顾了他与黄先生的交往过程和深厚情谊，并再一次提及他们当"右派"的遭遇。最后，徐先生说："我实在不明白，为什么连这样先进的学人也仍免不了要受二十多年的苦楚，损失了这么多可以工作的时间。'黄大师'（老友们后来都亲密地这样称呼他）的具体贡献，详见庆炳同志此文，我就不重复了。"

今天看来，无论是内容还是形式，这篇文章都显得非同寻常。童老师是述往事、说观点，写出了黄先生的"理论家的勇气"和精彩见解。徐先生则是讲故事、写按语，把他心目中的黄大师形象描摹一番。就这样，童、黄、徐三代学人在此相遇了，此文也成为他们友情的一个见证。

2010年9月11日，我陪童老师坐十小时左右的动车去华东师大，为的是参加"'当下文艺理论热点'学术研讨会暨《文艺理论研究》创刊三十年纪念座谈会"。而童老师能够成行，应该与朱国华的热情相邀有关。那年8月下旬，国华与我联系，说他们那里非常希望童老师赴会，但他与童老师不熟，直接打电话或恐唐突，便希望我为他探路。与童老师联系后，我在飞信上对他实话实说："国华兄：一开始童老师有些为难，因为这月底他外出，10天后又外出不太乐意，后来考虑到与徐先生的交情，就答应下了。当然，我也游说了一下。最后他跟我说：这样的话，你必须陪我去。我说没问题。近日你可打电话正式邀请。"得此

▶ 赵勇与童先生、徐先生

信息，国华立刻致电童老师，然后飞信回我："多谢老兄，还是你面子大，我知道不这样请一下，他不会来的。"我说："不是咱们的面子，而是徐先生的面子。我电话中特意说了你想动用徐先生请他的话，他便觉得不去不妥。"他说："呵呵，童老师如此尊重徐先生，让我感动，我们倒是应该学习他这样的对老人的尊敬。我平常说话，是不大注意尊卑长幼的。"

因为童老师，我们的接待规格提高了档次。那天晚上9点多，陈大康与陈毅华二老师亲到车站迎接。入住之后，朱国华又带我和童老师到校门外的一家饭馆吃饭。那个时候已将近午夜时分，国华却依然豪情万丈，一下子要了三大海碗面条，让我们享用。许多年之后，那晚聊天的内容差不多已被我遗忘，唯有那三大碗面条却记忆犹新。这是要让我们三碗不过岗吗？

第二天上午，先有徐先生和钱谷融先生致辞，后有童老师和曾繁仁先生主题发言。会议开始前夕，童老师与徐先生面对面聊天，笑语盈盈。这种画面看着温馨，于是我立刻取出新买的相机，用"牛头"抓拍几张。中午吃饭时，徐先生与钱先生坐在一起。见此情景，好几位学者都走上前去，站在两位寿星中间合影。机不可失，我给别人拍过几张后也赶忙凑过去，留下了一张珍贵的影像。

2015年，童老师去世了。犹豫了很久之后，我在今年终于启动了一个有关童老师的访谈计划。老一辈学者中，徐先生自然是放在首位的，但一打听，得知一年前他已入住医院，无法思考也无法说话了，访谈显然已无法进行。但我还是决定去看望一下徐先生，把文艺学研究中心和童门弟子的问候带到。6月上旬，同济大学蒋原伦教授那里有个会议，我应邀参加。于是我提前与徐先生的弟子祁志祥教授联系，请他帮我安排，他答应得痛快，后把此事告知国华兄，他也决定一并前往，并发动《文艺理论研究》编辑部查正贤先生与陈丹编辑参加。6月8日下午3时，我与同济大学人文学院的副教授黄春燕师妹、北师大研究生张佳同学同去华东医院2号楼，与祁、朱两路人马会合，随后便去了徐先生病房。徐先生安卧于病床之上，鼻孔处插着我叫不出名堂的管子，嘴半张着，仿佛熟睡了一般。我们轮番握着他的手，与他说话，他似乎微微动了一下。祁志祥说，徐先生这个样子已有很长时间了，但生命体征尚好。既如此，我便暗自揣度，徐先生还是可以更加高寿的。

没想到的是，17天之后，徐先生安然长逝。

徐先生在回忆黄先生中的文章中写道："十多年来，大折腾幸而避免，但时有'左'的干扰，我们这一代书生的遭遇和心态也许将来会成为后人研究的课题。信仰也有，软弱也有，考验和锻炼亦有。"这应该是肺腑之言，是很值得重视的。如今三代学者都已作古，已到了盖棺论定的时候，后人是不是可以展开研究了呢？

"他们的徐中玉"和"我的徐中玉"

胡范铸[1]

我们的老师，华东师范大学中文系的教授，105岁的徐中玉先生走了，成千的弟子与友人前去送行，李克强总理、校友韩正副总理也献了花圈。

不过，在铺天盖地的吊唁文、悼念辞中，我总感觉到"他们的徐中玉"似乎不是"我的徐中玉"。

一

各种文字称颂先生最多的首先就是先生主编了第一套《大学语文》教材，各种版本发行量达三千万册，泽被无数学子；还有一个就是称颂先生独开风气，允许学生以文学作品代替毕业论文，造就了"丽娃作家群"现象，以至于有论者以为徐先生偏爱创作而鄙视论文。

《大学语文》真的就是先生最值得说道的事迹？未必。

在我看来，《大学语文》在本质上属于非常时期的补救性举措，如果说中国今天要真正造就面向未来的大学生人文素养，更好的选择也许

① 胡范铸，华东师范大学国家话语生态研究中心首席专家，上海市语文学会会长。

是徐先生的学生夏中义主编的"大学人文读本丛书"。

那么，培育"丽娃作家群"是否能够成为先生最值得说道的贡献？同样未必。

其实，所谓"丽娃作家群"最杰出的代表当首推施蛰存先生无疑，但他属于徐先生的老师辈，而系里的五四老作家许杰、程俊英等先生更属前辈，其余中国新时期文学的佼佼者沙叶新、戴厚英"文革"前在校时正是徐先生倒霉时。至于77、78级进校后徐先生主政时"涌现"的作家，其后虽有一些人颇有成就，但就当时而言，大多并无特出独拔，他们的一些作品往往同班同学也不一定读过，更不要说如复旦中文系学生的《伤痕》那样成为新时期文学开端的标志。即使是所谓"允许以作品代替论文"的重大举措其实也只是仅仅对于已成为"作家"的个别学生的特例安排。

那么，什么才是"我的徐中玉"？

我心目中的徐中玉其实只有七个字："真正的学术领袖"。

二

言者动辄谈及"以作品代替论文"，其实，对于华东师大中文系乃至全校（或许全国）大学教育更有影响的事件其实倒是先生当年对于"学生学术"的特别支持。

记得大一时，同寝室刘同学在现代汉语课后写了一篇《试论双音词的重叠》的作业，任课老师感慨不错，徐先生听说后立刻表示，应该推荐到学报去。由此，"中文系一年级学生 刘大为"的署名与曾性初、吴泽、郭豫适、史存直、朱彤书、桂世勋等名字出现在了同一期《华东师范大学学报》（哲学社会科学版）上。这一事件在中文系同学、历史系同学、政教系同学……，不，更重要的是在中青年教师中引发的震动可想而知，因为当时大多数中青年教师都还没有在学报发表过论文。

于是，仅仅就77级而言，夏中义、陆晓光、方克强、费振刚、王晓明等一大批本科生你追我赶，纷纷登上了学报的殿堂。中文系学生不但学术名声暴起，"物质利益"也收获甚丰——记得《华东师范大学学报》给我的第一笔稿费就是60元人民币，相当于大学青年教师一个月的收入（当然，这也不能不感谢学报编辑部负责人李光宇先生的不拘一格，他的一句名言就是"我的同学毕业留校以后大多数时间都在搞政治运动，学术研究其实是与77级一起起步的"）。

更为重要的是，在徐先生的主持下，一大批本科生一毕业就留校，直接成为各门课程的教学主力，这是华东师大中文系系史上一次空前的大规模留校。如果加上考上研究生毕业再留校等各种渠道，仅仅中文系"77034"一个班，夏中义、刘大为、毛世帧、徐莉莉、陆晓光、林伟民、钱虹、李键……，先后留校的就高达十一人，从语音学、语言学概论、古代汉语到文艺学、外国文学、现当代文学，几乎无须旁人，就能开出一个系的课程。这也直接造就了中文系1980年代的生气勃勃的学术风貌。

这并不是如今天很多人所想象的是一个顺理成章、水到渠成的故事。很少有人认识到，在当年的华东师大，其实历史系77级的平均水准要高于——至少毫不亚于——中文系。上海高考文科第一名何戎便落在历史系，而何戎和他的同学创办的《新史学》几乎每一期都成为当时校园内最为耀眼的闪电。可与中文系相对的是，《新史学》在"反ZY化"中终遭系里无情打击而零落沉默。

可以说，没有徐先生，就没有中文系如此辉煌的1980年代。

三

作为学术领袖,先生的远见卓识不仅在于选才爱才,更在于"办会""办刊"。

先生先后主持创办了"高等学校文艺理论研究会"(后更名为"中国文艺理论学会")"中国古代文学理论学会""全国大学语文研究会"三大全国性学术社团,并创办了《文艺理论研究》《古代文学理论研究》《词学》《中文自学指导》(今《现代中文学刊》)等一大批学术刊物。这些刊物日后几乎又都成为中国学术期刊界的CSSCI期刊,从而使得华东师大中文系无论是挂靠的全国学术社团还是"核心刊物"数量,都稳居全国第一。这一学术共同体的资产,确保了华东师大中文系可持续发展的基础。

四

作为学术领袖,先生更是一身傲骨,正义凛然。

且不说1950年代因坚持原则而被打成"右派",就拿77级进校以后来说,每一次大风大浪,先生伟岸的身板都成了华东师大中文系抵御恶浪的坚强堤防。而在最困难、最难抬头的日子里,先生掷地有声的宣告更成为华东师大中文系学生们心中永远的雷鸣。

五

可惜,先生没有成为华东师大的校长,华东师大的发展错失了你!

可惜,先生没有成为中国教育部的部长,中国教育的发展错失了你!

不,其实也没有什么可惜,这不仅是因为毕竟我们曾经拥有过你这样的系主任,更因为你昂起头颅、挺直身躯,已经走进了中国知识分子的精神史。

运筹帷幄，八面经营，三学会，十学刊，泽被岂止中文学科；

仗义执言，一身正气，仰对天，俯对地，彪炳何须官宦汗青。

是的，从今天起，你已经走进了真正知识分子的精神史。

"先生之风，山高水长"：
一代宗师徐中玉教授

金丹元[①]

徐中玉先生传略
轶事及研究

　　著名文艺理论家徐中玉教授于2019年6月25日以105岁之高寿在上海仙逝。他对我国学术界、教育界和文艺理论界都做出了重大贡献，去世后，上至国家领导人，下迄学界同仁，各位师长、朋友、学生都给予了各方面的盛赞和深切缅怀。他为人正直、学识渊博、博古通今、德高望重，且又平易近人、诲人不倦、实事求是，不仅是华东师大的终身教授，实乃当今之一代宗师和教书学界育人之的楷模。长期以来他先后担任《大学语文》《文艺理论研究》《古代文学理论研究》的主编，并曾兼任全国高等教育自学考试指导委员会中文专业委员会主任、中国文艺理论学会会长、古代文学理论学会名誉会长，并于2014年荣获第六届上海文学艺术奖"终身成就奖"，可谓当之无愧，众望所归。

　　此生能与徐先生结识，几十年来不断得到他的支持、帮助和肯定，深感荣幸和喜悦。我虽并未正式拜师于其门下，却一直将他视之为恩

---

　　① 金丹元，上海大学上海电影学院教授，艺术学理论一级学科博士点带头人，上海市影视戏剧理论研究会副会长。

师。说起来，与徐先生的相识还是颇具戏剧性的。1978年年底，当时我还在大学就读，偶尔看到李泽厚先生的一篇美学论文，得益匪浅，浮想联翩，但也有一些小小的疑惑，希望能得到释疑或探讨。当时，我正在写一篇题为《试论王维山水诗的审美特征》的习作，于是，就将自己存疑的看法也放入文中，希望能得到认同或探讨。但上世纪70年代末，还少见正式的学术刊物，论文写成后不知投寄何处，就索性将此文用复写纸写好一式两份，直接寄了一份向北京的李泽厚先生求教。此时，中国学术界正在酝酿着一场有史以来少见的"美学热"，李泽厚先生正名满天下、红极一时，可谓"天下谁人不知君"。文章寄出后，我自己觉得有点可笑，李先生是大家名流，平时研究工作、写作任务繁忙，我一个名不见经传的学生怎可能得到他的回应？一晃几个月过去了，我也将此事淡忘了。不料，七月份，李泽厚先生突然给我回了信，认为"文章写得不错，特别是作为初作，很难得了，似可争取发表"。并让我就近去找一下徐中玉教授，因为中玉教授正在编《文艺理论研究》，要我将此信给徐中玉教授看，听他提意见，争取修改后发表。收到此信，我欣喜万分，受宠若惊，也十分感动，深感李先生之大家风范，令人敬佩。于是就带着稿子与李先生的信敲开了徐先生的家门。徐先生看了李先生的信后也有点吃惊，认为李泽厚先生推荐此文颇为不易，他当时就将我的这篇初作一口气看完，连声说："不错，不错，文字流畅，观点新颖，分析精当，不必修改，即可发表。但问题是《文艺理论研究》的出版一事尚在筹划中，现在还没有这个杂志。"我问先生杂志何时能问世。他回答："难说。"因为还需学校和市里的双重审批，而且，那时的刊物刚出来一般都是试刊，不知会拖到哪一年，所以不想耽误我这篇文章的发表，并说待《文艺理论研究》问世后，一定请我写稿。我就此与徐先生有缘相识，并一直保持往来四十余年。《文艺理论研究》于80年代正式出版以来，徐先生果不食言，一直在此刊物上发表我的论文，有时，他还主动向我索稿，甚至一年之内连发我两篇文章，不仅从来没有退过我的文稿，而且大凡我报一个题目给他，他就催我赶快写出来。我问先生："您就这么信任我，万一不行，怎么办？"先生说："你的文章，我很放心，因为你比较自律，懂得文责自负，既有自己的看法，又不会无的放矢，或瞎说。"我非常感动也非常感谢徐先生的信任，先生如此看重我，自己就更应自律、自觉，尽量做到"言之有物"，又不信口开河，才不至辜负先生的厚望与赏识。后来，我因调入上海大学影视学院任教，写的论文多半是与影视有关，觉得《文艺理论研究》需要的大多是文学理论，特别是古代文论方面的研究论文，我不想为难徐先生，所以投稿少了，他却对我说："你可写一些艺术理论方面的文章，只要是好文章，都可以发表，不必忌讳。"于是，在他的鞭策下，我还是经常会撰写些艺术探索、艺术理论的文章寄他，也投寄其他刊物。几十年交往中，先生与我亦师亦友，无话不谈。在与先生说古论今、畅所欲言的交谈中，我常感茅塞顿开，收获良多。

徐先生为人耿直、胸襟坦荡、爱才惜才、关心后学，更关注当下大学的学科建设和风气之流变，也从不回避自己的好恶。他主编的《大学语文》发行以来已出了八版，惠及全国各高校学子，此事世人皆知，自不必多言。其实，他对中国文学创作、中国古代文学都十分关注，他自己也有创作实践，正因为如此，当年他才会被选为上海市作协主席。对中国文艺理论，特别是对中国古代文论研究之新局面的开创，徐先生更是做出了杰出贡献。他从1934年起就发表作品，抗战时期已出版编著多种书籍，他倾心于文艺理论研究，是改革开放后我国文艺理论研究、古代文学理论研究的主要组织者和积极参与者。他喜欢宋代文豪苏轼的作品与才气，于是就有了《论苏轼的创作经验》一书；他喜欢鲁迅的小说、杂文，并多有自己的心得体会，于是就有了《关于鲁迅的小说、杂文及其他》；他倡导学生要多读中国的经典作品、经典理论，于是就主编了《中国古代文学作品选》《中国古代文艺理论专题资料丛刊》《古文鉴赏大辞典》《中国近代文学大系·文学理论集》；他关注当下的流变与探索，于是就出版了《现代意识与文化传统》《激流中的探索——徐中玉论文自选集》。他对事对人都坚守"实事求是"，对于同时代的名家，他从不会以那种"文人相轻"的姿态去任意贬低别人，他曾对我讲过不少他以往与诸位学术前辈、同事的交流，如他与宗白华、朱光潜、周扬、夏衍等先生交往中的趣事等等，以及他们对中国古代文论精品的推崇和深刻分析。他也曾亲口对我说过，他很钦佩当代的两位大学者，一位是李泽厚先生，一位是王元化先生，认为此二位先生才华横溢，见地独到，对于中国美学、中国文艺理论的建树影响深远，功不可没。徐先生一生光明磊落，追求真理，强调独立思考、做学问要有所创新，但也不能毫无根据地妄加评议，写一些站不住脚的"歪理"，去祸害他人。他讨厌当今文坛上的一些不正之学风，反对不实炒作、自以为是。他认为中国古代的美学思想、中国古代文论及其思维方式极具东方魅力，至今仍能起到积极作用，大有潜力可挖，不应强分中西方的区别，"根本重要的是看其中有无普遍的合理性，是否深刻"。他认为中国古人的思维方法与内涵尚未得到真正的重视和深入开掘，为此，当得知我正在撰写《中国艺术思维史》时，他十分赞赏，并不断鼓励我尽快写出来，还提醒我一定要注意中国画论、书论、戏剧理论和作家作品等各方面的发展与思想、思维间的联系，给了我不少启迪和教海，从中也使我深切体会到老一代知识分子对开创学术新局面的眷眷之情、拳拳之心。《中国艺术思维史》后由著名学者王元化先生题写书名，徐中玉先生亲自作序，的确使之大为增色，我自感激不尽。替我这本书作序那年，中玉先生已是九十高龄之老人，但他头脑清醒、思维敏捷、行文流畅，并对拙著给予了极高评价，认为："这部《中国艺术思维史》洋洋五十万言的大书，就是他'十年磨一剑'后的喜人成果。书中他对古今中外不少专著、专家的有关或同或异的见解都有所评述，还勇于提出了自己的不少新观点，既梳理过去，又展望未来，成其一说。对这个文艺理论研究领域中长期尚少深研的热点焦点问题，我认为他这部书作出了直接填补空白，起推进作用的重要贡献。他的功力与眼光，学识与思考，不同寻常，可喜可贺。"

徐先生对我的褒奖和肯定，是一种鼓励、一种鞭策，我可谓受益终身，此恩此德定当永远铭记。如今，只要翻开他为我写的序和我与先生一起合影的照片，他的音容笑貌，谈笑风生，犹历历在目。徐先生晚年几乎天天都去长风公园散步，七八十岁仍健步如飞，记得有一次陪他一起散步，我都有点跟不上他的快走步伐，实在惊叹他身体之硬朗。徐先生那老当益壮、精神焕发的神采，年至耄耋仍童心不泯的真诚，每次见面，都令我如沐春风、倍感亲切。特别是他对中国文学艺术的浓厚情感与功力深厚之学养、对重建中国艺术理论的热切关注和殷殷期冀、对后学的真心关照和提携，以及他那可敬可羡的长者气度，不禁令人肃然起敬，顿生"高山仰止，景行行止"之感。《范文正公集》中有"先生之风，山高水长"之句，这是对中国知识分子全方位称颂的高度浓缩，我想以徐中玉先生的道德文章、为人师表也完全当得，堪称实至名归。特借此美言，再次深切缅怀著名文艺理论家、一代宗师徐中玉教授。

度量宏阔的领路良师

周锡山[①]

中玉师6月25日凌晨以105岁高龄仙逝，消息传来，我不胜悲痛！从1979年至今，四十年的师生情谊，一朝天地遥隔，痛苦之情难以言表！

一、有幸成为徐先生首届研究生

中玉师在1978年改革开放之后，重新焕发学术青春，那时他已经64岁了。那一年9月，他招收第一届研究生。1980年3月教育部委托华东师范大学中文系举办全国高校中国文学批评史骨干教师训练班（简称师训班）。当时全国仅有三个专业的师训班，另两个是北京大学朱光潜主持的西方美学和中山大学王季思主持的古代戏曲。华东师大这个师训班有来自北京大学、北京师范大学、南开大学、吉林大学、西北大学等几十家大学的青年骨干教师三十人。此后他又招了四届研究生。中玉师培养了多个人才，又通过他创办和领导的挂靠在华东师大中文系的三个国家一级学会和三家权威刊物，培养和提携了大批人才，功德无量。他的这

① 周锡山，徐中玉先生首届硕士研究生，上海市艺术研究所研究员，上海戏剧学院特聘教授。

个卓越功绩，和他本人的巨大学术成果与极高学术成就，我在拙文《论徐中玉文艺理论的研究风格和首创性成就》（《文艺理论研究》2019年第3期）中已有详论。今借名报《文汇读书周报》的珍贵篇幅，回忆我所亲身经历的中玉师培育他的首届研究生的一些往事，以寄哀思和敬意。

　　我于1978年我国首次公开招收研究生时，报考华东师大古籍研究所（当时称古籍组）唐宋文史专业方向的研究生。这个古籍专业当年是冷门，本只拟录取两个，没想到考生却多达两千名，轰动全校。通过初试的有二十个。刘佛年校长说有这么多人才，国家也非常需要，复试题目要高难，凡通过复试的笔试和口试的，全部录取。结果可录取的（五门考分总计300分以上）有十二个。我的成绩在整个研究所考生中属于优，甚得主考教授叶百丰先生的好感。但我是中学教师，因单位不放，未能入学，结果共有十一位入学。

　　第二年古籍所没有招生计划，我于1979年报考华东师大中文系以徐中玉为导师、陈谦豫为副导师的中国古代文艺理论专业（后教育部统一命名为中国文学批评史专业）。叶百丰先生亲自向中玉师推荐。此年上海市高等教育局和上海市教育局商定，凡中学教师报考研究生，必须高于最低录取分数线50分，才可录取，但单位须一律放行，不准扣押。我的总考分383分，高出83分，我以总分第二名的成绩录取（第一名因英语未过最低分数线40分而未能录取）。当时中玉师申报国家"六五"社科规划重点项目"中国古代文艺理论研究"，需要多名研究生参与，因此招生名额高达八个（一般只有两三个）。但当年因考题高难，只录取了三人，中玉师于是又从施蛰存先生的唐代文学专业考生中调剂两人，共有五人投入中玉师门下。1978和1979年的研究生报考，竞争最为激烈。当时报考人的年龄从20岁到40岁不等，也即考生来自二十年积压的各届大学生和自学生，数量巨大，录取比例极低。我两次以高分超过录取线，两次英语成绩都是91分。因考分领先，入学后我被中文系指定为本专业的班长，又被文科研究生英语班推选为班长（课代表），因此甚得中玉师和谦豫师的器重。

1979年9月10日报到，一周后正式开学。第一学期，中玉师每周给我们开课一次，共讲十六次，每次两教时。两次讲收集资料的意义和如何做资料卡片的方法，然后重点讲了刘勰《文心雕龙》、严羽《沧浪诗话》、叶燮《原诗》和刘熙载《艺概》等经典名著。

当时条件差，中文系各办公室全在两排简易平房中。我们上课是在其中的一间中型会议室，师生们围绕着一个乒乓球桌而坐。中玉师坐在运动员打球的一面，我们学生五人和副导师陈谦豫师坐在两边。

1980年3月，师训班开学，他们的学习任务是每周听讲座一次。中玉师遍请全国名家，如郭绍虞、程千帆、钱仲联、吴组缃、王元化等，来谈他们擅长的学问和课题，每人讲一次或两次。我们研究生除了随班听讲座之外，每周一次学习，还在中玉师家中进行学习，由一个研究生谈一个名家，大家讨论，中玉师评论。当时苏州大学钱仲联的首届研究生两人，武汉大学王文生的首届研究生三人，这学期也跟着师训班一起学习。

第二年开始，五个学生分工阅读先秦到清末文学的全部名家名作，抄录其中全部文艺理论资料。中玉师规定我们在学期间，不要写论文，专心做卡片。他说，我们完成全部任务后，将我们抄录的全部卡片，和他抄录的卡片（中玉师几十年中抄录的1000万字的卡片中有关文艺理论的部分）两相对照，补漏填缺，分类编纂《中国古代文艺理论专题资料丛刊》（中国社会科学出版社1990年代分册出版，2013年出版16开精装

四卷本），然后每人撰写论说专著。中玉师说，复旦大学中文系着重做"史"，即撰写《中国文学批评史》；而我们着重做"论"，将古代文艺理论的重要学说撰写专著，如滋味说研究、神韵说研究等。我分工阅读老庄道家，中经柳宗元、王士禛等人，一直到王国维。

我们抄卡片的工作到第三学年第一学期中间结束，开始写毕业论文，到第二学期中间交稿，共有四个月的时间。五个研究生有四个是自选题目，只有我，中玉师让我写王渔洋的神韵说。在当时来说，这是一个很难的题目，因为神韵说虚无缥缈，难以理解、把握和解说，而且郭绍虞《中国文学批评史》对之抱否定态度。在我之前，从1950年代到1980年代初，全国只发表过两篇论述王渔洋及其神韵说文章，也都对其予以彻底否定。师命难违，我硬着头皮，用四个月的时间，读了王渔洋的著作，按规定写了3万字篇幅的《论王士禛的诗论与神韵说》初稿。中玉师审阅并提修改意见后，我和其他同学一样，再用两个月时间修改、定稿。我是只认死理、不认名人的书呆子，此文一反成说，不仅对王渔洋及其神韵说评价很高，还点名批评了郭绍虞著作中批评王渔洋时的一个硬伤和钱锺书的一个错误观点。中玉师阅后，对此不改一字。此后两位外请答辩导师吴调公和陈伯海两位老师，对拙文评价颇好，我最后总算放下了一颗惴惴不安的心。徐先生不怕得罪老朋友郭绍虞，让学生独立发表观点，弘扬了创作自由的精神，这是非常难能可贵的。

我的入学经历曲折，此后发表论文和出版著作也一路与曲折相伴。我将毕业论文拆成三篇文章后投稿多家大学学报等，皆未能刊出。四年半后，1986年12月，论文才由人民文学出版社的《中国古典文学论丛》第六辑"中青年专号"作为重点文章全文发表，全靠素昧平生的弥松颐先生和责任编辑刘文忠先生的公正提携，我至今感激。

在学期间，我作为班长，到中玉师家去接受各类任务，传达给全体同学，一起完成后再去汇报；收作业、收各人抄好的卡片，去交给徐先生；向师训班传达各类通知、讲座前给全班分发教材等等。因某种不可抗拒的原因，我一毕业，就身不由己地离开了徐先生，离开了华东师大。中玉师培养的第一届古代文论研究生，毕业后竟然没有一个跟随他研究古代文论，他身边一个嫡系学生也没有。这可以说是1980年代初期名家大师、权威教授中的一个奇观！

二、中玉师对我的严格要求和出格宽容

中玉师在我们学生面前不苟言笑、面容严肃、言简语短、不怒自威。我们几个研究生见到他非常恭敬和害怕，也都谨语慎言，常常沉默如金。他的讲课，内容严谨严密，论述精到透彻。我读他的论文和专著，也感到他非常细致、透彻和周全，他将论述对象分析、深挖和评论到了极致，我和同学们都非常佩服。

他偶尔给我们布置的作业是读书报告，批改仔细；审阅毕业论文，从标题、题旨、观点到标点符号，一丝不苟地用铅笔细细批改。我未读过大学，未受过论文撰写的训练，且之前都是乱看书，没有专业方向，更没读过正规论文，所以皆是摸着石头过河，瞎闯乱撞。经过中玉师对我的毕业论文的精细审改，我开了窍，以后就一直独立写文撰书，中玉师是引导我进入学术道路的唯一良师、严师。

记得研究生二年级上学期，华东师大1980年9月校庆之时，按惯例是各系教师提交论文，各系举办学术交流会。1979年刚入学，我去旁听过中文系的校庆学术交流。这次中玉师与我们会面时问："今年校庆你们准备写什么文章么？"别的同学一声不吭，只有我回答："我准备写一篇评论朱东润传记作品的文章。"因为我之前在校图书馆教师阅览室看书，结识了两位管理员，一位是周谷城的大儿媳妇，一位是朱东润的侄孙女。大约看我读书用功，两位长辈都待我极好，都曾帮我去周谷老、朱东老那里"讨字"，请两老给我写过条幅。我以前读过朱先生的《张居正大传》和《陆游传》等，很喜欢，在那年校庆前不久就写了一封信给朱先生谈学习体会，他立即回信，并谈及他近年出版著作的困难和烦恼。因此我才突然想到写朱东润传记评论。徐先生听我此话，他一声不响，头一低，半晌不语。不仅我本人，同学们也都十分尴尬，全场静默。我当时肯定脑子糊涂了，那天怎么解散，怎么离开徐先生家，我都记不得了。我要写的论文，与专业无关，离题万里啊！见多识广、阅人无数的徐先生，从来没有碰到过我这样的学生。

我读研究生不久，偶然重逢我在上海小学当教师时的同事胡高华老师，我曾经由她介绍去她父亲家请教过两次。她的父亲是受到鲁迅先生赞誉的著名作家、上海师大胡山源教授。现在与胡老师重逢，问起他老人家，胡老师说父亲退休后回江阴老家，今已84岁，正在写作新的小说作品。1980年暑假，我就去江阴看望胡先生，回来时，他写信向中玉师（他们是江阴同乡和老友）问好，由我转交。我为人处世没有心机，我不是一个人到徐先生家去交信，而是9月初开学后，居然在徐先生与我们全体学生会面时当众转交此信的。当时，加之9月中旬又遇到为朱先生撰文这件事，有一些同学认为我周锡山这下"完结"了，因为舆论公认，导师最忌讳、最恼火的是学生背后结识与"投靠"别的名家。我也知道有这种忌讳，但我问心无愧，我没有这种想法，所以也并不放在心上。

1981年11月，我们刚暂停卡片抄录工作，正开始撰写毕业论文之时，张国光先生寄来邀请函，请我出席他主持召开的"首届《水浒》全国研讨会"。当时学术会议极少，大学教师能出席全国研讨会的机会极少，作为中青年教师研究生如能参加会议，很感荣耀，并自感颇有学术地位。所以我非常想去，就拿着邀请书直接跑到徐先生的系主任办公室，给他看邀请书，表示想参加会议。我说只要准假，即使我不能报销车旅费、住宿费，也准备去参加。《水浒传》是小说，和我们的古代文论专业没关系，加之我们刚开始写毕业论文，全部时间只有四个月，时间本就很紧张。我的这个无理要求，换一位导师，可能马上会严斥一顿，立即拒绝。而徐先生说："邀请书留在我这里，我考虑一下，也让系里讨论一下。"不久他叫我去办公室，对我说："我们决定批准你去，也给你报销路费和住宿费。"我赶写了论文《论〈水浒传〉与〈艾凡赫〉》，临行前还去徐先生家，请他写一封给大会的祝贺信，他立即就答应了，第二天就拿着祝贺信到学生宿舍来交给我。

我怎么会想到写《论〈水浒传〉与〈艾凡赫〉》这篇文章呢？《艾凡赫》是英国司各特的经典作品，林琴南译作《撒克逊劫后英雄略》，描写的是英国侠盗罗宾逊的故事，正好可与《水浒传》作比较。我在1970年代读古文诗词、"二十四史"，自学英文，还翻译了几篇英国文学名作。通过我的同事的丈夫、《辞海》编辑的介绍，我将自己不像样的译作请王智量先生指导过。我考进中文系研究生时，徐先生将智量师引进到中文系任教。智量师是俄文、英文都达到一流水平的著名翻译家，人民文学出版社出版他的普希金《叶甫盖尼·奥涅金》译本，上海译文出版社出版他的狄更斯《我们共同的朋友》译本。他大学毕业后留在北大，调到中国社会科学院文学研究所就发表长篇论文，是罕见的奇才。那时智量师征求我的同意，想要向徐先生提出，让我毕业后跟随他做当时最时髦的比较文学研究。我说好呀。我写《论〈水浒传〉与〈艾凡赫〉》，正是试试自己这方面行不行。此文随后收入大会论文集（中国《水浒》学会会刊《水浒争鸣》第二辑，长江文艺出版社1983年版），同时我又在香港《文汇报》发表《世界上最早的长篇小说》，我的两篇英国著名剧本的译文及其艺术评论先后在《名作欣赏》发表，因此我感到有了点信心。此后，王先生向徐先生提了这个要求，马上得到徐先生的同意。后来施蛰存先生告诉舍妹，说中文系当时决定我留校，进的是外国文学教研室。

我在完成毕业论文之后，没有什么压力了，我就辑编、校点了《王国维文学美学论著集》（北岳文艺出版社1987年版、1988年第二版，上海三联书店2018年版释评本），辑编《金圣叹全集》并完成了部分校点稿。王国维一书已经完成后，我去报告徐先生，他说如果我有发现的新资料，他就给我去推荐出版。这是第一本王国维文学美学作品的汇编。吉林大学王汝梅教授帮我去问他的邻居、王国维的亲戚罗继祖教授，有什么新资料。罗先生说王国维的成就巨大，不必再找什么新材料。没有新材料，我自然就不敢去麻烦徐先生，更不敢请他写序，吉林大学王汝梅老师说帮我请了罗继祖先生写序，利于出版。毛时安兄帮我推荐到山西出版。接着我完成了《金圣叹全集》四卷220万字，出版社要我请赵景深师作序。当时赵景深先生的名声和地位都比徐先生高，我们小作者不敢得罪出版社编辑，不敢请徐先生写序，只好请赵先生作序。1985年此书出版，我更不敢送给徐先生，我想此书是赵先生作的序，徐先生看了也许要生气。不久我的同学黄坤（华东师大古籍研究所教授、博导，《顾炎武全集》主编）特地来我家，问我出版了书，怎么不给徐先生一部！原来他是了解到徐先生对此书的关心，专程来关照我的。我马上到徐先生家送书。1987年，经过多年等待，《王国维文学美学论著集》也出版了，我马上送给徐先生，徐先生看到我请别人作序，心无芥蒂。他还赞扬说，这本书非常有用。我说："既然很有用，我再送你几本，你送给你的朋友们好吗？"他说："好！"我就送了他几本。后来他还特地告诉我说"我代你转送了王元化先生、香港中文大学的罗忼烈教授"等等。

三、中玉师为他人培养学生接班人

我的同学、施蛰存的研究生李宗为，是李小峰的侄子，其父和李小峰都是《鲁迅日记》中的常客。赵景深先生的夫人李希同是李小峰的胞妹，所以李宗为是赵景深的内侄。我研究生毕业前夕，他就极力邀约我报考赵景深的博士生，并向他的姑父赵景深、姑妈李希同做了极力推荐。1984年初起，我受邀经常到赵景深府中，他因严重白内障，视力不济，无法动笔，命我替他撰文、审稿。中玉师支持我报考景深师的博士生。后因他逝世，未能报考。因某种缘由，1986年中玉师又亲自到朱东润先生府上推荐我报考他的博士生。

1984年秋，景深师委托我整理和修订他的名著《元明南戏考略》（人民文学出版社1990年版，书前的"重印说明"特对鄙人表示感谢）。此前，谭正璧先生也因白内障几乎失明，委托我修订他的名著《中国女性文学史》（百花文艺出版社1985年初版、2000年民国经典学术书系版、上海古籍出版社《谭正璧学术著作集》2012年版，在"新版自序"中，谭先生对我表示感谢并指明修改的情况）。1996年上海文艺出版社的"文苑英华"书系首批四种，有北京大学金克木《文化卮言》（上海文艺出版社1996年版，中国人民大学出版社2006年版、2009年版）一书的选题，出版社邀请我代金克木做全书的编选。我在他六十年的全部著作中摘录了200个重要论述，提炼了200个标题，分为四编，将其精华一网打尽。此书前言中，金先生对拙编大表满意。

我为这些名家效劳，未曾为中玉师出力，中玉师毫不介意，还慷慨提携。我一般不敢劳动他的大驾，只有在中国社会科学出版社先后于1992年出版《王国维美学思想研究》、2008年出版《王国维集》四卷本时，我请他写序，他都慷慨应允。后书之序，开首说："周锡山研究员是我多年熟知，在20世纪70年代第一批古代文论研究生班中勤奋坚持学术研究工作，先后已发表出版论文专著多种的学人。"在两书中，徐先生都将我作为学界同道而作序，而不以导师自居，我只能无可奈何。

徐先生两次支持我考别人的博士生，其中一个重要的原因是他与博导身份擦肩而过。中国第一批博导，上海文学专业仅有五人。复旦大学有郭绍虞、朱东润、赵景深。赵景深成就最高，国际影响最大，但因他从事的是戏曲小说研究，当时的地位不高，所以他在复旦的博导中的地位不高，郭绍虞最高。上海文学专业的第一批博导，还有华东师大徐震堮和上海外国语大学方重。1987年，国家批准第二批博导，规定年龄不准超过70岁。华东师大中文系徐中玉、施蛰存、程俊英等大批名家，全部被划出线外，只有钱谷融先生接近70岁，一人当上博导。其他名校增加了大量博导，华东师大中文系受到重创，极其被动。中玉师费了一番周折和时间，将校外的王元化请来当博导。在这样严峻的形势下，中玉师带领中文系艰难破浪前进，依旧做出骄人的成绩。徐先生自己不当博导，却慷慨地推荐自己的研究生去考别人的博士生，他的不少优秀学生，成了别人的学术接班人，他心中毫无芥蒂，器量宏阔。

徐先生的慷慨大度，远不止是对待我一人，更不仅是对众多的学者个人，他热心公事、谦让克己，举世罕有伦比。他创办了国家一级学会——中国古代文学理论学会，请郭绍虞当会长；郭逝世后，请四川大学杨明照教授当会长；杨逝世后，一直当副会长的徐先生没当几年会长，就辞职，由学会改选后辈郭豫适教授当会长，然后又推选别人的学生——王元化先生的高弟胡晓明教授当会长兼学刊主编。他创办了国家一级学会中国文艺理论学会，请王元化当会长。

回想我与徐先生四十年的师生"历程"，他指导的古代文论专业，仅是我一部分成果的依归。因叶百丰师、王智量师、赵景深师、朱东润师知遇之恩，我的成果分属古籍整理、比较文学、古代戏曲、历史和传记专业。我在业师徐先生前的这种表现，应该是极为稀见的；而中玉师对我的宽容，对我始终不弃不离、关爱有加，这样的导师、业师更是极为罕见的。中玉师，您虽然已离我们而去，但您永远活在我的心中。我将继续努力，为弘扬师风而略效绵薄之力。

（本文原刊于2019年7月8日《文汇报》，题名为《器量宏阔的领路良师——追忆业师徐中玉先生》，这里有改动。）

师恩永泽：追思我的老师徐中玉先生

蒋树勇[①]

　　自出国后，我每每返沪都会找机会去拜望我的老师徐中玉先生。最后一次见到老师是2018年4月29日，之前我已经听学兄提起老师在春节前因感冒入住华东医院。刚好那年的4月我休假回沪，便想再去探望老师。临行前问了侯毓信学兄，自是期盼老师已经康复出院，可是，没有，老师自1月住院后便一直没能出院。前去医院的时候，我隐隐有些预感老师的状况不会太好，毕竟已是年过百岁的老人，再小的病都不是小病了；等进到病房见到老师的时候，还是被老师消瘦到脱形的样子惊到了。老师一直都在昏睡。我向照顾他的胡阿姨询问，得知他如此昏睡已有些时日。我们说话期间，隐隐感到老师有微微地转头，或者那也只是我的感觉。老师一直没醒，所以那次我并没有跟老师说上话。也万万没想到，之后竟再没有机会了。

　　很多人提到老师面善，我想是有道理的。老师总是能让人感受到他的关心。记得出国那年，我刚好担任一年级新生的辅导员，参加军训。

[①] 蒋树勇，徐中玉先生第二届硕士研究生，美国伊利诺伊大学亚洲图书馆中文部主任，汉学研究资源中心主任。

▲ 前排：徐中玉、蒋树勇。后排左起：侯毓信、周震和、陆晓光、方克强、田兆元

出国签证不容易签，我一直拖着没敢去，军训结束后才去，居然签到了。我高兴地去看望老师，老师特别提起我的辅导员工作，说听到好评，而且居然知道我不敢去签证的事，还特别问起，为我高兴。出国后，每次去看望老师，老师总是叫来多位学兄相聚。交谈中，也会常常听老师提起许多校友的消息，某某又发表了什么文章，某某最近的那个观点很有新意等等，可以感受到老师是如此由衷地为他的学生高兴自豪。不过这不妨碍我每次见到老师都忐忑敬畏，每次参加讨论都像进考场。不自信是因为知道老师的评点总是能一针见血，容不得半点马虎。其实老师对我们这些学生是一贯不变的鼓励。2005年我拿到博士学位后回国，给老师带去我的学位论文。老师拿着论文对同来的几位学兄说："看看这是树勇的博士论文，全用英文写的。"当时能感受到的就是老师满满的鼓励和欣慰的语气。老师对我们哪怕微小的进步都会非常高

兴，也会找一切机会锻炼我们的思考能力，稍有收获就大力提携我们。记得我发表的第一篇论文是我第一学年写的学年论文，老师不仅将论文提交参加文艺理论研讨会，后来还推荐在《文艺理论研究》刊物上发表。这篇论文的论题后来延伸成为我硕士论文的课题。

我觉得特别幸运的是，硕士毕业后，有机会留校任教，得以继续跟随老师学习和工作。其间，我跟随老师参加了一个庞大的文艺理论资料编撰项目。之前就听说老师在几次运动中乐观面对不平遭遇、坚持读书、积累了大量资料的事情。听说的时候，我没有太多感受，直到参加那个项目时，当老师拿出一箱又一箱他亲手收集、抄写的数以万计的卡片，我才体会到其中真正的含义。字面的故事才成为具体的量化的让人震撼的事实。我们也在老师的带领下，浏览大量的书籍，从专著到丛书，到笔记小说，历经数年，积累了厚实的研究资料。我的博士论文以"文气"为题，许多原始资料还是从那时候开始收集积累的。老师教导我们做研究的最基本的功力在于资料的积累。说起来，方兴未艾的数字人文，不正是首先要有海量的文本积累？虽然利用现代信息技术，做起来可以以秒计，但是基本的原理却是不变的，而我们的老师在二十多年前就已经在这样训练教导我们了。

徐中玉先生的诲人之道

谢柏梁[①]

大家都说2019年注定是天长地久的一年，可就在6月25日，我敬爱的导师徐中玉先生驾鹤西去。一个伟大的灵魂在人间驻留105寿之后，终于升腾到浩瀚的宇宙星空中去了。

自从1983年秋，我承蒙徐中玉先生、齐森华老师的收留，来到上海中山北路3663号、丽娃河畔华东师大先生的门下，攻读中国文学批评史研究生，就一直在感受先生的诲人之道。

先生收学生，只看成绩与见解，不论出处之高下，循循善诱，有教无类。

我们那一届学生中，只有谭帆是华师大中文系自己培养的本科生。我刚刚毕业于湖北师大，年岁较长的陆炜则没有读过大学本科。但就是这一年龄悬殊、学历迥异的组合，在先生与齐老师的调教下，毕业后星流云散但却都在大学谋职。谭帆成为华师大中文系主任，我先后担任上海交大、南京师大和中国戏曲学院的戏文系主任与学科带头人，陆炜则

① 谢柏梁，徐中玉先生第三届硕士研究生，中国戏曲学院教授，中国戏剧文学学会副会长，国际剧评协会中国分会副理事长。

在南京大学做过戏剧影视研究所的
主任。

后来我一了解，徐先生门下的
学生，在高教界担任系主任、校
长、学科带头人与各级行政领导者
比比皆是、数不胜数，构成了一方
系主任、学科带头人与各方面管理
者齐全的瑰丽风景。

导师是学生最好的榜样和杰出
的示范。徐先生自己学问做得好，
又能有效地管理教学科研团队，还

▲ 谢柏梁与徐先生合影

能团结全国的同仁们建设起中国文艺理论学会、中国古代文学理论学
会、全国大学语文研究会、中国《文心雕龙》学会等多个学术大团队，
焚膏继晷，夜以继日，勤勤恳恳地为中国文艺理论的民族化、传统文化
传承的年轻化和现代化，做出了导夫先路的引领事业。

凡此种种，都是我们学生心向往之的学术大功德。学生们虽不能到
达先生的境界，但也要尽心尽力，在自己的小园地中做一点微不足道的
努力。

徐先生给我们上课的时候，就曾经多次对我们说，世事洞明皆学
问，人情练达即文章。做学问总要把"出世"和"入世"结合起来。不
以出世的心态安心攻书，书读不好，学养就没有基础。不入世努力工
作，有所建树，学问于当代社会无所裨益，那就丧失了治学的意义。

要攻书做学问，需要从最基础的资料收集方面下功夫。徐先生那满
柜子的读书卡片，我们在其书房里自然是翻阅过。但是他对我们这三届

约十位研究生的要求，是把他自己关于资料卡片的经验，扩展为《中国古代文艺理论专题资料丛刊》的宏大工程，这既是为了我们自己做学问方便，又是为了天下学人方便。

我们1983级的三位研究生，承担的是戏曲资料整理部分的工作。于是三人自为战，分工合作，将曲学资料分门别类地整理出来，跬集成曲学方面的一部部资料类书。这个工作很琐碎但也让人很受益。迄今为止，对于曲学资料，我能够保有较为清晰的记忆，就是得益于当年再三归类、不厌其烦的"童子功"。

我的硕士论文题为《中国戏曲序跋概论》，为写论文要到各地图书馆查书，甚至要到善本书书库抄录原序言。徐先生就先后给上海图书馆的顾廷龙馆长、国家图书馆的任继愈馆长写信，请他们二老对我小开方便之门。因此，我翻阅抄写过上图总馆和长乐路分馆、国图柏林寺分馆的大多数戏曲图书，这才写成了硕士论文，这才在1984年的《光明日报·文学遗产》上发表了关于中国戏曲序跋的长篇文章。

要打好专业基础，必须在博与专两方面下功夫。我们的专业是中国文学批评史，徐先生就将古代文论名著开列出来，让我们逐一通读。他尤其重视《文心雕龙》和《艺概》这两部较系统的文论著作。具体教法是让我们三人各自选题，做好准备工作，一周后到他书房去做汇报。各自汇报后相互补充，他最后再来做讲评。此后，每位同学再将心得丰富扩展，写成专题论文。读书就是这样读出来的，文章也就是这样逼出来的。

通读了当年可能通读到的各种中国文学批评史，精读研修了古代文论的名著之后，再去研究戏曲理论，由博返约，见流知源，确实有柳暗花明、豁然开朗的感觉。徐先生对每个专业方向的同学的培养，重在基础，因材施教，养成能够有所遵循、有所发展的治学习惯，真是功莫大焉。

1995年，我的国家社科基金项目《世界悲剧文学史》出版之后，受到上海各界的厚爱。《新民晚报》《解放日报》《文汇报》都以《斗室里写出世界悲剧文学史》等相关题目，予以了专题报道。上海电视台请和晶专门录制了《今日印象》人物专题访问节目，就我的这部专著进行了40多分钟的专访。相应的学术研讨会也在南京路的昆仑饭店隆重召开，复旦的朱立元教授、夏仲翼教授和上海外国语大学的胡孟浩教授等人，《新民晚报》的高级记者翁思再等社会各界人士都对这部专著给予了较高评价。

一位做苦学问的青年学者在大上海声名鹊起，当然就当事人而言颇有成就感。在我有点飘飘然的时候，徐先生对此一则以喜一则以忧，他对我说，你的学术成就受到社会上的关注，这是好事。但是要适可而止，不要做所谓学术明星，还是继续踏踏实实地做学问，这才能够持久发展，有所作为。

我在上海交大担任中文系主任的时候，曾经专门组织召开过老舍先生学术研讨会。徐先生应约而至，在讲台上与学人和学生们对谈老舍先生。在老舍先生的背景头像面前，徐先生侃侃而谈，将老师对他的关爱、提携与督促，星星点点，娓娓道来。

也就是在此时，我们听到了先生与戏剧的一些渊源与细节：除了接受老舍先生在青岛、重庆时期的教诲之外，他还是冯沅君教授所指导本科论文的学生，毕业作是对元杂剧的研究。此外，他还曾做过洪深先生排演戏剧的小场记。

我看徐先生越说越激动，生怕年岁已高的徐先生讲得太长太多，有伤身体，便委婉地打断了先生的话头，让他喝口水，停顿一下。在大家雷鸣般的掌声中，徐先生的剪影与老舍先生的背影前后叠映，构成了文化传递、学术接力的美好风景与人文景观。当我上台搀扶徐先生的时候，他的眼睛中还闪动着莹莹泪光，怀旧的情绪还许久未曾平复。我知道，那是他对老师的怀念，也是对青年人的爱意和期望，更是对我们这批承上启下的中年人的激励和鞭策。

我们这一代人赶上了学术繁荣的好时代。当学校与基金会支持我出一组系列专著的时候，我还是斗胆请徐先生给我写个总序。一向严厉的先生，居然慨然答应为我写序，但是要我将丛书的情况，写个基本提要给他。一周后，我去先生的书房，他将密密麻麻写就的较长序言，交付给我。他写序的特点，当然有对学生的肯定，但也充满了踏实治学、持续发展的期望。他还对时代给予我的机遇、社会各界对我的关爱与支持，表示了深切感谢。这就像一位资历深厚的武林高手，在向社会各界推荐学生，为学生打开人脉，指点道路，希望我戒骄戒躁，踏实前行。

作为徐先生的研究生，我真是倍感幸运可是又怕难以承担其使命的托付。我担任上海市大学语文学会会长的时候，当然知道这是先生和齐老师对我的提携。但是如果当不好这个会长，不能为各高校服务好的话，这也将是我对不起老师的严重失职。

这么多年来，我在戏剧艺术圈逗留的时间多一些，没有参加过中国文艺理论学会的一次活动和例会。但是学会始终将我作为常务理事之一，我知道这也一定是先生的关爱。有师如此，夫复何求？

徐先生与天下的一流学者，大多是可以推心置腹的知交。在系里，他与施蛰存、许杰和钱谷融等先生相互尊重，他又礼聘了王元化、蒋星煜等先生到系里收徒施教。复旦的老先生们，与徐先生声气相通，礼尚往来。我们的毕业论文答辩，就是徐先生推举章培恒先生作为答辩委员会主任予以评论和提携。

南京师范大学聘请全国首批特聘教授，我有幸入选其中，真是殊为不易。后来才知道，这也是徐先生和章先生的联名推荐。徐先生帮助、提携、力挺了多少学生，我认为是个数不清的庞大数目。对毛时安的工作，先生说项写信。对吴琦幸获得博士学位，先生一力保举。他对学生的诲人不倦，同时还包括了不惮其烦、助人为乐的推荐与提携，这也是大家对他无比敬重的又一个方面。

从华东师大毕业半个世纪来，在沪工作时，我每年必去拜望先生。到北京工作后，一有机会回到上海，也要与周锡山、毛时安、谭帆等师兄弟结伴去看先生。每次从先生的书房出来，心灵便又得到了一次净化，关于学问与人生的追求，便有了新的感悟。

滚滚红尘，清流仍在。先生在世，我们就有了不至于在茫茫恍惚中失却方向的定海神针。

如今先生驾鹤归天，我头一天夜车赴沪，送别先生最后一程后，又急忙夜车返京，心里却感到无比明亮。我想，长空中所闪烁着的人文星座中，徐先生一定是其中最亮的那颗星。他将秉承着诲人不倦的精神，永远指点并照耀着我们万千学生前行的道路。

（本文原刊于《文艺争鸣》2019年第8期，这里有改动。）

吾师徐老　中正如玉

张建永[①]

我的导师徐中玉先生以105岁高寿辞世，印证了儒家"仁者寿"的观念。作为他的弟子，我对先生心怀无限感激。先生大德云端，学养海深，以百年生命穿越在两个世纪之间，坚守学术原则，张扬思想自由，鼓励民主公平，成为领袖人物，其道德文章深刻影响了我国的学术思想界。我们五个师兄弟在上个世纪80年代能成为先生弟子，沐春风、逢甘霖，实在是个人精神生命之大幸。

那段时间，堪称阳光时代。举国上下奔涌着高昂的改革开放精神，学术界十分活跃。我作为一名边远地区的高校教书匠，对此真心向往，但是，在选择究竟读哪所高校、选哪位导师做自己的业师上，颇费心思。为了引起导师注意，我把自己在《文艺研究》上发表又被《新华文摘》全文转载的一篇文章，分头寄给许多老师，其中也包括徐先生。非常高兴的是，很多老师都回信了，有的老师还非常认真地回了长信，谈到了学习的方法，表示了欢迎报考。遗憾的是，徐先生的信迟迟未到！

---

① 张建永，徐中玉先生第四届硕士研究生，湖南吉首大学中文系教授，曾任校党委副书记、副校长。

这可是我最重视的选项啊。

我在选择学校时，非常认真地查阅了各高校历年研究生考试的考题，说实话，真正引起我兴趣的是华东师大。与有些高校大量死记硬背式的考题相比，我更喜欢华东师大的考题。它们注重思维水平，注重对问题的解决能力，注重临场的发挥。这让我这个乡野出身、在"文革"动乱中失学、完全靠自己天马行空"野放"式自学的人非常感兴趣。我崇尚思维的张扬和思想的自由，崇尚在现象和本质的抽象过程中不为前人禁锢，崇尚用自己的现实经验去感受理论的真伪和价值。而华东师大为我展示的正是我所祈望的思想学术场所。但是，导师不回信，我心中发毛，有点不敢报考他的研究生。功利点看，其他几个导师的回信已显出收徒之意，考他们中的任何一位成功率或许是比较高的。要知道，当时本校在考出去的人日益增多、人才流失非常严重的情况下，已经下了"一考定输赢"的规定，一次不成，就不能再考。究竟是走死记硬背那种学究式道路（这个并非不好，只是不符合本人思维性格而已），做考上几率大于失败几率的选择，还是走思维锤炼、思想拓展，但很可能失败的道路？五天的报名时间很快就到了最后一天，上午还未见到先生的回信，心中非常焦虑。下午我怀着试试看的心情再次走到传达室，终于看到寄自华东师大的信件，打开一看，是徐先生的回信！先生的回信极其简单，加起来不到二十字，就是表示看到来信，同意报考，却未表示任何认可收徒的意思在里面！

古人说"两利相权取其重"，偏偏这个时候我的湘西蛮劲发了，来了个反其道而行之，选择了最没有成功希望的徐先生。我想，我宁肯考不上，也绝不走自己不喜欢的学术路子。就这样，我在招生办庄严地填写了华东师范大学，导师徐中玉。

这个选择还真让我出了一身冷汗。到了发复试通知书的时候，学校其他几十位报考的老师纷纷拿到了复试通知，开始几天我还沉得住气，到后来，就只剩下我和一位报考北大的扬雄老师没得到通知。我想，既然选择了，输就输了，决不后悔。但是，毕竟不想失去读研的机会，还是想挽救一下，换个学校试试。我想到了湖南师范大学的杨安伦老师，他是本省美学会会长。原来我没有联系过他，报考时选择的学校就是想越长江，过黄河，越远越好。现在联系远方的学校来不及了，只好就近寻找发展机会。再说杨安伦也是我钦佩的老师，就是他了。我打电话给他，告诉他我报考华东师大失利的消息，他非常热忱地告诉我，如果能到上海把考试档案拿回来，他收我做研究生。于是，我跑到邮电局给先生打电话。那个时候打电话是一种奢侈，差不多用了一个星期才打通，但是，华师大已放假。我弱弱地问师母，先生今年录取的学生中有没有一个湘西人，叫张建永的。回答说，先生出国讲学去了，其他的她都不知道。

这可急坏了我，怎么办呢？与夫人商量，怕只有到亲自去上海取档案。我买到三天后的票，最后临上火车前两小时，心有不甘，又跑到学校再最后试一下运气。一走到传达室，那老头就告诉我有一封挂号信，接过来一看，华东师大的！是祸是福呢？怀着被否定的心情打开信封，结果让人窒息！竟是一份录取通知书！更让人喜出望外的是，通知书上还用钢笔写上"免于复试"四个字，这可是字字千钧啊！

就这样，我成了徐中玉先生的弟子。

第一次见到先生是在他的书房。先生高大精干，脸上轮廓分明，高挺的鼻梁，锐利的眼神，给人威严的印象。在我自报家门之后，先生矍铄刚毅的脸张开了笑容，江浙口音温暖且让人有回家之感。从此，师大二村成了我生命历程中重要的心灵栖所。

在这里，我结识了南京的吴炫、贵州的李裴、上海的朱桦和江西的谭运长。来自五湖四海的五个师兄弟在先生的客厅开始了学术旅程。

先生的客厅就是我们的教室。

先生的教学方法让我耳目一新。每次上课之前，他告知我们讨论的题目，上课时由五个师兄弟自由发言。每次讨论都成了激烈的论辩。特别是南京吴氏和江西谭氏之间的论辩尤为激烈。混战时五兄弟面红耳赤，"打成一团"，好不激烈，好不开心！这时，只见先生面带微笑，静观玄览，常常于不可开交时，或加以点评，或提出思考路径，从不断然否定大家的观点，像一个睿智慈祥的禅宗大师，坐在莲花座上，点化我们五个徒弟，觉不觉悟全在我们的心性。

糟糕和开心的是，先生和我们都抽烟！六个人，四把烟枪，吞云吐雾，客厅一时云山雾海、云遮雾罩，成为华师大一道特殊的学术风景。师生居然互相传递香烟。最让人难以忘怀的是先生抽烟时的景象。他拿出火柴盒，慢慢地抽出一根火柴棍，停顿一下，然后果决地在空中划一个漂亮的弧形，只听"嚓"的一声火柴爆出火光。这火光一直点燃在我的个人记忆里，几十年来未曾熄灭。

给我印象更为深刻的是先生的思想高度和道德厚度。

在先生的视野和话语中，我感受最多的是国家、民族问题；是改革、思维方式和立场问题；是对热点问题的冷静反思，对某种思想潮流的深度分析；甚至包括对许多社会现象的关怀和批判。先生身上，能够强烈体现出五四学人的批判精神，同时又饱含超越简单批判的建设精神。从批判精神而言，他总是能够站在人类的高度，而不依从某一时某一派的观点进行批判。他告诫我们"学术无禁区"，"不盲从任何学术

▲ 左起：谭帆、吴炫、张建永、
徐中玉、朱桦

观点"，"要有自己的独立见解"，等等。扪心自问，如果本人能够在
学术上发出比较个人的见解，正是得益于先生的鼓励。甚至在做人上，
先生的独立精神也已浸透到学生的精神骨髓之中。

先生是真正的"新儒家"。"先天下之忧而忧，后天下之乐而
乐""修身齐家治国平天下"这类儒家古典情怀在经历中国苦难时代的
砥砺、西方新兴思想潮流的颉颃后，以一种"终极关怀"闪耀在先生身
上。在当时中国学术界都在摒弃大众而走所谓"精英"之路的时候，许
多对中国来说十分重要的问题，如大众教育问题、乡村发展问题、人文
精神问题被边缘化时，徐先生依然孤身前行，毫不退缩。他领衔编辑中
文自学教材、大学语文教材。这些十分重要的普及中华文化的工作，在
评定教授职称时几乎都被"看贱"。但在先生眼里，这关乎中华民族整
体素质提升问题，不可须臾放弃。先生在学科研究、编辑、教学十分繁
忙的情况下，像播撒文明火种的"普罗米修斯"，殚精竭虑、宵衣旰
食、不计名利地工作。在他身上，我看到当年北大杨振声编辑中学教材

的影子，看到梁漱溟对中国乡村问题执着研究的形象，看到晏阳初和陶行知身体力行乡村实验的背影，甚至看到托尔斯泰对乡村问题、农村教育问题的关心。中国如此多的文化大家都曾经把心血贡献给中华文明的建设工程，而大量的当代学人却"远大道，求小器"，冷落了文化建设的基础性问题，这不能不说是一种精神悲剧。徐中玉先生不计名利，甘坐冷板凳，为此付出了毕生精力。

从道德厚度来看，先生温润如玉。

作为他的学生，因为一场大病，我对先生温润如玉这一点，感受更多。1988年暑假，我得了一场肝病，整整九个月卧床不起。这场病改变了我的生命轨迹。当时心里比较灰暗。1990年，我给研究生院去了一封信，提出发一个肄业证的小小请求，以证明本人在这里读了两年研究生。研究生院回信告知，由于本人在重病期间没有请假，只能做退学处理。这可是晴天霹雳！我赶紧给先生去信。先生以最快的时间给我回了一封信。他说，其他问题不要考虑，在身体许可的情况下，把论文写好。这封信让我看到了希望，带病开始起草论文。在写作中又因为病情复发，不得不再次住院。在医院里，想到先生的话语，想到同门师弟们都已经顺利拿到学位，心中激起一种前所未有的勇气，再次抱病写作。1990年4月，我把写好的论文发给留在学校工作的师弟朱桦，请他打印分送给导师。不久，先生来信，要我在身体可能的条件下择日来上海答辩。5月我赶到上海，先生像迎接前线将士一样在家里宴请我。我告诉先生我得的是传染病，不方便在家里吃饭。先生轻轻地说，知道，没事，就像在家里一样吃吧。一句话，真让人鼻子发酸。得了这场病，很多人像回避瘟疫一样回避我，先生却用温暖的家宴温暖我的灵魂。他笑眯眯地不停给我夹菜，问寒嘘暖像慈父。

几天后，在文学院，徐中玉先生、张德林先生、黄世瑜先生、宋耀良先生组成答辩组，朱桦是答辩秘书。最后全票通过，学院同意授予我文学硕士学位。要知道，那个时候，全国硕士生毕业总数才有五万来人。

先生的批判精神和他温润如玉的性格水乳交融。这样，他的批判不是嚎叫，不是胡适先生所批判的那种"正义的火气"的爆发，也不是鲁迅先生那种一切都在否定之列的类似"愤青"似的批判，他的批判，固然有着五四那代人的否定精神，但是，却能够超越出来，他比较注重的是批判中的建设问题。这就是比较高明的思想境界。

我们在他的客厅里所放纵表达的意见，先生不一定赞成。但他极力保护我们发言的权利。正因为这样，我们五兄弟的思维才不致僵化。吴炫的否定主义哲学建构，几乎和先生的观点无甚关联，但是，毫无疑问的是，这种充满反叛、创新精神的思维惯性，却是先生的博大包容精神所浇灌而出的。李裴毕业后从事的虽然是党政工作，但是，也在先生这种独立、不落窠臼的思想路径的培养之下，工作做得风生水起。贵州省的很多战略决策和具体行动凝聚了不少他个人的创意。朱桦尽管较早脱离学界，但他在企业管理特别是企业创新创意方面成为重量级人物，也得益于先生的思想基因。谭运长从事编辑和研究工作，独立性、创新性成为其工作亮点。他所主持的一份刊物曾经拥有百万订户，创造了奇迹，他后来在传记写作和心学研究方面独树一帜。本人尽管后来从事教学管理，但是，总把创新创意作为工作、写作的基本理念，在学校素质教育、文化产业创意和文学研究方面高张了独创性大旗。

先生教我们学习如何做人做事，如何创新创造，是我们的精神业师。毕业后我们离开先生已经整整三十年了，现在本人也退休五年了。

回忆一生经历，与先生相识、得先生衣钵、成先生学生，是一生中最大之幸事。

如今，先生驾鹤西去，《礼记·中庸》记孔子云："故大德……必得其寿"，以及《论语》中的"仁者寿"。正是先生之写照。作为先生众多学生之一，我庆幸能够成为先生的学生，庆幸能够在有限的生命中与先生的百年生命有一小段交汇。正是这段生命的交汇，我的思想、品格和行为能够受先生影响而充盈一生。

（本文原刊于《文艺争鸣》2019年第8期，这里有改动。）

徐中玉先生传略

轶事及研究

徐先生的"犟"

吴　炫

很多人喜欢用"风骨""硬朗""书生"来称道徐中玉先生的品性，因为先生身上确实有传统知识分子坚守自己文化操守的品性，也有行事果断、不拖泥带水的作风，更有清瘦的面庞和健步如飞的脚步烘托其在中国教育界穿梭的领军形象。但我总觉得"风骨"太宽泛，"硬朗"太限于面貌，"书生"也太学究，似乎还难以准确概括先生最动人的神韵。可能是我反省自己的性格特点比较容易的缘故吧——自己身上有什么脾气呢——"犟"这个字就突然跳了出来。

徐先生的脾气很"倔"很"犟"，这是在他身边工作的同事和学习的学生都能感受到的。一般来说，卓越的人均有自己鲜明的性格，暗示其生命的自由本真状态，所以人们会记住丘吉尔的性格但却不知道首相丘吉尔干了些什么。客观地说，有"犟脾气"的前辈应该不少，五四一代学人各有自己"犟"的秉性。陈寅恪先生在不追随自己学术信念便不是他的学生上是很"犟"的，钱锺书先生在坚决不带学生上也是很"犟"的，施蛰存先生在拒绝时代思潮方面同样是很"犟"的。徐先生的"犟"和这些前辈学者显然有共同的特征：有自己的原则和信念，虽然不是宗教信仰那般的虔诚，但肯定有执守它们的"顽固"。所以可以说我们这一代学人很多是有知识而无文化的——文化的根底就在信念和原则上。但是，比之陈寅恪几近专制的"追随"说，比之钱锺书自命不凡的"孤傲"说，再比之施蛰存先生因为"才德之辨"被认定为"第二种人"的"拒绝"说，徐先生的"犟"似乎并没有那种很极端的"拒斥什么"的一面。你很难找出一个具体的事件来说明徐先生的"犟"的过于苛求，但似乎又能感觉到徐先生无处不在的"犟"之神韵。比如我们在徐先生的小书房里上课，接电话的徐先生似乎只有三言两语就挂断了电话，没有什么商量讨论的余地，电话聊天对徐先生来说似乎是不可想象的事情。为什么"犟"的人在生活中往往简单简洁？是不是文化上有信念的人生活中都喜欢简单简洁？我们似乎可以从老一辈革命家和学者身上得以证明，也可以从土豪们和沉溺生活享受的人身上得到证明。关键是，这种简朴简单生活的背后是什么呢？是"不拒绝"对社会问题的关注、搞自己的学问，宛如苏轼既忧患国家又创作力作一样；同时"不拒绝"的反面又是儒家之"仁爱"，徐先生将之理解成为尽力关爱每一个人，而不仅仅是关爱身边的人，与"亲疏远近之爱"似乎不符合，怎么可能"拒绝什么人"呢？即便"文革"中揭发徐先生的人，今天徐先生也没有"拒绝之"。自称先生的弟子的人之所以众多，很多学者之所以都得到过徐先生的爱护与扶持，就因为徐先生是把每个学者和学生都看成是他的学生，或严格要求，或有所呵护。不管学生们在学术上出现了什么争议性的问题，还是在特定历史时期出现重大的坎坷，徐先生和他的老友钱谷融先生一道，总是选择站在学生这一边，尽力为学生说话，这似乎也是不需要解释的事情。因为就"人"这个字眼而言，学生和学者是无权无势的弱者，关怀弱者，总是最能显示出人性的光泽。把

"人"和"人民"放在嘴边，行为却不尊重弱者和生命、不能平等对待每个人，这是徐先生竭力反对的。所以我有时会想起徐先生给我们上课，在先生的书房里不仅师兄弟之间常常会争得面红耳赤，而且我们有的时候也与先生商榷争论。我们不太赞同徐先生意见的时候，先生并没有不悦，而是和我们一道一口口抽烟论辩，似乎显得很兴奋。徐先生一生都倡导不唯权威是从，落实到实践中，他也没有自以为就是权威，"反权威"就成为我们和先生可以平等讨论的话题。比起中国众多只能顺从的师生关系，对于把世界分为三六九等和亲疏远近的功利现实而言，这一点是最让我们感动和敬佩的地方，也是我今天愿意身体力行的地方：我做不到的不会让学生去做，我做的与我的观念不合的地方学生也可以随时批评，我的理论学生如果能批倒，我会非常开心，但我肯定会按照我的理论去生活，哪怕众人都不理解甚至都非议，我也会很"犟"地坚持自己，决不屈服。所以我在读硕士研究生后期想建立自己的"本体性否定"理论体系，徐先生似乎在"体系"问题上并不是十分理解和支持，但我依然没有放弃这样的努力。现在三十年过去了，想来在"犟"上自己是不是也无形中受了徐先生的影响呢？

比较起来，先生的"犟"还包含学术当有出于学者独立判断干预影响现实之信念，做到顾炎武的"文须有益于天下"（《日知录》），让"人人得以尽其所长、各得其所"①，这隐含着学术即便影响时代也应该出于自己独立判断的忧患责任。这就是先生之所以关心时事并要求学术应该具有现实功能的原因。一方面，学术当有思想渗透才能完成对现实的影响干预，纯粹的学术考证如果不能提炼出思想，自然就是残缺

① 徐中玉：《孔孟学说中的普遍性因素与中国文学的发展——1987年12月17日在香港大学"儒学与中国文化"国际学术研讨会上的报告》，《文艺理论研究》1988年第2期。

吴炫

中编　徐中玉先生轶事

的，即便是一部中国文学史的写作也应该如此：不能从史料发现中进行有价值的思想评价，就不是完整的学术。在这一点上，老一辈学者如闻一多、朱自清、王瑶等与徐先生基本一致。但是研究中国文学史如何影响中国现代文学创作现实？又如何影响中国现代文化的发展？这就是一个可能会有分歧的问题了。徐先生的"独立判断"就成为一个比"史料"的阐释和批评更为重要的命题，并可引申为不依附于时代思潮去批评的含义。尽管徐先生本人是把儒家的"仁"之人人关爱、现实稳定、社会进步作为文学和学术忧患的理想，但我却更愿意把顾炎武的"文须有益于天下"转换到"文如何有益于天下"的独立问题上来。因为"如何有益"的问题没有解决好，"有益于天下"就可能是非文学性的或弱文学性的，文学就还是时代和文化要求的工具。这个问题在我与先生的对话中也得到他"可以充分讨论"的鼓励，使得徐先生的"有益于天下"成为一个开放性命题。顺着这个开放性命题，将"怎么有益于天下"作为"有益于天下"的方法思考，我认为可以弥合中国现代文学史中"为人生的艺术"和"为艺术的艺术"的对立，也可以消解"纯文学"和"杂文学"在中国文学史中的彼此消长，即：为人生的艺术是通过为艺术的艺术实现的，而不是通过为文化的艺术实现的，文学的有益于天下是艺术性和文学性的"启示于天下"，而不是文化性的"教化于天下"。如果将其放到文学史研究中那就是：不仅史料、史识、史论应该是相互渗透的，而且文学性与文化性、社会性与个体性等也应该是相互渗透互动的。这样的中国文学史观就有可能比陈寅恪先生的"以诗证史"和朱自清、王瑶先生的"以史证诗"有更高的要求："史料""史料的批评""史料的独立批评"缺一不可。一是史家的独立判断首先应该具有审视时代思潮的性质，即便是西方实证思潮之于中国历史现实描述的问题，也是可以审视的。文学史家自然要重视历史史料，但这种重视并不等于就接近了"历史真实"。因为自从先秦诸子将远古的生命力崇拜改造为先王先圣崇拜后，文字性的材料引用再多也不能等同于历史的真实，就像官方编纂的《资治通鉴》是否就是历史真实、很多人说的话是否就是真话一样，历史会不会以讹传讹呢？历史真实会不会早已经被这样的"传"遮蔽了呢？所以，徐先生的话语系统中很少谈对西方研究方法的"中国移植"，甚至他主编的《文艺理论研究》发表阐释运用西方理论的文章也是不多的，这其实就是基于中国文化现实的审视判断。二是文学史家的判断需要考虑什么是"文学中的历史"而不是"历史中的文学"，才能真正做到"文学性的有益于天下"。比如王瑶先生的《中古文学史论》虽然很见功力，但强调文学史首先是历史，而历史的考据又依据"门阀士族"这种政治文化现象来对文学追本溯源，那么中国优秀文学创造在民间个体的"非门阀"现象该如何面对？在历史中是主流的文学还是边缘的文学更有文学价值？在文学史中文学现象产生的来源重要还是文学作品对思潮和来源的超越考察更重要？文学史是否更应该看重民间的、边缘的、个体的文学创造对文化性、时代性、主流性思潮及其文学现象的突破呢？相对于文学史中的典型案例和现象，一些非典型的个体案例、个体谈论、个体创作，是否才更能代表中国文学创作的成就？这些都是可以审视的。否则，文学史研究当然就很难发挥给现代中国人追求个性解放、文学独立之"有益于天下"的现代启示作用。

除此之外，徐先生的"犟"还表现在一种几乎是与生俱来的生命强力上，这支撑着先生文化上的信念坚守。自然世界的植物之所以更具有生命力，是因为无论一棵树还是一根草，都是独立生长的，在狂风暴雨中均显出"不顺从""不依傍"的生命力，即便吹弯了腰还是会一次次挺拔腰杆。而在家境贫寒等逆境中走过来的先生经常说的口头禅就是"凡事不求人"，这是不是一根草和一棵树的精神？"不求人"听起来有点书生气，也有点不近人情，但我听上去却很舒服。因为"人情世故"正是儒道文化使中国人生命力异化孱弱的原因，也是汉民族自隋唐以来在历次战争中难以抵抗外来侵略的原因，所以儒道文化也可以说是让中国人"不自然的文化"。"淡泊"不是自然，"节制"不是自然，跟着生命的感觉走才是真正的自然。而跟着生命的感觉走，遇到外来侵犯势力自然就会拼死抗争，而且还必须战之能胜才能保证生命之尊严——这才是真正的"自然的文化"，也才是自然意义上的"天理"。反之，求人的事多半与功名利禄有关，也与独立生存能力虚弱有关，更与在侮辱伤害的情况下生命委曲求全有关。而这正好是"崖山之战"后中国知识分子的软肋，也是只有气节教育没有生命力教育的中国之软肋，更是晚近中国文化中没有"生命的自然之美"的软肋。记得有一次我们帮助徐先生搬家搬书，70多岁的徐先生挽起袖子和我们一起搬上搬下的，根本不听我们的劝阻，我们就跟徐先生一道口念上海话"老适宜、老适宜"沿着先生家的小木梯跑上跑下，好不快乐。似乎我们只是徐先生搬家的"帮手"，而不是搬家的"主力"。所以，今天无论是在工作中还是生活中，能自己处理的事我一般不会让他人去处理，支配他人的事我也没有什么兴趣，这既与我天性中喜欢挑战困难的一面有关，也与徐先生的"不求人"之熏陶有关。我经常去先生家，最深的感触是先生大量的事务多半是亲自动手，批改作业和学生的论文批语常常写得密密麻麻，这是我们这一代学人根本做不到的。先生80多岁爬山也不需要年轻人搀扶，这种倔强真的让身边的人汗颜。先生的一生在政治风浪中几经起伏，但他从来不跟我们谈这些事，我们听到的永远是爽朗的笑声，从来没有看见过先生蹙眉叹气的样子。先生在生命最后的一年多，都是在医院的病床上度过的，但照顾他的小胡阿姨跟我说，先生总是想回家，不愿意被束缚在病床上。先生人生的最后12小时，我刚好去华东医院陪他待了一会。与我同去的叶澜发现已经在昏迷中的先生腿上青一块紫一块的，就问小胡阿姨这是怎么回事。小胡阿姨说，这是先生拒绝将他固定在病床上输氧不断挣扎的结果。一个105岁的老人，在生命的最后关头还在与束缚自己身体的力量抗争，这是何等惊人的生命强力呀！所以当时我的眼泪都快要出来了。我想，什么是一个导师最好的言传身教，这其实就是最好的言传身教。教育最为根本的是生命状态的教育，生命状态在根本上是独立顽强的生命力教育，而独立顽强的生命力教育，就是看一个人在困难和危难关头是什么样的教育。如果说生命美学在中国本质上应该应对中国人生命力孱弱之问题，这样的教育，根本上也就是生命力可以让一个生命体"犟到最后"的教育。

（本文作于2019年7月21日，原刊于《文艺争鸣》2019年第8期，这里有改动。）

一身"硬朗"，一生"风骨"

朱　桦[①]

徐先生身子骨一直很硬朗，80多岁时走起路来健步如飞、精力充沛，我们几个弟子随他走路时是要追赶的，他始终在前面不知疲倦地在追赶着"时间"。时间就是生命。我研究生毕业后在校任教并担任徐先生的工作秘书近十年，有机会经常得到先生的教诲和指导。他常跟我聊起他在大学时代及新中国成立前后各个时期的经历和往事，一生忧患，坎坷艰难，历经风雨，不屈不挠，在时代的激流中探索。先生儒雅率真，坚守良知，刚正不阿，处处"硬朗"！

一、忧患人生，在激流中探索

记得三十多年前的一个晚上，当时我还在读先生的研究生，我来到先生家里。先生照常在读报，关注着当时的社会命运。我和先生一起坐到客厅的阳台上叙谈。那夜皓月当空，清风习习，先生抽着烟，坐在那张老藤椅上，月光雕刻着他那清瘦硬朗的脸庞，慈祥而坚毅的目光，在明月下更加闪亮有神。他用带着乡音的普通话，时而感慨地讲述着曾经

①　朱桦，徐中玉先生第四届硕士研究生，普惠商学院高级顾问、高级培训师。

的往事，时而鲜明地表达着对当下社会的看法。从先生忧患的神情中，我感觉到了先生与民族、国家的脉搏一起跳动的心，感受到了一位历经半个多世纪风风雨雨的中国知识分子的深深忧患与深沉思考。从先生对往事的回忆中我知道了什么是中国文人的良知与傲骨，从先生的议论思考中我明白了什么是中国知识分子的独立人格与精神。那时他早已年逾古稀，但仍精神矍铄、思维敏捷，在人生的跑道上寻求新的起点，做着新的贡献。在他那饱经风霜的人生历程中没有过可以息足的终点。他珍惜生命，跟时间赛跑，抓紧分分秒秒，如果说生命在于运动，那么对他来说生命的意义则在"繁忙"之中。他忙得很有信心，很充实，也很有信念："讲真话，办实事，尽其在我，别无他求。"[①]

　　曾几何时，"假、大、空"一度盛行，人们被一个荒唐而又罪恶的年代愚弄了、摧残了。他，一个灵魂不愿被扭曲而执意讲真话的人，自然是难以逃脱恶魔的纠缠。他出于良知，出于正义，讲了那些令人们不顺耳的真话，结果被批斗，被扣上了各种骇人听闻的帽子。然而，他并不屈服，他只相信真理，保持着人的尊严和人格的完整。他那坚贞不屈的样子给当时的人们留下了很深的印象。一位当年的学生曾在给他的一封信中回忆当时批斗会上的情景时说："那是'文革'期间，你被造反派批斗，你'不屈'的态度惹怒了那些人，你被打了，打一下，你的头昂一下，越打头越昂。你不像其他有些被批斗的人那样害怕、认罪，而是高傲地抬起头。"在那黑白颠倒的岁月里，他凭着一副傲骨顽强地与不公正的命运抗争。尽管当时阴霾密布，但他还是深信阳光会重新照亮大地。最令他痛惜的是，写作的权利被剥夺了，大好时光被浪费了，他

---

①　《徐中玉教授与文艺理论研究》，《华东师范大学学报》（哲学社会科学版）1988年第5期。

真不甘心！即使处于那种困境，他仍然坚持看书学习，在"牛棚"中尽可能地阅读大量的书籍。

他从没把文学看作是一种象牙塔中的"玩物"，而是十分注重文学与社会、时代的密切联系，把文学家的活动视为一种有责任感与使命感的活动。这种责任感与使命感体现在文学家对现实生活的关注和推进上。早在学生时期，他就积极参加抗日救亡活动，30年代中期，已为天津"益世报"主编《益世小品》周刊，为《东方杂志》《国闻周报》《光明》《七月》《自由中国》《文学导报》等报刊撰文。到重庆后，他便成为中华全国文艺界抗敌协会的唯一学生会员。在《抗战文艺》《抗到底》《全民抗战》《大公报》《国民公报》等报刊发表了许多文章。从中山大学研究院毕业后，他曾北返母校山东大学任中文系副教授，后因参加进步活动并同情学生的"反饥饿、反内战"运动，而遭当局密令解聘，后在《文讯》《国文月刊》《观察》《时与文》《世纪谬论》《民主世界》《展望》等报刊撰文反对黑暗统治。新中国成立前夕，他与姚雪垠合编《报告》周刊，参加上海地下党领导的"大学教授联谊会"。特别是粉碎"四人帮"之后，他那颗忧国忧民的心始终随着时代的脉搏跳动。他热忱地关注着党的十一届三中全会以来的各项社会变革，一方面，为改革所取得的成绩而欢悦，同时也为改革中所存在的问题而忧虑。

他那为人的信条同样也是他做学问的信条。"求实，创新"是他治学的基本原则。在做学问上，他坚决反对那种一味追赶时髦、但求出语惊人而不顾实效的学风。追求真理，实事求是，一直贯穿于他的治学生涯中。

做学问需要功夫，而且要有扎扎实实的硬功夫。1939年他从重庆中央大学毕业之后，又考进了当时迁在云南澄江的中山大学研究院文学研究所，在两年时间内专门攻读了宋代的诗歌理论著作。李笠、冯沅君、陆侃如等先生都担任过

▲朱桦与徐先生

他的指导老师。在澄江城外荒山上斗母阁的油灯下，在粤北坪石祠堂式院舍一间阴暗潮湿的小屋里，他孜孜不倦地抄下了上万张卡片，完成了一篇30万字的论文。他很重视搜集之功，也不辞抄撮之劳。"巧妇难为无米之炊"，治古文论，若没有丰富的资料，是难以进行深入研究的。四十多年来，他摘抄的资料总共有1000万字，若无运动干扰，还可以加倍。他也走过弯路，曾想从先秦古籍一路读下来，准备写一部文论发展史，费了很多精力。后来他感觉这样走不通，战线拉得太长，会有许多漏洞，反不如选定一些侧面，就某个时代、流派，甚至一家一书进行研究，这样可以周密、深入些。他认为，通史、总论一类大书，只有在大量专题研究成绩的基础上，利用集体创造的丰硕成果，才写得好。所以他把研究的目标逐渐缩小，集中在古代文艺家的创作经验上。

艰苦的学习，不倦的探索，使他在治学的道路上获取了累累硕果。在研究院学习时期，他专治宋代诗论，亦密切注视现实文学的发展，主张古今融会、中外贯通，先后于《中山大学学报》、《新建设》、《时代中国》、《大公报》文艺版、《文坛》、《收获》发表多篇论文；还

分别于重庆和香港出版了专著《抗战中的文学》《学术研究与国家建设》《民族文学论文初集》《文艺学习论》等。新中国成立后，1952年院系调整，他到华东师范大学中文系任教授，三十多年来，历任中文系副主任、主任，文学研究所所长，校学术委员会副主任，校务委员会副主任等职。尤其是他在遭受不公正待遇的二十多年间，仍孜孜治学，对国家民族抱有坚定信心。1978年重新担任教学领导工作以来，他全力以赴，在教学、行政、科研、社会活动等各方面都做出了重要贡献。值得一提的是，他是全国"大学语文"课程的创始人之一，创办全国大学语文研究会，主编的《大学语文》教材近四十年累计发行量达三千多万册。他被连续多年推选为国家教委全国高教自学考试指导委员会中文专业委员会主任、全国大学语文教学研究会会长、中国文艺理论学会会长、《文艺理论研究》主编、中国古代文学理论学会会长、《古代文学理论研究》丛刊主编，连任两届上海市作协主席，获得第六届上海市文学艺术奖"终身成就奖"。

二、探索创新，在融会中"求是"

高瞻远瞩的理论视野，古今贯通的治学方法，以及孜孜不倦的探索精神，使他在学术上又迈出了崭新而又坚实的步伐。

在他的治学道路上，始终竖着这样一个路标："求是"。在他看来，积极、勤奋，甚至拼命一般的"求"的精神，将能保证一个学者总会做出一定的成绩。"是"的知识一旦被大家共同"求"了出来，普及开去，对民族、对全人类的进步发展，都有极大意义。"求是"并不容易，一辈子"求是"更不容易。他早已下定决心："在专业研究的道路上，有生之年，还要继续'求是'下去。生命的意义，不正是可以不断地为一个有价值的目标而追求么？"[1]

对生活他有自己的信念，对艺术他有自己的感悟。他不仅思考艺术，更思考社会，思考时代，思考人类的命运。他总是紧随时代前进，他那敏锐的目光始终注视着现实社会的种种变革，以及由此而引起的文艺现象的种种变动。

比如，在有关创作与评论的各种探讨中，"当代意识"无疑是一个新鲜而又时髦的议题。评论家们更多的是从当代性上作笼统的肯定，对"当代意识"本身究竟为何物还缺少深入的探讨。针对探讨中存在的一些模糊不清的问题和某些不科学的提法，他作了认真的思考和深入的探索，提出了自己的识见："第一，并不是当代任何人的任何意识都可承认它就是'当代意识'。……当代意识应该是指在当代科技发展、物质生产和人们生活方式迅速变革的背景下，人类相应产生的一种要求进一步革新、发展的思想意识。……第二，在不同条件下生活的当代人，尽管人类发展的总趋势是基本一致的，但他们具有的'当代意识'的具体内容，在同一时期却并不总是一样的，而且即使有相同或很接近的东西，其表现形式也会有差异。……第三，'当代意识'主要不应该是少数专家论证、思辨出来的，更不应该是个别人随心所欲想出来的，它主要随着科学、历史的发展，经过反复的实践，被证明确实有利于人类幸福的增进，文明的提高，既符合人们当前的利益，也符合人们未来的根本利益的意识。"[2]

---

① 徐中玉：《我怎么会搞起文艺理论研究来的》，《激流中的探索——徐中玉论文自选集》，华东师范大学出版社1994年版，第506页。

② 徐中玉：《关于"当代意识"的思考》，《激流中的探索——徐中玉论文自选集》，华东师范大学出版社1994年版，第278—280页。

当人们热衷于反思传统文化，甚至对传统文化采取全盘否定的态度时，他却十分冷静而又清醒地指出："现代意识不但并不总与文化传统对立，往往还是文化传统中合理部分的延伸和发展。现代意识并不只是一个限于现代时间的观念，更重要的是一个随着历史的发展而不断有所发展、充实的观念。……把现代意识与文化传统完全对立起来，把人为地割断与文化传统的联系当做一种有价值的现代意识来提倡，我认为有害无益。"[①]

的确，他思索的领域是广阔的，凭着他那敏锐的思想触角，凭着他那几十年来严谨治学而形成的扎实的理论功底。他的见解是深邃的，他从不作脱离实际的"空论"和"玄谈"。即使谈论的是一些有关文艺发展宏观走向的问题，他也不作泛泛之论，而是紧密地结合着文艺现象的实际，很有针对性地发表自己的见解。无论是对人道主义问题，还是对主体性问题；无论是对新方法与旧方法问题，还是对文化"寻根"问题；等等，他都本着从实际出发、实事求是地做学问的态度和方法，予以认真的思考和深入的探讨，力求作出符合实际的、科学性的回答。

他研究古代文论，但从未为治古而治古，而是力图把古代文艺思想同现实联系起来，做到"古为今用"。他多次指出目前研究文艺理论的同志还存在着各自拘守小圈子，不大联系、不相融会的弱点。他说，搞文艺理论"知古不知今，知今不知古，知中不知外，知外不知中，没有必要的沟通，如何能逐步融会打成一片？如何能通过各种比较而易于认识、发现普遍的规律和各门艺术以及民族的特点？如何能统一认识，扩大视野、加强联系，以求古为今用，洋为中用？……研究古代文论，老

---

① 徐中玉：《现代意识与文化传统》，《激流中的探索——徐中玉论文自选集》，华东师范大学出版社1994年版，第287—288页。

钻在古书堆里，尽管注释、考证、解说、争论都有其不可轻看的作用，若是忘记或疏忽了我们还应有更远大的建立新的自己的文艺理论的目的，得用这样的理论来协助繁荣创作，建设社会主义新文化，那恐怕不能说我们已尽到了应尽的职责"①。

三、既宽又严，在提携鼓励中育才

他，不仅是个学问家，而且是个教育家。几十年的教坛生涯，使他更热爱阳光底下这崇高的职业。他爱才，惜才，对于每一位确有才学的人和有发展潜力的人，都予以充分的尊重和热忱的支持，特别是对正在成长中的年轻人。

在华东师范大学中文系成长起来的一大批作家、批评家，都在不同程度上得到过他的指点和帮助。在培养学术人才上他从不论资排辈，而是唯贤是用。他常常破格选用大学生、研究生、进修生的富于创见而又扎实的理论批评文章在其主编的《文艺理论研究》上刊发或进行推荐，以鼓励学生"冒尖"、成才，为他们的发展创造条件。每次他负责主持的文艺理论年会，总要让一些思想活跃的学生参加，让他们在会上畅所欲言，使他们在实践中学习、锻炼，迅速成长。他常常是青年学者学术著作的第一位读者，不仅为他们的书作序，而且在报刊上向更多的读者推荐和介绍青年学者的学术成果。他对青年学者的帮助是真诚的，充满着挚爱。这从他为当时一些青年评论家的学术著作所作的序中就可以看到。他满怀热忱地赞扬与肯定了他们的探索精神以及所取得的研究成果，同时也认真地指出了他们研究中的某些不足，并以平等的态度参与了他们的探讨。

---

① 徐中玉：《当前古代文论研究中的一些问题》，《文艺理论研究》1981年第4期。

他带研究生的方式是独特的。他是名教授，但从不以名教授的架势来"教"学生。在他的书房中气氛总是那样地平等、活跃、融洽，"教"与"学"之间一直是那样地宽松和谐。在课堂上唱主角的往往不是他，而是那些思想活跃的学生。他们各抒己见、畅所欲言，时而为一些问题争得面红耳赤，而他总那样认真倾听，有时像一个裁判，调整和维持一下争论的气氛和秩序，听到值得重视的地方，他就拿起笔记下来。他很尊重学生，对学生所提出的一些有新见解的观点，总是提醒和鼓励他们再作进一步的思考，以至形成文字。他也很宽容，一贯主张学术自由、百花齐放，尤其对自己的学生所持的不同学术观点，从不压制，而是让它们发表出来，在争鸣中、实践中接受检验。他主张给学生充分的自学与研究的时间，让学生在各种学术实践活动中得到锻炼。他在主编各类文学作品和文艺理论专著时，总是留出些"空地"，让学生来耕耘。对于学生的劳作，他愿意花更多的精力去关注，并给予充分的指点和帮助。

他时时告诫学生不要死读书，要融会贯通，扩大理论视野；要博古通今，知中知外，将各方面的知识贯通起来。他要求"文艺学"专业的研究生尽量阅读我国古代文艺理论书籍，了解文化遗产的精华，为研究多提供一个理论参照，同样也要求"中国文学批评史"专业的学生尽可能地多读国外的和现当代的文艺理论著作，使对古代文论的学习和研究不局限于狭窄的圈子内。扎扎实实做学问是徐中玉先生的一贯主张，尽管在具体的学习研究内容上他并没有太多地规范学生，然而，在治学作风上，他却对学生要求甚严。对于那些思考不深入且文风浮夸的文章，他总是予以中肯的批评。在治学上，他是深知"志当存高，入门须正"之理的。在引导学生上他更懂得"入门须正"的重要性。这种既"放"

又"严"的教学方式无疑成为他培养人才的有效途径与教学特色。

四、践行信念，创造人生百年精彩

他老当益壮，在人生的运动场上跑出了更多的精彩，这可是一位跨世纪老人跑出的百岁精彩！真可谓是"生命在于运动"啊！追赶时间，珍惜生命，坚持真理，刚正不阿，教书育人，务实创造，奉献社会，一身"硬朗"，一生"风骨"，他用精神与实践创造出一个中国知识分子的百年精彩！

我每年从北京到上海都要去先生家里看望他，每次我们都会长聊，聊往事与当今。先生年迈却精力充沛，每天读书看报、剪报，写阅读评点，看国内外新闻和凤凰卫视节目，还与我谈论他的观感和思考，以及学校、学界等动态。先生忧国忧民，时刻关注国家大事，"先天下之忧而忧，后天下之乐而乐""天下兴亡，匹夫有责"的精神在他的身上，从学生时代直到今天始终如一。对于时代的进步发展，他欢欣鼓舞；对于社会上的腐败不良现象，他直言批评；强调文学要与时俱进，增进文明，有新创造。最让我感动与敬佩的是先生的坚守与坚持。他坚守的是中国知识分子的可贵良知和独立人格，他坚持的是一生不变、全力实践的人生信念。爱国、忧患、责任、精进，是他人生的品格元素的体现。先生中正玉德，高风亮节，始终怀爱国之情，存忧患之心，尤其强调知识分子的历史使命与社会责任，并付诸实践。他对时代发展与社会命运的关切、对使命与责任的坚持、对教书育人的不断精进和无私奉献，充分体现出一位纯粹而高尚的知识分子的人格精神。他的"生命在于运动"实际上是对思想的创造和对精神的追求，是对"讲真话，办实事，尽其在我，别无他求"信念的不断实践。我曾担任他的工作秘书近十年，先生做事总是言行一致、以身作则、雷厉风行、求真务实，让我深切地感受到了先生的人格魅力和大家风范。在百岁华诞之际，先生捐资100万元设立"徐中玉教育基金"，支持教育与学术发展，帮助贫困学生，大爱善举，功德无量。

君子比德于玉。玉有"五德"——仁、义、智、勇、洁。先生如玉！

（本文原刊于《粤海风》2019年第2期，题名为《一身"硬朗"，一生"风骨"——缅怀导师徐中玉先生》，这里有改动。）

追寻先生的审美路径

田兆元[①]

徐中玉先生是我的硕士生导师，也是对我耳提面命、把我从一个不会写论文的读书人引上学术道路的蒙师、恩师。先生105岁仙逝。回想几十年追随先生的求学路径，先生的仁德、担当与教诲，一幕一幕重现在眼前。

1986年的时候，我报考了施蛰存先生的硕士生，由于一些特殊原因，录取进校后又被退了回去。1987年再次报考的时候，便选择了徐中玉先生和陈谦豫先生的中国文学批评史专业。复习备考主要是学习郭绍虞先生的《中国文学批评史》及其《中国历代文论选》四卷，以及当时刚出来不久的《古代文学理论研究》辑刊第1、2辑，同时也参考了先生发表在《文学遗产》《文史知识》上的一些文章。当时《文史知识》的《治学之道》的栏目有徐先生的一篇文章，叫《为学必须实事求是》，我读后深有感触。考试的时候，考题有关于儒家"发乎情，止乎礼义""尽善尽美"等文论的评论，还有关于"入门须正，立志须高"的

① 田兆元，徐中玉先生第五届硕士研究生，现为华东师范大学教授，非物质文化遗产传承与应用研究中心主任。

评论，跟徐先生很多的文章标题相近。我明白了，徐先生的学术观点一以贯之，以儒家为宗，兼融各派学说。如"古代文论中的出入说""为文且需放荡"等注重尽善尽美，既强调学问、为文必须有益于天下，又注重审美表现。

当时同门同学都是基础不错的，上一届的张建永、吴炫、李裴、朱桦他们，似乎在读硕士的时候，就在评论界颇有影响，发表文章很多。还有一位谭运长，很有才华。同届的祁志祥，来之前就在《文艺研究》发表论文，一来就发表很多文章。我记得第一学年科研统计，他就发表了7篇文章，这给我们很大的压力。后来觉得就是这种压力，给了我动力。同门的强大是保障整个团队学术强大的基础，所以先生就可以行不言之教。和一个高水平的群体在一起，耳闻目睹，自然会提升自己的研究水平。

开始我那个论文写得太差了。记得我写了一篇《论刘熙载的散文理论》给陈谦豫先生看，陈先生把稿子亲自送到我的寝室，退给我，意思是说论文不行吧，但是说得很委婉。我又给徐先生一篇论叶燮《原诗》意象的论文。过了段时间去徐先生家，先生拿出那篇论文给我，说：这个拿回去好好看看，再改改。这一打击真是不小。一学期撰写的两篇论文都不行啊！现在想，真是不行的，平铺直叙，视野狭隘，不像论文。

后来也是下苦功夫，我的学术能力提高不少。我向华东师大学报投稿，学报编辑胡范铸老师直接到我们寝室，说我有一篇稿子可以采用，当时我心里简直开了花。我想这下就可以到徐先生那里去炫耀一下，也一吐两年都没有发文章的郁闷了。刚准备去，同门朱桦来了，说我的那篇《艺术抽象论纲》在《文艺理论研究》发表了。我当时往窗外倒茶水，连杯子都扔到窗外去了，激动啊。这一经历使我深深感到，论文百炼才能成钢，千锤百炼才有进步。那篇稿子从沃林格《抽象与移情》那本书说起，与中国传统文论资料结合起来，视野也就宽出很多。

可见那时，徐、陈两位先生的教学是"不愤不启、不悱不发"，让我自己体悟提升。那篇《艺术抽象论纲》还被人大报刊复印资料全文复印了，学报的论文也被《高等学校文科学报文摘》转载了，这说明我憋了两年，苦读了两年，能力是实实在在提升了。现在想想，我们自己的研究生教学是不是讲多了？耳提面命，并不是最好的办法。

毕业论文我选择以"天人合一与古典美学"为题，将天人合一分析为天人的道德合一、天人的情感合一和天人的意象合一三类，与古代文论的"比兴"学说、"情景"学说和"意境"学说结合起来论析，感觉要顺畅一些。这篇论文的三部分，分别被上海《社会科学》《探索与争鸣》和台湾的《中国文化月刊》发表。后来我又将论文浓缩修改成一篇，在《古代文学理论研究》丛刊发表。一篇硕士论文发表了四篇论文，其中还被人大报刊复印资料复印一篇。毕业论文的写作真是锻炼了自己。

其实这篇论文徐先生花费了很大的心血。我和祁志祥、曾伟才三位是徐先生最后一届学生。而我在临毕业那一年生病了，休学半年，成了最后的研究生。那篇论文先生看得仔细。最后一稿，先生就在那种五百格一页的大稿纸上加批语，一共上百条。我拿回来看，这么多的批语，以为是否定了论文，但是仔细一看，有对论文的批评，也有对句子的修改和对错别字的修改，更有针对古代文论的精辟论述。这是多么珍贵啊！有同学就说，这是老爷子对于教学生涯的留念，也是对你的期待，要好好干。

我拿着修改稿，激动不已。留档的时候是要誊写的。我一方面舍

▲ 田兆元与徐先生（摄于2010年）

不得把稿子留在档案馆，但又担心，我自己带着稿子四处奔走，弄丢了怎么办？觉得还是放在档案馆最可靠，于是我就把这份带有先生若干条批语的文稿交给了华东师范大学档案馆。如今，它成了珍贵的史料。写作本文前，我请学生去复印出来。看到二十八年前的文稿，我倍感亲切。

修改稿中，先生改了很多的错别字、病句，这使我很羞愧。一个学生要让先生修改病句，实在是件丢人的事。论文不恰当处，先生多有指点，如我在论文中写道："古人讲究委婉含蓄，直露地表达心胸被认为修养不到家。"先生就在这段话下画线，旁边批语："不能这样判断，真率、正直、直言不讳被视为美德，只是在文艺创作中不这样提倡，但也未一概排斥。"我的论文说，儒家没有"把对山水的赞叹从纯粹的道德角度解放出来"，先生画线了，说："'逝者如斯夫！'从道德角度出发的？"原文这样写："《附会》篇讲：'善附者异旨如肝胆，拙会者同音如胡越。'异旨即异质、异类。成功的创作则胡越如肝胆，这就是异类相通——艺术创作中的人与自然的和谐、主客观的统一。"先生评语："这段说得不差，异类相通可商。"如此等等。这是一场深刻的学术指导，一场生动的教学实录，让我感动终身。

后来我读了先秦史博士，到历史系工作过，还做过一段上海大学历史系的主任，又去开拓了上海大学民俗学学科硕士点、回到华东师范大学建立了民俗学研究所，和大家一起建立了民俗学博士点、博士后站等，看起来似乎是与文学审美愈来愈远了。但现代社会学科不是相互隔绝的，相反还强调学科交融和创新。我听徐先生与人说，田兆元是爱文学的。我知道了，深感先生是害怕他的学生丧失审美能力。人一旦丧失对于美的感知，那就会变得渺小。我认为任何学科都有一个美丑观在中间。学术不能美丑不分、是非不分。先生追求的真善美，是缺一不可的。

我后来主攻民俗学，将从先生那里学到的审美追求带入民俗学研究中。我对"民俗"的定位是：民俗是生活的华彩乐章，是一种活态的文化传统，是审美、信仰和规则的统一体。在民俗活动中，美是提升日常生活境界的文化要素。这是我借用从先生那里感受的人格美、行为美、艺术美对自己研究对象的判定。我认为这些美的东西必须返回日常生活。我把民俗传承看作是美回归生活的重要途径。

我虽然在文学、历史和社会民俗等多个领域都有涉猎，但是从来没有越出先生划定的学术疆域：那就是弘扬文化传统、服务社会民生。我硕士论文研究的是天人合一与传统美学，博士论文研究的是中国神话。神话中有天人合一，有对崇高与优美的审美感知，也有对社会建构、精神静美的灿烂文化纽带的探寻。后来研究的民俗严格说是一种带有审美色彩的信仰及其规范，也与美相关。你见过不是五光十色的民俗吗？你见过粗俗的仪式吗？没有的。审美是人的属性、社会的属性。

按照我们那里的规矩，正月初一要给父母拜年。先生与我情同父子，所以我从1994年毕业留在上海开始，每到正月初一就去给先生拜年。后来发现，按照上海风俗，正月初一是家人团聚的日子，拜年最好不要选择在正月初一，于是我就改为正月初二去。有一年正月初二，我发现有好多的人，才知道那天是先生的生日。有时候，正月初二，只要先生在家，我就和先生一起吃饭，为他祝寿。我记得一共有两次单独的正月初二的祝寿，就只有我和先生，还有一位保姆一起吃饭。

因为想着学科发展、培养高层次人才，我向先生表达了回到母校的想法，先生表示支持。这样我就回到了先生的身边。学校为了发展社会学一级学科，希望我过去做民俗学的带头人。先生非常支持，希望我帮助社会学建设好学科。先生有丰富的学科建设经验，这让我获得宝贵的指点。

我觉得欣慰的是，自己还是在努力地践行先生有益于天下、服务国家社会的儒家理念。希望自己永远走在先生指引的道路上，追随先生的审美足迹，成为一个对社会有益的人。

（本文原刊于《文艺争鸣》2019年第8期，这里有改动。）

忆中玉师：道德文章，山高水长

祁志祥

　　徐中玉先生是2019年6月25日去世的。巧的是，6月8日，我曾陪北京师大的赵勇去华东医院看望过先生。6月14日，我曾与毛时安师兄到上海师大奉贤校区做过一场关于徐先生的普及宣讲对话会。未曾想，这次看望竟成诀别，这次对话竟成绝响。

　　徐中玉先生辞世的消息，我最早是从毛时安的微信中获悉的。当时我还在天津。那天早晨我在宾馆醒得很早，因为上午要到南开大学做一场学术讲座。五点多钟醒来后，第一件事情是翻阅微信。从毛时安的微信中看到先生凌晨三点多谢世的消息，还是感到有点吃惊。虽然先生已105岁高龄，近年来一直靠输液维持生命，但不久前陪赵勇去医院看望他时，护士还说，除了有点低烧，其他一切生命体征都很正常。尽管先生的大脑已失忆多年，但生命力非常顽强。凭以往的经验，我以为先生的肉体生命还能维持相当长一段时间。没想到我们看他之后，这么快就离开我们了。一下子，我跌入深深的悲痛与绵绵的思念之中。

一

最早了解"徐中玉"这个名字，是从我订阅的《文艺理论研究》杂志上。上世纪80年代初大学毕业后，我来到江苏大丰南阳中学教书。大学中一直做着作家梦。毕业后尽管被分配到乡村中学，但文学之梦未泯。我订阅了一份《小说选刊》，了解小说创作动态，同时订阅了《文学评论》《文艺研究》《文艺理论研究》，学习创作原理。《文艺理论研究》的主编就是徐中玉先生。徐先生经常在《文艺理论研究》上发表一些纲领性、方向性的文章或札记，位置很显著。我朦朦胧胧地感到，这是一位大家，只是可望而不可即。

1981年初，我因投稿请教的关系，与中国社会科学院文学所的钱中文先生建立起学术联系，原来的作家梦也变成了学者梦。本指望通过钱先生的提携发表论文，后来发现发表论文并改变不了处境，只有考上研究生，才能改变工作环境，于是决意报考研究生。由于外语底子薄弱，考钱先生的外国文论不合适，于是在钱先生的参谋下，备考中国古代文论专业的研究生。当时女朋友在上海师大读书，毕业后肯定留在上海工作，所以我不得不选择上海的高校。那个时候，上海高校招古代文论研究生的只有两所，一所是复旦大学，一所是华东师大。复旦大学是如雷贯耳的名校。华东师大也十分了得，因为当时华东师大毕业的本科生都是分到高校做大学教师的。我因华东师大的综合考试科目是"写作"，便于我发挥所长，而复旦大学的综合考试是"文史知识"，外校的考生很难把握，所以选择了华东师大。我在教书之余，一切从"0"开始复习，1985年，考华东师大陈谦豫先生的古代文论研究生，政治、外语、中国文学史、古代文论、评论写作五门课程都过线了，但还有人考得比我好，所以没取。1986年徐先生招生，可因为我头一年考过了，这一年县教育局不同意我参考。找了好多关系，终于争取到1987年的考试机会。这是最后一次考试机会。遗憾的是，因为去年刚刚招过，这一年华东师大中文系最初的招生计划中没有古代文论和文艺学专业。时为系主任的齐森华先生第一时间（1986年9月2日）来信告我这个信息。值得交代的是，经上海社科院文学所所长陈伯海先生的引荐，齐先生读过我发表在1986年第3期《文艺研究》上的论文《平淡——中国古代诗苑中的一种风格美》，颇为欣赏，非常希望我报考华东师大（1986年8月16日信）。现在虽然计划中没有最适合我的专业，但他仍然希望我转考该系的古代文学专业。然而，宋元明清文学与古代文论虽然同为古代文学领域，但考的内容实际上差别很大。而转考复旦大学，文史知识综合考试毫无准备，肯定不行。正在焦虑万分之际，齐先生又来信告诉我，经过协调，招生计划作了调整，增设了中国文学批评史专业，由徐中玉先生指导："你原准备考文学批评史专业，如今可以完全合乎你的意愿了。希望你好好复习，力争考试成功。"（1986年9月22日信）获悉我报考后，齐先生又利用与徐先生一道去浙江千岛湖开会的机会，将我向徐先生"郑重作了推荐"（1986年11月24日信）。与此同时，中国社科院文学所文艺理论室的钱中文先生也写信向徐先生推荐了我。寒假是研究生考试的时候。我参加了英语、政治、中国文学批评史、文艺理论、写作五门考试，结果顺利通过。4月16日，徐中玉先生拨冗给我写来一信：

志祥同志：

来函都收。因俟教委统一录取要求，今才有所决定。你的成绩合格，静候正式通知可也。

匆祝

成功！

徐中玉

1987年4月16日

在各位前辈的提携和自己的努力下，我终于成为徐中玉门下的弟子。那时华东师大中文系因为培养了大批著名的作家和文艺评论家、理论家，煞是有名。我能成为名系中最有名的教授的研究生，倍感荣耀。那时与人交往，我总是乐于这样介绍自己："我是徐中玉先生的研究生。"

二

进校以后，我们就跟着先生读书、编书。

徐先生给我们上了两学期的课。上课的地点在华东师大二村30号徐先生的家。第一学期讨论刘勰的《文心雕龙》，第二学期讨论刘熙载的《艺概》，两周一次。授课方式是启发式、讨论式的。我们事先做些准备，上课时以我们学生发言为主，先生时不时地插话点拨一下，或颔首嘉许鼓励，极大激发了我们的积极性、主动性。两个学期讨论下来，这两本中国古代文论的经典也就读得很透彻。先生并不是那种"两耳不闻窗外事"的书斋型学者。古代文论中"文须有益于天下"是他最为信奉的理念。每次上课前，他都会关切地问问我们家乡的社会动态、生活状况等，并表现出理解与同情。我们这一届研究生共三人，田兆元、曾伟才和我，都来自社会底层。一下子，先生与我们心灵的距离拉近了。"望之俨然，即之也温"是我们与先生朝夕相处后对先生最深切的感受。

先生作为学术长者、一代大师，当时好多出版社都找他编书。我们入学时，恰逢上海书店编《中国近代文学大系》，其中的"文学理论集"分卷请先生主编。于是一进校，我们几个学生就参与其中。我承担了近代部分文论的编选。编书的过程是带动研究生迅速成长的过程。当时刘熙载的著作除了《艺概》已出版外，《游艺约言》《古桐书屋札记》都没有出版。我利用华东师大图书馆的馆藏，读到光绪十三年刻本《古桐书屋续刻三种》，发现了"文，心学也""文不本于心性，有文之耻甚于无文"等精辟论断，这对我认识刘熙载文艺思想的主旨和中国古代文论的心学特征起到了重要的指导作用。而方东树的《昭昧詹言》中亦有"诗文书画以精神为主"的论断，与此遥相呼应。我将这些最能彰显中国文论民族特色的片段摘录，选入《中国近代文学大系·文学理论集》，为增添该书的新意贡献了一分力量。此书出版后，获第三届国家图书奖，这是中华人民共和国新闻出版署颁发的最高图书奖。我作为编者之一，多少年后凭借这个奖项，获得了申请攻读同等学力博士研究生的资格。应当说，这是跟先生读书的宝贵收获。

我是个喜欢读书、思考、写作的人。在复习考研的最忙碌的几年中，我仍然克制不住写作的冲动，将较为成熟的思考和积累写成论文。由于原来中学的平台低，虽然侥幸发过两篇，但积压很多。入学后，便想利用华东师大中文系这个平台多投一些稿，争取多发表一些文章。那个时候，对将稿纸上的文字变成印刷体的铅字怀有强烈的兴奋和渴望。先生可能觉察到我内心的这个躁动，一进校便对我们说：先多读书，不要急着想发文章。于是尽管先生编着《文艺理论研究》，我却不敢把文章投给他。但有一篇我入学前就写好的文章，题为《论审美主体对艺术的双重审美关系——谈西方文艺理论中的一个美学原理》，我觉得言之成理，就投给了编辑部主任张德林老师请教。张德林先生当时文章满天飞，如日中天，同时也是位极率真、极爱才的长者。没想到拙文得到他的高度赏识，很快编为1988年第1期《文艺理论研究》头条。最后徐先生审定时，将方克强论文论方法论流变的文章置于头条，我这篇谈艺术审美问题的文章放在第二篇。该文发表后，中国人民大学复印资料《文艺理论》1988年第2期全文转载，后来获华东师大研究生优秀论文奖。

我跟先生读研时，学界流行的新方法论热余波未退。其中，文化学的方法是引人注目的一个方法。文化学方法旨在打破传统文论就文论文的单一理路，引入文化成因的多维分析，彰显理论思辨的魅力。中国古代文论具有自身的民族特色。这种特色是渊源于中国文化的土壤上的。儒、道、佛文化和宗法文化就是几个直接渊源。硕士论文只允许写3万字左右。于是我就选择了《宗法文化与民族文论》为题，下设"人教"文化与民族文论、"向心"文化与民族文论、"征古"文化与民族文论、"和"文化与民族文论、"天人合一"与民族文论诸节。①1990年，由徐中玉先生、陈谦豫先生、郭豫适先生、齐森华先生、萧华荣先生组成答辩委员会，本人的硕士论文顺利通过答辩。

这篇论文实际上是我在三年级上学期完成的。其实读研三年，我孜孜以求、最想做的研究选题是"中国古代文学原理"。当时通行的高校文学理论教材，是将西方文论、马列文论与中国古代文论综合在一起，说明基本的文学原理。然而事实上，东西方文艺作品有表情达意为主与反映现实为主之分，东西方文艺理论也就呈现出表现主义与再现主义之别。用西方自亚里士多德到别林斯基模仿外物的文论分析解释中国古代

① 该硕士论文后来稍加修改，作为《中国美学的文化精神》第一章出版。见祁志祥：《中国美学的文化精神》，上海文艺出版社1996年版。

言志缘情的文艺作品，实际上是隔靴搔痒、不够中肯的。中国古代"以意为主"的文艺作品只有用中国古代表现主义民族文论才能有效地加以阐释说明。然而，中国古代文论在思想上有系统而在形态上以无系统的札记、评点形式出现，这就给今人用古代文论解释古代文艺作品带来了很大难度。因此，系统地建构中国古代文学理论体系，就成为摆在中国古代文论界和文艺理论界面前的一个重大使命。1988—1989年，我多次参加中国古代文论学会和中国文艺理论学会的会议，建构具有民族特色的中国古代文学理论体系成为来自两方面学者的共同呼声。然而事实是"光听楼梯响，不见人下来"。与其坐而论道，不如付诸行动。也许做得不尽如人意，但"一个行动胜过一打纲领"。几经琢磨斟酌，我按文学观念论、创作过程论、批评方法论三个板块，从古代文论中选取几十个具有代表性的范畴或命题，以古今兼顾的命题方式，把它们组织成一个由十二章、三十多个单元构成的理论体系。1990年初，我在《社会科学》第1期发表《中国古代文学原理构思》，将这十二章、三十多个单元的理论构架及其写作设想作了说明。接着我写了3万多字的精要，作为全书写作的纲领。再后来就投入全书的写作中，一个范畴一个范畴地攻克，到1990年7月毕业时，已完成三分之一。毕业以后我来到上海市宝山区广播电视局总编室工作。当时家离单位比较近，骑自行车十五分钟就可到。我起早带晚，利用上班之余的边角时间，又花了一年多时间全部完稿。1993年7月，这部32万字的《中国古代文学原理》由学林出版社在"青年学者丛书"中推出，副题为"一个表现主义民族文论体系的建构"。这部书实际上是跟随徐中玉先生在华东师大读书的结果。徐先生应邀欣然为本书写了长长的序：

古代文论的研究格局有待刷新，研究新路有待开拓，他有勇气和信心坚持这一工作。这部专著既是他起步的尝试，也是他努力的成果。可以看出，他已投入了多少精力。书中能显示出颇多闪光点有其创见，决非偶然。我赞赏他的敏于感受，勤于积累，着力开拓，敢闯难关。他还很年轻，"而立"未久，正是最好年华，可以大有发挥。希望踏实精进……

……目标远大，学海无涯，创新永无止境，志祥同志其勉乎哉！

徐中玉

1993年4月10日

先生是接受五四运动洗礼走过来的。他一生中洋溢着自由民主的精神追求。在华东师大读研三年，最值得珍视的是先生给了学生自由飞翔的学术平台和思想空间，极大地调动了我的科研潜能。除上述两篇文章外，在读期间我追踪热点，不断思考，还发表了如下论文：《马克思恩格斯"人的本质"定义献疑》，《探索与争鸣》1988年第2期（《新华文摘》1988年第10期转摘）；《中国古代的文学作品论》，《探索与争鸣》1990年第3期；《"文学"的困惑》，《文艺评论》1990年第2期；《文学情感特征的系统透视》，《内蒙古大学学报》（哲学社会科学版）1989年第3期；《论艺术家的情感素质》，《学习与探索》1988年第5期；《赋、比、兴综合研究》，《汉中师院学报》（哲学社会科学版）1990年第1期；《适性为美——庄子美学系统管窥》，《华东师范大学学报》（哲学社会科学版）1989年第4期；《语病指瑕·语法》，《中文自学指导》1988年第2期；《语病指瑕·修辞逻辑》，《中文自学指导》1988年第4期；《析欧阳修〈踏莎行·候馆梅残〉》，《中文自学指导》1988年第8期。其中，《中国古代的文学作品论》《赋、比、兴综合研究》及早先发表的《平淡——中国古代诗苑中的一种风格美》，都收入《中国古代文学原理》一书中，成为该书的几个部分。《"文学"的困惑》《文学情感特征的系统透视》《论艺术家的情感素质》凝聚了我对文艺情感特质的基本看法；《适性为美——庄子美学系统管窥》奠定了我对道家美学的基本理解。而这些，都是跟徐先生读研的产物。如果没有读研究生的机会，就不可能有这些成果的产生。

三

1990年8月至1997年5月，我来到上海市宝山区广播电视局从事电台、电视台的新闻记者工作，但不忘先生的栽培，早晚从事文艺理论的学术研究活动，著述不断。每逢过年过节的时候，我都会去看望先生，送上祝福，汇报读书体会，接受先生教诲。先生问我的工作、生活、研究等情况，但从不涉及自己过去打成"右派"二十年遭受的委屈，也不嗟老伤悲、臧否人事。两杯清茶，风淡云轻，相谈甚惬，其乐融融。华东师大二村30号三楼的红漆杉木地板堆满书籍杂志的书房，成为我最温馨的记忆。

在宝山电视台，我后来又出了两本书《中国美学的文化精神》（上海文艺出版社1996）、《佛教美学》（上海人民出版社1997），发表了与新闻学无关的不少学术论文。其中比较满意的论文，就投给先生。在先生的提携下，我在先生主编的《古代文学理论研究》丛刊第15辑（上海古籍出版社1991）发表了《"但见情性、不睹文字"说——评中国古代文学创作和批评的一条美学标准》，在先生主编的《文艺理论研究》

上发表了《中国古代艺术观照方式论——"心物交融"说》（1990年第6期），《古典文论方法论的文化阐释》（1992年第5期，中国人民大学复印资料《文艺理论》1992年第6期全文转载），《现代科学思想的拓展与美学新变》（1993年第4期），《佛教的"无相之美"与"像教之美"》（1997年第2期）。我所以能在繁忙的新闻采访工作之余不放弃搞学术研究，与徐先生对我在学术上的扶持和期许密切相关。

不过，我做出的学术成果越多，与我从事的新闻工作就背离越远。因为这些论文不属于新闻学，评新闻职称派不上用场。宝山电视台的最高职称只是副高，只设一个名额，对我说来遥遥无望。我出去参加文艺美学的学术会议，因与新闻学无关，经费也都是自己承担。于是，越是跟学术走近，心灵就越是失衡。一次开会的机会，我认识了中国社科院文学所王大鹏先生。王先生热情仗义，觉得我是个做学术研究的料，在基层搞新闻工作很可惜，于是主动向上海大学文学院院长刘德重教授推荐。刘院长是搞中国古代文论的。当时该校的中文系主任邓牛顿教授是搞中国古典美学的。于是二人一拍即合，欢迎我加盟。那时，大学教师收入很低，我中级职称过去月薪只有800多元，而电视新闻行业是高薪职业，又有油水，薪水加广告提成，里里外外一年可收入近10万元。但我还是以壮士断腕的勇气，怀着对学术的爱，告别宝山电视台，来到了上海大学文学院。这一当时看来很傻的抉择，后来的发展证明是正确的，因为我选对了一条适合自己天性的人生道路，在这条路上，我可以走得更远。

四

1997年5月至2002年11月，我在上海大学文学院中文系执教五年半。2002年12月至2010年9月，我被引进到上海财经大学人文学院中文系工作，升了教授，评了博导。2010年10月以来，我被引进到上海政法学院工作。虽然学校换了三个，但从事的都是专职的研究与教学工作。

这些工作给了我大量的时间和精力。我从事科研的积极性和潜能像火山一样迸发出来。从文学理论拓展到美学研究，从美学研究拓展到人学和佛学研究，最后再拓展到中国传统文化思想研究，它们相互联系和促进，共同生长与发展。这一阶段，我出版了20多部个人专著。在先生神志清楚的时候，我总是不忘在第一时间将成果向先生汇报。送给先生的成果有《美学关怀》（复旦大学出版社1998）、《佛学与中国文化》（学林出版社2000）、《中国人学史》（上海大学出版社2002）、《中国美学原理》（山西教育出版社2003）、《似花非花——佛教美学观》（宗教文化出版社2003）、《中国现当代人学史》（学林出版社2006）、"十一五"国家级规划教材《中国古代文学理论》（山西教育出版社2008）、国家社科基金项目成果《中国美学通史》三卷本（人民出版社2008）、《国学人文读本》两册（主编，上海文化出版社2008）、《中国佛教美学史》（北京大学出版社2010）、《人学视阈的文艺美学探究》（上海财经大学出版社2010）、《历代文学观照的经济维度》（河南人民出版社2012）、《人学原理》（商务印书馆2012）、《国学人文导论》（商务印书馆2013）、《社会理想与社会稳定》（社会科学文献出版社2013）。

先生百岁之后，大脑逐渐萎缩，记忆逐渐弱化，最后失语。我出的一些重要的著作，如《乐感美学》（北京大学出版社2016）、《中国现当代美学史》（商务印书馆2018）、《中国美学全史》五卷本（上海人民出版社2018）等，就无法再送他了，但我每年教师节和新年之际，都要去看望先生，向他献上一个学生的问候和祝福。

1997年5月进大学之后，我发表了300多篇论文，其中经先生之手编发在《文艺理论研究》上的有：《论文艺是审美的精神形态——关于文艺本质的思考》（2001年第6期）、《以"道"为美——中国古代美学的道德精神》（2003年第3期）、《老子美学："孔德之容，惟道是从"》（2004年第5期）、《循名责实、纵横交织——新世纪中国美学研究的拓展》（2007年第4期）、《国学人文精神的现代传承》（2008年第4期）、《中国古代词体价值观的历史演变》（2010年第2期）、《从"小道"、"诗余"到"尊体"——中国佛教美学的历史巡礼》（2011年第1期）。

先生是97岁以后才放下《文艺理论研究》编务的。然而先生通过《文艺理论研究》栽培弟子的拳拳之心、殷殷之情一以贯之，感我至深。不断在学术上做出成绩向先生汇报，成为推动、促进我不懈前进的内在动力。

五

先生是1978年平反复出的。1987年我考上先生研究生时，先生已70多岁。但先生返老还童，迎来了人生第二春。带完我们这一届学生后，先生虽然不再招研究生了，但他编刊物、编各种大书，就文坛热点问题撰文表态，忙得不亦乐乎。中文系为先生举行80岁庆典的时候，我只是个旁听者；办90岁庆典的时候，我就是个参与者了。当时我请自己做记者时认识的沪上顶级摄影师沈忠海为先生拍标准像。沈兄的摄影棚在虹口公园附近。要拍出好的效果，必须到摄影棚。我把这个意思说给先生听后，先生很配合，也很高兴。于是先生戴上红色领带、身穿藏青西装，我开车接送，在2003年春夏之季，留下了一组经典的标准像。照片用光柔和，富于立体感，头像与背景构成恰到好处的对比。先生国字型的脸略含笑意，方正而慈祥，目光温和而深邃。照片拍好后，忠海又加以后期修理，从中选出最满意的几张洗出、装框。后来这组照片不仅为先生九十诞辰庆典所用、被先生长期摆放在书房，而且在网上热传。2019年6月28日告别仪式的大厅中央供奉的先生遗像，就是当年我请忠海为先生精心拍摄的标准像。

一转眼，先生到了100岁。2014年，华东师大为先生举行百岁庆典。这次庆典做的一件最有意义的事，是整理出版了六卷本的《徐中玉文集》，将先生一生的主要著述收录其中。此前，毛时安先生曾发表过不少评述先生思想和贡献的纪念文章，但新中国建立前先生的学术活动和著作并未涉及，新中国建立初期先生的学术活动也着墨不多。依据新出版的六卷本《徐中玉文集》，对先生一生的学术历程、思想主张和贡献做一个全面、系统的研究评述，不仅很必要，而且很迫切。这项工作很难做，但弟子责无旁贷。于是我放下手中的活，全身心地来做这件事。偏重于理论的《百岁忧患，道德文章——徐中玉先生学术谱系的历时把握与共时解读》一文，由《文艺理论研究》2015年第1期发表，联系生平事迹的《百年风雨，守中如玉——徐中玉先生的学术生涯及其主要贡献》一文，由2014年第2期《中国美学研究》发表。稍后，中国现代文学馆来上海抢拍徐中玉等先生的影像资料片，中文系主任，也是先生的弟子谭帆师兄希望我写个电视脚本。最后，本人完成的这个脚本《"莫道桑榆晚，为霞尚满天"——徐中玉先生评传》刊载于河北师大文学院主办的《中国语言文学研究》2016年秋之卷。

先生百岁庆典时，沪上与先生有过交往的书画名家送上不少作品以示庆贺。我用隶书写了四个字"道德文章"，裱成竖轴送先生。没想到，先生在各种致贺的书画作品中独取此幅挂在床头。推测原因，大概是因为"道德文章"作为对先生为人为学特点的概括，最符合先生的心灵期待罢了。

先生百岁庆典的时候，即兴致辞答谢，说明这时先生的大脑尚清楚。不过此后几年，先生的神志每况愈下。起初是重复着一些同样的问话，后来就失忆，连学生、亲人是谁都不认识了，再后来就失语了。一年多前，先生住进了华东医院老干部特护病房。尽管无法与人交流，靠输液维持生命，但脉搏、心率等体征都很正常。其间，我单独去看望过他，也曾陪师兄张建永去看望过他。6月8日，北京师大文艺学中心的主任赵勇教授乘来同济大学开会之机，提前到上海，请我下午陪他去看望徐先生。该中心前主任童庆炳先生在学术发展中曾得到过徐先生的扶持。正是这种扶持，使童先生获得了为全国中文自学考试委员会编撰《文学概论》教材乃至全国文学理论统编教材的机会，使北京师大文艺学中心成为教育部人文社会科学重点教育基地。前人栽树后人乘凉，赵勇作为现在的主任，他要趁先生健在时亲自拜访先生，表达感恩和敬意。他带了研究生担任摄像，记下这一具有历史意义的重要瞬间。未曾想这次看望，竟成了我见先生的最后一面。

6月14日，按照上海市社联科普活动"东方讲坛"的安排，我和毛时安来到上海师大奉贤校区，为文学院的学生和上海市民做"上海文化名人"徐中玉的普及宣讲对话会。毛时安作为先生的开门弟子、我作为关门弟子，讲先生的生平轶事、主张和贡献是最合适的。我当时说：先生虽然105岁了，但仍然健在。没想到，今后我再也没有机会说这样的话了。

先生虽然离开我们了，但先生留下的道德文章，山高水长，永远值得我们去敬重、去学习、去分享、去继承、去弘扬！

（本文原刊于《文艺争鸣》2019年第8期，题名为《忆中玉师：道德文章，山高水长》，这里有改动。）

我与徐中玉先生的师生缘

祁志祥

我1987年至1990年跟随徐中玉先生读研究生，这对改变我人生起到了至关重要的作用。我们这一段师生缘，其实充满了偶然性。似乎是冥冥之中有一种缘分，把我和徐先生安排到了一起。

1978年参加全国高考，我考了362.5分。那一年江苏文理科重点大学的分数线是360。我的分数本来可以取到重点大学，可最终却取到了专科学校。大学三年我做起了作家梦，拼命地读小说、写小说，可是一篇都没有发表。因为关心小说作法，兼顾起文学理论。80年代初，通过《文学评论》编辑部，转寄了一篇文学理论文章给素昧平生的钱中文先生，向他请教，意外得到了钱先生的指教和提携。[①]本来的梦想是发表文章，后来发现，仅发表文章并改变不了中学教师的职业，要一心一意搞研究，必须走考研这条路。尽管钱先生是搞外国文论的，也招生，但因为我外语先天不足，所以只能考外语要求不高的古代文论专业的研究生。当时，女朋友谈在上海，所以只能选择考上海的高校。

---

① 详参《钱中文祁志祥八十年代文艺美学通信》，上海教育出版社2018年版。

上海招古代文论研究生的只有两所高校：复旦大学和华东师大。复旦大学综合考试考的是文史知识，外校的人很难准备；而华东师大的综合考试考的是写作，不需死记硬背，最能发挥所长，所以我选择了华东师大。

繁忙的中学语文教学之余，经过两年多的辛苦复习，我参加了1985届华东师大陈谦豫先生的古代文论研究生考试。政治感觉考得很差，但却过了线。专业考试感觉很好，但三门都只得了60多分。虽然五门分数都及格了，但未能录取。后来得知，录取的三人分别来自华东师大、上海师大，学历都比我高。我并未泄气。本来准备总结经验教训，翌年再战，但县教育局就是不同意，因为我去年考过了。这一年，徐中玉先生招了一届文艺学的研究生。

通过到处求人、找关系，我获得了1987届最后一次考研机会。但华东师大这一届招生的初步计划中，却没有古代文论或文艺学专业，因为"古代文论、文艺学刚刚招过"（齐森华语，1986年9月2日信）。时为系主任的齐森华先生第一时间（1986年9月2日）来信告我这个信息。经由上海社科院文学所所长陈伯海先生的引荐，他读过我发表在1986年第3期《文艺研究》上的论文《平淡——中国古代诗苑中的一种风格美》，颇为欣赏，曾来信说："从文章中可以看出，你的学习基础很扎实，科研能力也很强，如能来我校学习，实在是最好也没有了。"（1986年8月16日信）现在虽然计划中没有最适合我的专业，但他仍然希望我转考该系的古代文学专业。然而隔行如隔山，古代文论与古代文学虽有相通之处，但差别何其大也。这仅有的一次考试机会不容有任何闪失。正在我焦虑无奈之际，20天后，齐先生又来一信，告知招生计划有所调整："新增了中国文学批评史（徐中玉先生指导）、文艺学（张德林先生指导）两个专业。你原准备考文学批评史专业，如今可以完全合乎你的意愿了。希望你好好复习，力争考试成功。"（1986年9月22日信）这个招生计划的专业调整，想必是齐主任与徐先生沟通协调的结果。在爱护人才、奖掖后学这一点上，两位是一致的。我虽然毕业于师专，但徐先生不问出身，只看实际。我们这一届取了三个学生，不仅是我，田兆元也来自师专。后来听说，先生此前招的研究生中，还有连大学都没有读过的。

在我报考徐先生研究生的这件人生大事上，齐森华主任体现了爱才若渴、礼贤下士的崇高风范。他不仅通过做工作，增设了古代文论的招生专业，请徐先生出山继续担任指导老师，而且在获悉我报考后，利用与徐先生一道去浙江千岛湖开会的机会，将我向徐先生"郑重作了推荐"（1986年11月24日信）。与此同时，身为中国社科院文学所文艺理论室主任的钱中文先生也向徐先生写了推荐信。当这些名家对你满怀信任和期待的时候，你其实承受的压力是挺大的，因为万一考不好，没办法见人。何况如果这次考不中，谈了几年的上海女朋友也可能产生变数。总之，这唯一的一次考研机会，是不成功、便成仁了。

好在皇天不负有心人。因为有上次考试的经验，找差补缺、有的放矢复习了两年，我满怀信心参加了华东师大1987年的研究生考试。那一年考试科目是：英语、政治、中国文学批评史、文艺理论、写作。考试结束后，我便陷入了焦急的期待中。4月上旬，我收到齐森华先生写来的信："这次考试，虽然你的实际水平并未完全显示，但专业成绩尚处于较为领先的地位。外语未能及格，目前分数线也未下达，估计问题不大。请你不必忧虑，也不必再另联系学校。涉古专业，专业成绩好，即使外语缺几分，也是有可能录取的。而且今年的外语分数线是否会定在六十分以上，也很难说。……安心再等二个礼拜吧！"（1987年4月6日信）不久，又收到了副导师陈谦豫先生的来信："寄来的宣纸条幅已收到。你的心情我是理解的。有关工作正在进行中。你几年来的自强不息、勤奋上进的精神，使我很感动。我愿为你尽力争取，可释念。"（1987年4月12日信）4月16日，徐中玉先生拨冗亲致一信，给我吃了一颗定心丸："因俟教委统一录取要求，今才有所决定。你的成绩合格，静候正式通知可也。匆祝成功！"

就这样，因为1985年的考试虽然过线而未录取，第二次再考华东师大，也因为齐森华主任鼎力相助，对1987年招生计划的调整，当然更因为徐中玉先生爱护人才、奖掖后学，不辞辛劳，愿意给有志青年提供发展的空间，我于是有幸成为徐中玉先生的一名正式研究生。我们这届后，徐先生因故没有再招生，于是我也就成为他的关门弟子。

我特别珍惜这个难得的从学机会。三年期间，跟着徐先生读书、编书，追踪热点问题，不停地思考和写作。在华东师大二村30号徐先生的家，我们跟随先生上了两学期的课。第一学期讨论刘勰的《文心雕龙》，第二学期讨论刘熙载的《艺概》。如果说刘勰的《文心雕龙》是中国古代文论中承前启后的巨著，刘熙载的《艺概》则是中国古代文论的集大成之作。它们前后呼应，留下了研究者填充创造性想象和思维的空间。我们入学时，上海书店请先生主编《中国近代文学大系·文学理论集》。先生让我们这届三个学生参与其中。我承担了近代部分文论的编选。这个资料编选的过程对我的学术成长促进很大。当时刘熙载的著作除了《艺概》外，《游艺约言》《古桐书屋札记》都没有出版，而其中不少论述极为精彩，也相当重要。华东师大图书馆的馆藏恰好有《古桐书屋续刻三种》，清光绪十三年刻本。我从中发现了"文，心学也""文不本于心性，有文之耻甚于无文"等精辟论断，不仅像发现新大陆一样摘录书中，而且融入我对中国古代文论表现主义民族特征的整体思考中。方东树的《昭昧詹言》中亦云"诗文书画以精神为主"，与此呼应，彰显了中国古代民族文论体系的心学特色。《中国近代文学大系》出版后获第三届国家图书奖，这是中华人民共和国新闻出版署颁发的最高图书奖。我作为编者之一，多少年后凭借这个奖项，获得了申请攻读同等学力博士研究生的资格。这是跟先生读书的宝贵收获。

记得上世纪80年代中叶，文艺理论界流行方法论热。1987年我跟先生读研时，方法论热余热未退。其中，文化学、系统论的方法是两大引人注目的方法。中国古代文论具有自身的民族特色。儒、道、佛、宗法、训诂是中国文论民族特色的五种主要的文化助力和成因。硕士论文篇幅有限，于是我只能克制自己的积累和思考，以《宗法文化与民族文论》为题，从"人教"文化与民族文论、"向心"文化与民族文论、"征古"文化与民族文论、"和"文化与民族文论、"天人合一"与民族文论五部分加以论述，共3万余字①。

硕士论文我是研三第一学期做完的。做完后，我就开始尝试用系统的方法，利用中国古代文论的资料选编成果，从古代文论中选取若干具有代表性的范畴或命题，把它们组织成一个由十二章、三十多个单元构成的表现主义民族文论体系。首先，我拟定了全书的理论框架和写作设想，以《中国古代文学原理构思》为题，发表在1990年第1期的上海《社会科学》上。其次，我写了3万多字的精要，作为全书的指导。接下来，就投入全书的具体写作中，一个范畴一个范畴地解决，到1990

---

① 该硕士论文后来稍加修改，作为《中国美学的文化精神》第一章出版。见祁志祥：《中国美学的文化精神》，上海文艺出版社1996年版。

年7月毕业时，已完成三分之一。毕业后，我来到上海市宝山区广播电视局工作。当时家离单位比较近。我利用上班之余的早晚时间，一年后完成全稿写作，30万字左右，1993年7月由学林出版社在"青年学者丛书"中推出。主题名：《中国古代文学原理》，副题名：《一个表现主义民族文论体系的建构》。这实际上也是跟随徐中玉先生读研的产物。全书以系统建构为主，以文化剖析为辅。这本书的序言自然应当请徐先生写。先生欣然命笔，多予勖励。

值得说明的是，这部跟随徐先生读研时的出道之作，十三年后参评"十一五"国家级规划教材《中国古代文学理论》，有幸战胜各路申报者，入选立项，重新出版，且一版再版①。

在华东师大读研三年，我在《华东师大学报》《探索与争鸣》《学习与探索》《中文自学指导》《文艺评论》《汉中师院学报》等刊物发表了十多篇文章，其中获华东师大研究生优秀论文奖的是经先生之手编发在《文艺理论研究》1988年第1期的《论审美主体对艺术的双重审美关系——谈西方文艺理论中的一个美学原理》。文章是投给编辑部主任张德林老师的。张老师读后大加赞赏，编为头条，徐先生审定时将此文调整为第二篇。这篇1万多字的论文发表后，被中国人民大学复印资料《文艺理论》1988年第2期全文转载。

研究生毕业后，我先后辗转在上海市宝山区广播电视局、上海大学文学院、上海财经大学人文学院、上海政法学院应用社会科学研究院工作，但一直去看望先生，接受先生的教诲，同时也一直得到先生的

① 参祁志祥：高等教育"十一五"国家级指南类规划教材《中国古代文学理论》，山西教育出版社2008年版；祁志祥主编："十一五"国家级指南类规划教材《中国古代文学理论》修订本，华东师范大学出版社2018年版。

栽培。先生的弟子中，我大概是先生编发文章最多的。先后有：《"但见情性、不睹文字"说——评中国古代文学创作和批评的一条美学标准》，《古代文学理论研究》丛刊第15辑，上海古籍出版社1991年版；《古代文论中的"心物交融"说》，《文艺理论研究》1990年第6期；《古典文论方法论的文化阐释》，《文艺理论研究》1992年第5期，中国人民大学复印资料《文艺理论》1992年第6期全文转载；《现代科学思想的拓展与美学新变》，《文艺理论研究》1993年第4期；《佛教的"无相之美"与"像教之美"》，《文艺理论研究》1997年第2期；《论文艺是审美的精神形态——关于文艺本质的思考》，《文艺理论研究》2001年第6期；《以"道"为美——中国古代美学的道德精神》，《文艺理论研究》2003年第3期；《老子美学："孔德之容，惟道是从"》，《文艺理论研究》2004年第5期；《循名责实、纵横交织新世纪中国美学研究的拓展》，《文艺理论研究》2007年第4期；《国学人文精神的现代传承》，2008年第4期；《从"小道"、"诗余"到"尊体"——中国古代词体价值观的历史演变》，《文艺理论研究》2010年第2期；《中国佛教美学的历史巡礼》，《文艺理论研究》2011年第1期。

在先生的鼓励下，我走上了不断进取的学术之路，为的是不辜负先生的栽培，不断作出成绩，制造惊喜，向先生汇报。

如今，先生已经离开我们，但与先生的这份师生情缘永远值得我珍藏。

（本文原刊于《古代文学理论研究》丛刊第49辑，这里有改动。）

徐中玉先生：铮铮风骨，国士无双

钱　虹①

　　2019年6月25日凌晨3时35分，走过人生105个年头的著名文艺理论家、语文教育家、原上海市作家协会主席徐中玉先生驾鹤西行，离开了让他牵肠挂肚而又使他欢喜使他忧心的世界。噩耗传来，先生的亲朋好友和众多学生，无不唏嘘惋惜。6月28日，徐中玉先生追悼会在龙华殡仪馆大厅举行。大厅内悬挂的挽联，恰如其分地概括了徐先生的一生："立身有本，国士无双，化雨春风万里，何止沪滨滋兰蕙；弘道以文，宗师一代，辞章义理千秋，只余清气驻乾坤。"数百名从四面八方赶来的生前好友、各届学生等汇聚成悼念的人流，为徐中玉先生送行。数不清的花篮和挽联从大厅一直排到门厅外，绵延不绝，表达着亲朋好友和他的学生们的无尽哀思。为徐先生送行的那天恰逢期末考试周，我有监考任务，分身乏术，只好在追悼会召开前夕，连夜代表任职学校起草唁文，并委托母校中文系代订花篮，以寄托心中的敬意与哀悼。

　　徐中玉先生是一代真正的知识人的典范。在超过百年的漫长而艰难

---

　　① 钱虹，文学博士，毕业于华东师范大学中文系，现为同济大学教授、中国世界华文文学学会教学委员会主任。

的岁月里，他始终如一地坚守知识分子的良知与中国文论和文学的标杆，历经磨难而以民族、国家大义和中国文化传统的传承与发扬光大为己任，生命不息，奋斗不止；身处逆境而沉静，面临危局而敢言；兢兢业业俯首工作，甘于清贫埋首学问——这是他留给我们的人生楷模与精神遗产。他的一生，端端正正地写好了一个大写的"人"字，成为我们受用不尽的宝贵财富。徐中玉先生毕生投身大学教育与学术研究，乃著名的文艺理论家和语文教育家，享有"大学语文之父"之盛誉。他在鲁迅研究、文艺理论研究以及大学语文教育等领域成果丰硕，享有崇高的威望。先生一生成就卓著，品格高尚，高风亮节，为世人所景仰。他为推动我国的文艺理论研究、大学语文教材和课程建设等方面做出了世所公认的重要贡献。

一、初见先生，运筹帷幄

我最初见到徐中玉先生是在上世纪70年代末。作为恢复高考后的首届大学生，我当时填报的高考志愿是"上海师范大学中文系"①。不过，我接到的大学录取通知书上明确写着"华东师范大学中文系"，所以我一入学就到了位于中山北路3663号的华东师范大学。当时中文系位于丽娃河东面靠近校门口的三幢庭院式的平房内（可惜后来于80年代被拆掉），三幢平房都有着长长的走廊，系主任办公室、系资料室以及中文系的各个教研室都各据其间，穿过走廊透过玻璃窗总可以看见每间屋子里的情形。我就是在这里第一次见到了徐中玉先生。他当时坐在中文系系主任办公室里，靠窗的办公桌前总是堆着一叠叠文件或书籍。他那

---

① "文革"期间，上海的几所文科院校如华东师范大学、上海师范学院、上海教育学院等校合并，统称为"上海师范大学"。

▶徐中玉先生1983年为
中文系毕业生题字

时大概60岁出头，国字脸方方正正，穿着朴素的灰色或藏青色中山装。平日里总是夹着一只黑色公文包，走路速度很快，讲话的语速也比较快。平房前面就是三层楼的文史楼，从前是我们中文系和历史系学生上课的地方。文史楼正门有着四根罗马式大立柱，气势恢宏。这里或许正是茅盾先生在《子夜》中写到的"丽娃丽妲"：主人公吴荪甫的太太林佩瑶与妹妹林佩珊上过学的地方，当年是从圣彼得堡流落到上海滩的白俄贵族开设的一所女校。文史楼是典型的方正恢宏的俄罗斯建筑风格，楼顶是一个大大的可以举办舞会的露天平台。我们1977级学生入学后曾在露天平台上举办过活动，后来因为年久失修而漏水，露天平台就被关闭了。那时，百废待兴，华东师大中文系首届通过高考的150多位大学生进校，集合了十二年来从1966届高中生到1977届应届生的1977级学生，文化程度参差不齐，该如何教学，如何引导？加上仅隔半年之后，1978级150多位学生又紧跟着入学，作为系主任的徐中玉先生，肩上的担子着实不轻。然而，他却用四两拨千斤的非凡领导力，很快就使华东师大中文系这两届学生在全国的文学界、语文界有了较大的影响。

二、谆谆教诲，学研并举

现在回想起来，我之所以后来会选择现代文学研究作为终身职业，是和徐中玉先生、导师钱谷融先生的教诲以及上世纪70年代末到80年代中期徐先生担任系主任期间中文系鼓励学生文学创作和评论的学术氛围分不开的。我考进华东师范大学中文系不久，徐中玉先生和钱谷融先生给1977级学生合开了一门"文艺学专题"课，我是选修者之一。当时因为年龄小，上课不是很专心，所以两位先生具体的讲课内容，已经记不清了，但两位先生在课堂上对我们的谆谆教诲，却如雷贯耳，至今回味无穷。最难忘的一番话就是，写评论文章一定要说出自己的真实想法和真切感受，不要人云亦云，更不要一味吹捧。当时《上海文学》上登了一篇小说《阴影》，我就尝试着写了一篇两千字的评论，当作课堂作业交了上去。没想到过了几天徐中玉先生上课发还作业时跟我说：你很有自己的想法，文笔也不错，可以试试投稿。在他的鼓励下，初生牛犊不怕虎的我就把它投给了《上海文学》编辑部。更没想到的是，我这篇课堂作业竟然以标题为《对〈阴影〉的一点意见》、在做了一定删节后发表于《上海文学》1979年第4期上，这对一个大二女生而言不啻是一个极大鼓舞。此后，我一发而不可收，大三至大四期间在《百草园》《语文函授通讯》《萌芽》等刊物上接连发表了《谈谈〈草原上的小路〉中石均的性格塑造》《试论茹志鹃的短篇小说创作》《刚刚入伍的未来将军——谈〈萌芽〉半年来的小说处女作》《雾，在她的笔尖缠绕——王小鹰和她的创作》等评论文章。本科毕业论文后来分别以《论庐隐的早期思想与创作》和《论庐隐的后期创作》发表于《福建论坛》（双月刊）和《华东师范大学学报》（哲学社会科学版），为我报考钱谷融先生的中国现代文学专业研究生打下了一定基础。

我看到现在有些写徐中玉先生的文章或报道，往往称颂先生在80年代初独开风气，允许有创作才华的学生如赵丽宏、王小鹰等人以诗集和长篇小说代替毕业论文，因而造就了令全国瞩目的"丽娃河作家群"的繁盛景象，甚至有论者以为徐先生偏爱创作而鄙视"论文"，这无疑是片面的。其实，作为资深学者，徐中玉先生对于中文系学生在学术方面的鼓励举措更为突出，例如，与我同班的一位学养深厚的男生，在"现代汉语"课后写了一篇讨论"词的重迭"的作业，任课老师觉得他写得不错，徐先生听说后立刻表示，应该推荐到学报去。不久，"中文系一年级学生刘大为"的名字就出现在了《华东师范大学学报》上。这篇论文的发表，当时不仅在中文系、历史系、政教系等文科院系学生中引起了极大反响，而且在中青年教师中也引发了不少震撼，因为那时大多数中青年教师都还未曾在学报发表过论文。此后，仅中文系1977级中，就有夏中义、宋耀良、方克强等一批本科生的学术论文登载在《华东师范大学学报》上，中文系学生的学术能力声名鹊起，而且"物质利益"也收获颇丰：当时在学报发表一篇论文的稿酬，几乎相当于大学青年教师一个月的工资。更为重要的是，在徐先生的主持下，1977级毕业留校的学生数前所未有，用时任系副主任的齐森华老师的话说是"史无前例"的：仅我所在的1977级4班，直接留校和考取研究生后再留校的学生，就有十一人之多，占了全班四分之一以上，并且很快就成为中文系各门专业课程的教学骨干，从现代汉语到古代汉语、语言学概论，从文艺学、现当代文学到外国文学，以至有人戏称：1977级的留校学生，几乎就能开出中文系的主要专业课程。这也直接造就了华东师大中文系1980

年代的生机勃勃的学术风貌。

三、一身傲骨，敢说诤言

徐中玉先生与我导师钱谷融先生，生前一直是挚友和至交。从上世纪50年代初因院系调整而由大夏大学、圣约翰大学、光华大学等校合并组建为华东师范大学始，徐中玉先生从沪江大学、钱先生从上海交通大学几乎同时调入新组建的华东师大，两位先生经历了华东师范大学近七十年风风雨雨的发展历程，他们的身上几乎贯穿着一部华东师范大学的校史。我在母校从本科读到博士、从毕业到执教的二十多年里，常在丽娃河畔的华师大校园内看到两位先生几乎形影不离的身影。2014年12月，德高望重的徐中玉先生和钱谷融先生同获第六届上海文学艺术奖"终身成就奖"。上世纪80年代中期，我跟随钱先生攻读中国现代文学硕士研究生，后来又在中文系执教，其间以及后来在其他场合都亲耳听到钱先生十分敬佩地说起徐先生，"他实在是又能干，又肯干，敢作敢为，只要义之所在，他都会挺身而出，绝不瞻前顾后，不像我这个人，又懒散又无能"。

确实，徐中玉先生爱憎分明，敢怒敢言，曾听钱先生说起过一件事：50年代中期，华东师范大学中文系教授、著名作家施蛰存先生曾在一次会议上受到了粗暴对待和批判，旁人皆噤若寒蝉，唯有徐中玉先生挺身而出，为他辩解，结果自己不仅遭到批判，还和施蛰存先生、许杰先生等一起都被打成"右派"，被剥夺了上讲台的资格，直到十年"文革"结束后才恢复名誉。对此，徐先生无怨无悔。施蛰存先生复出后，给我们1977级开过一门课"中国古代文学作品选"，那年他75岁。这是他复出后给本科生亲自讲授的唯一一门大课，他以深厚渊博的学术功底、风趣生动的讲课风格赢得了1977级学生的好评，有不少同学正是在他的影响下，开始热爱和研究中国古典文学的。可惜施先生在授课结束不久，即检查出患了直肠癌，做了手术后就在家只给研究生授课了。2003年，恰逢施蛰存先生百岁和徐中玉先生九十寿辰，母校中文系为他们祝寿，著名诗人王辛笛先生为两位寿星分别写了旧体贺诗。就在这年下半年，施蛰存先生最后一次入院，徐先生去华东医院探望他，此时施先生已无法说话，但他却听出了徐先生的声音，向这位曾患难与共的老友用手招了一下，发不出声音来。徐先生在失语的施先生的病榻前坐了一个多小时。次日凌晨，施先生就离开了人世，等徐先生再次赶到华东医院时，已是人去床空，但是徐先生坚信："他的各种贡献能够长期产生影响，留给后世。"一生坎坷、历经磨难的一代文学大师施蛰存先生，有徐中玉先生这样的挚友与至交，也应该是一生无憾了。

四、写推荐信 任人唯贤

也正因为徐中玉先生疾恶如仇、大义凛然的崇高威望和人格魅力，后来对推荐我申请香港大学博士候选人并录取起了决定性的作用。当时，我打算研究抗战时期中国现代作家如许地山、戴望舒等在香港期间的文学活动和创作，有许多重要的文学史料都收藏在香港大学冯平山图书馆内，所以想申请香港大学中文学院的博士候选人。申请需要有两位学术推荐人，所以我就找到了徐中玉先生和香港中文大学的卢玮銮（小思）教授，他们很快为我写了两封推荐信。寄去不久，我就收到了香港大学的博士候选人录取通知书。虽然后来香港大学一再给我延期就读的机会，但由于当时赴港的种种限制，我未能如愿以偿进入港大就读，但徐中玉先生为我这个学生亲自写推荐信的事情和对我的关爱与支持，我一直铭记在心。后来，我出国回来，已过了当年报考博士生的时间，他和钱谷融先生又推荐我回母校先旁听后参加考试，次年我考上了博士研究生后，提前一年获得了博士学位。

还有一件事也是难以忘怀的，就是我2002年底之所以离开母校调入同济大学，其实也是受到了徐中玉先生和钱谷融先生的鼓励和支持。此前，我与时任同济大学校长的吴启迪教授在一次活动中相识，她告诉我同济大学正在恢复筹办中文系，力邀我作为引进人才前去助阵。我就把此事对两位恩师讲了，征求二老的意见。徐先生对我说起了往事：上世纪40年代末他在沪江大学执教，时任同济大学文法学院院长和中文系主任的郭绍虞先生曾请他去同济大学兼职开课，"那时，同济大学是上海高校中学科门类最多的一所国立大学"，医、工、理、文、法，学科门类齐全，可惜50年代初搞"院系调整"，把同济大学完整的学科体系全打乱了：医科连根移植去了武汉，即如今的同济医科大学；文学、法学等系科全部并入复旦大学；而又抽调其他院校的土木工程、建筑等系科并入同济大学。这使得同济大学成了一所纯粹的理工科大学，直到上世纪80年代李国豪校长重新执掌同济大学后才又开始恢复综合性大学的建校方略。"真是可惜啊！"所以，徐先生对我说，"你如去了同济大学，还可以去见见同济大学民盟的主委江景波教授，他也是前任同济大学校长。"2013年10月，同济大学中文系终于请来徐中玉先生和钱谷融先生出席会议。这时，徐先生已是虚岁99岁，钱先生95岁，两位手捧鲜花的高龄老人，鹤发童颜、精神矍铄，仿佛岁月已在他们身上停驻。

五、九旬主编，彪炳史册

就这样，在徐先生的鼓励和支持下，我就从母校调入了同济大学，正好赶上了同济大学中文系挂牌。离开母校之后，徐中玉先生和钱谷融先生仍然经常鼓励我教学之余在学术上不懈努力，所以我自觉比较像样的论文，也会拿给徐先生看。有些他认为可以发表的就留下来，我有几篇学术论文就发表在徐先生主编的一级期刊《文艺理论研究》上，如《海外华文文学理论研究的开端与突破——20世纪台港澳文学与海外华文文学研究述评之四》（载《文艺理论研究》2004年第2期）等。当时，年届九旬的徐先生除了担任由他主持创办的"中国文艺理论学会""中国古代文学理论学会""全国大学语文研究会"三大全国性学术社团的名誉会长外，还担任他主持创办的《文艺理论研究》《古代文学理论研究》的主编，他主持创办的还有《词学》《中文自学指导》（今更名为《现代中文学刊》）等一批学术刊物，从而使得华东师范大学中文系无论是挂靠的全国学术社团还是学术刊物数量，都稳居全国第一。这些学术共同体的资产，确保了华东师范大学中文系学术传承可持续发展的良好基础。徐先生担任刊物主编，并非像某些印在期刊扉页上只是挂名的主编，他是实实在在的终审主编，每一期数十万字的终审稿，都是他亲自审阅和把关的。试想，一位年逾九旬的老人，孜孜矻矻地伏案审读每一期稿件，需要怎样大的毅力和精神呵！

最近几年，已过百岁的徐中玉先生日渐体衰，尤其是患上了失忆症，严重干扰着老人的记忆力，使他陷入了认知障碍。我每次去华东师大二村看望钱谷融先生，也想去看望一下徐中玉先生，可是钱先生告诉我说，他已经很多人都不认识了，所以我只好打消了去看望他的念头，只在心底里默默地祝福他老人家健康长寿、安享晚年。2017年9月28日，99岁的钱谷融先生与世长辞。当电视新闻里播出钱先生的生前照片时，徐中玉先生突然清醒了，指着钱先生的照片说："这个人，我认识的。"如今，比钱先生年长4岁的徐先生也走了，他与钱谷融先生、施蛰存先生，还有许杰先生等生前曾经患难与共、相知相交的挚友，终于可以在天堂相聚了。

或许，对于已经走进了中国知识分子的精神史的徐先生，后人会用这样一副长长的对联来赞许他的人格与才干：

> 运筹帷幄，八面经营，三学会，十学刊，泽被岂止中文学科；
> 仗义执言，一身正气，仰对天，俯对地，彪炳何须官宦汗青。

在我们后学的心目中，无论怎么形容，徐中玉先生都是当之无愧的。

（本文原刊于《上海采风》2019年第5期，题名为《铮铮风骨，国士无双——怀念恩师徐中玉先生》，这里有改动。）

十六年前与徐中玉先生的那次辩论

吴芸茜①

2003年6月，我通过了现代文学博士学位论文的答辩，长长地松了一口气。我属于那种"不"知山有虎，"便"向虎山行的研究生，在不晓得读博士多么让人煎熬的情况下，就傻呵呵地念起了博士，还同时启动了一系列人生大事，包括生娃养娃。大概因为总想着别人的时间比我多，我这个博士读得还真是空前投入——我是硕士导师马以鑫作为博士生导师的开门弟子，是需要给导师长脸的，至少不能丢脸。当然，整个论文开题和写作过程中，我时时体会到马老师可能比我还紧张，生怕我出任何纰漏。包括要发表论文，马老师也积极推荐发表的刊物，好在我最后达标了，戴上博士帽了，心里还是高兴的。在答辩前一天，我虽然隐约知道送出去的论文反馈不错，但晚上还是没有睡好，不是因为紧张第二天的答辩，而是一路走来的各种辛苦都在眼前一幕幕浮现，迟迟不肯落幕。因此，我在答辩现场竟然有点犯困，迷迷糊糊地，答非所问的情况发生了似乎不止一次，最后竟然也通过了。

---

① 吴芸茜，上海交通大学出版社编审。曾在华东师大中文系读现代文学专业博士，得到过徐中玉先生奖掖，以私淑弟子相称。

就在我以为一身轻松的时候，张德林老师给我打电话，说我这篇论文很不错，属于比较难得一见的作家作品批评，他已经和徐中玉先生交流相关内容，鼎力推荐了；我现在需要做的事情就是上门和徐老去交流一些问题，因为徐老很欣赏上门交流学术的青年学子。

我当时马上全身都紧张起来，如临大敌。因为在我们学校，徐老是那种让我们远远看到就要鞠个躬的人物，传奇事迹太多，以至于已经不像人间的人，仿佛是一个神迹的存在了。

去之前的中午，我和师兄李锡龙说下午要去看徐老，心里十分忐忑。李锡龙连连安慰我说没事的。我反正就硬着头皮抱着博士论文和一篇从中抽取出来的论文去了。

到了徐老家，徐老已经神清气爽地等在那里，两杯绿茶也由阿姨端来了。我还没来得及介绍，徐老就开口了，说："你的博士论文我已经听张德林老师说起了，听说反映不错的。"

这时候，我想是不是该我做论文介绍了？

结果徐老快人快语，根本没有给我介绍论文的机会，连续抛出三个特别要命的问题。"第一个，在我看来，王安忆还是青年作家，她还没到被作为博士论文来进行研究的状态。还有，你作为一个年轻的在校学生，把她作为论文的研究对象也不合适。第二个，我听张老师说你是要来投一篇讲王安忆与哲学的东西，王安忆写小说，和哲学有什么关系？做学问要平实一点、严谨一点，不要总是搞些高深的五光十色的哲学理论来吓唬人。第三个，我和王安忆很熟悉，也看过她的一些小说，可是你见过王安忆，和王安忆沟通过她的创作和生活吗？"

隔着十六年的岁月去看这三个问题，我突然意识到其实徐老是有所准备的，他也许只是想考考我，而我是毫无准备的，根本想不到他会问什么。那种场景转换到武侠小说里，根本就好比一代宗师抛出连环拳，看看这后生小子接不接得住啊。博士论文对于一个博士的重要性，相当于是其苦心孤诣构建出来的一个精神王国，投入的博士三年的心血就在吭哧吭哧打磨这个东西了。老先生这么三棍子敲过来，如果接不住，就等于自毁长城。这三个问题回答不好，精神王国的合法性都要受到动摇了。

当时我是没有如今这种觉悟的，只感觉开始出汗了。我肯定觉得自己是必须维护自己立场的，然后就噼里啪啦地打开了话匣子。

我说："在我看来，王安忆优秀的代表作已经都出来了，引起轰动不止一次，从《小鲍庄》、'三恋'到《长恨歌》，我认为她的创作已经达到顶峰。有调查显示，诺贝尔奖得主也许是在高龄获得诺贝尔奖，但他得奖的作品都是在40来岁做出来的，因为这个时候他的积累与精力都在最佳状态。而且，以您的年龄，您看我们都很年轻。但我不觉得自己多年轻，我马上快30岁了，这个时候刚刚要走上工作岗位，压力相当大，古人已经都三十而立的时候我还在追求自己向往的精神王国，也就是做博士论文。

"而且，尽管我现在还是一个学生，但我不能等到有一群人来做王安忆研究后再开展自己的研究，那弄不好就要步人后尘、拾人牙慧了。既然我打算找一个优秀的女性作家作为研究对象，那么我认为在当下的中国，王安忆是很纯粹很优秀的作家。我也希望通过研究她的作品对自己的文学修为、为人修养有所提升。

"对于第二个问题，我认为，首先，哲学是一种方法，是我们认识客观世界的手段。不同的哲学从不同的角度、不同的深度认识客观世界，这大大提升了我们认识客观世界的能力。那么在这种意义上，王

安忆的作品世界，完全可以用一种哲学去解读。因为好的作品世界，必然有其哲学方面的关怀。即便作家比较感性，未必有深度的哲学意识，但必然有她的哲学倾向与价值关怀。我找到了时间哲学，认为这种哲学比较贴切。而在我看来，王安忆成长的年代是一个时间高度穿梭的状态，对于王安忆而言，她走在一个令人有点错乱的时间里，'文革'时间、'文革'后时间、个体生命时间、国家民族时间、古典时间、现代时间，她的作品一再表达'文革'之后对于'文革'里个体生命流逝的焦虑，更一再表达着面对铺天盖地的现代文明而产生的焦虑。我认为，这两种对于时间的焦虑构成了她小说的哲学背景。而且，为了让自己关于时间哲学的表述靠得住，我把当时图书馆能够借到的所有的关于时间的书都借阅了，所以我认为自己这种关于王安忆小说的哲学构建是科学的、扎实的、有说服力的。

"对于最后一个问题，至于您问到的与王安忆老师有没有交流过，那我的答案是否定的。我认为优秀的文学批评首先不能是'抬轿子'，您也知道，现在不少评论家与小说家经常都是酒肉朋友，那么这种情况下的文学批评就可能会有点靠不住。我认为理想的文学批评就应该从小说里来，通过对作品进行方方面面的文本细读，通过其间的蛛丝马迹来进行研究。好的文学批评家应该有如福尔摩斯，从小说里去找寻对于人生和世界的理解，而不是直接问作者您写这个东西是为了什么。我的批评立场就是从作品出发，把作家作品放在大时代的沧桑巨变里去进行细致的考察，我认为自己的评论是冷静的、深思熟虑的、平实的评论，而不是一味地向作者献花。个人以为，这样的文学批评能够经得住时间的考验。如果我去接近王安忆，那么我很可能受到她的影响，很难再对其具体作品进行客观的评价，会有先入之见。而且如果一旦有了某种交情，那就只能一味地唱赞歌，这样的文学批评不会有深度，更是短命的，留不下来。我人生中最好的三年都在做这件事，我希望它有活泼泼的生命力，希望自己的研究不是大唱赞歌、献一束漂亮的鲜花给作家，而是为自己的学术生涯种下一棵无法替代的树，它也许不高不大，但它是属于自己的，带着自己的体温和人生阅历的。而且，您是做苏东坡研究的，您需要穿越时空，去和苏东坡对话吗？"

话说到这里，我突然有点为自己感动。为了专心做论文，我把嗷嗷待哺的孩子送给婆婆，多少一手二手资料摸下来，不可能没有考虑过作家作品研究中方方面面的问题，只是没有契机来总结罢了。而就是徐老，也就是徐老，让我在感觉被他的三棍子打退到墙角的时候，突然有了急智，绝地反击一般，把自己的批评出发点、批评方法、批评立场都统统讲了个一清二楚。

但在十六年前的那个盛夏，窗外绿树成荫的书房里，我断然不会有今天的觉悟。我当时气呼呼的，想着，既然这位传奇人物言辞这么厉害，还一直板着瘦削的面孔，那么此地也不宜久留，还是赶紧起身告辞为妙，于是匆匆把博士论文和那篇关于时间哲学的论文一并交给他。徐老也不作任何挽留，只是语气更加急促地说："博士论文我不要的，家里放不下，论文留下来就好。"我就更加气哼哼地说："已经写了请您多多指正了，就是送给您的，您要不要都给您了。"

然后我干渴着嗓子，一口茶也没敢喝就离开了。全部坐下来的时间也没有超过二十分钟，我仓皇逃出来的时候感觉后背都湿透了。

第二天遇到师兄李锡龙，他问我情况如何，我说吵了一架，老先生特别凶，我也很凶，我反正从来对人没有这么凶的，怪只怪他太凶了。

就这样，我认为投稿的事情肯定没戏了。没想到过了大概一个多月，《文艺理论研究》杂志的编辑陈佳鸣老师和我通电话，说："你的稿子被我刊录用，我要给你寄样刊了。文章确实不错，但前面排队的稿子有的都几年了，真的不能再等了。你这篇徐老也不知道为何这么着急，非要在最近这一期马上发出来。这样子'插队'让我和其他人都不好交代。"

这真让我受宠若惊。而徐老对那篇论文的看重也不曾落空：2006年，在我完全不知情的情况下，那篇论文被收入由吴义勤教授主编、山东文艺出版社出版的《王安忆研究资料》。而那篇论文对于王安忆时间哲学的归纳，后来被不少评论家和研究者包括我一直很仰慕的季红真教授进一步演绎，这无疑是对我最初发现的肯定。

到教师节前后，也就是中秋前后，我带着一盒月饼去看徐老。这次徐老也是老早在等着我了，看到我，特别开心，满面放光，连连说看得出来我的东西花了好多心思的。这回，我终于喝了徐老家的绿茶，细细地品味着，确实是传说中的那种很难喝到的好茶。徐老这回像一个慈祥而笑容灿烂的爷爷，笑声朗朗，估计是敏锐感觉到我的害怕，所以担心把我再次给吓跑了。走的时候，他回赠我一盒月饼，我哪里好意思？但拗不住先生的坚持，也就感动和美滋滋地收下了。这份感动和喜悦，一直珍藏至今，永生难忘。

（本文作于2019年7月，原刊于《文艺争鸣》2019年第8期，题名为《追忆16年前的那次辩论》，这里有改动。）

徐中玉先生95岁为我写推荐信

吴芸茜

每每翻看徐老的这封推荐信，都有一种见字如面之感。徐老的点点滴滴，都会因为这些手稿而让我重返那一天、那一刻。我的博士论文《与时间对峙——王安忆论》在取得学术出版基金资助的道路上，得到了以徐老为首的几位老师的最及时、最真诚的帮助与肯定，这让我一直心存感激，不能忘怀。

2008年的时候，我和同门刘晓丽博士一起去给王铁仙老师拜年。王老师也是我的博士论文评议人，对我论文的不少观点相当认同，因此也就有了一些乐于聚在一起的契机。

到王老师家之后，他乐呵呵地说起他的学生郑崇选博士也在华师大出版社工作，最近送他一本自己的专著。我拿过来一看，上面标志着"上海学术出版基金"，然后我就问王老师这个基金是怎么回事，如何申请。王老师马上又打电话问郑博士，得到的信息是：出版局每年会给上海所有出版社发函，让出版社鼓励编辑积极申报，以从实际层面推动和支持学者型编辑的发展，而且还有千字三十的稿费呢。我听了之后喜出望外，都想对着天空唱"小虎队"的歌了。因为以我的个性，绝不会吴芸茜博士的论文《与时间对峙：王安忆小说论》，在华东师范大学对论通过之后，因内容丰富，有许多新发现新论点。吴法、王铁仙等教授都是当室参加评定的主要专家。散文的中心篇最有代表性的一篇《与时向对峙——论王安忆的小说哲学》即接受思想更是艺术研究新机制，最终后也深提此文论证报表特点，是对王安忆重要作品细的研究后各出的佳作，故提前在光例2003年第4期即于提前发表全文一篇三四多余申 4 抖结合，发表并大多对王安忆作品的影响并理解。更些引物已全文重好载。我认为这确是一篇很有特色、值得诗面的论文，现此已交东市实巡大学组出版社想化伤群之化，并继续并首继续研究者此改革工化

徐中玉

2009年5月 日

徐先生给吴芸茜写的推荐信

选择自费出版这条路径，写得这么费劲，还要自费？岂有此理！

于是我就开始等待出版社通知我去申报。等了一年多都没动静，我越来越觉得不对劲，就直接跑去出版局打听，打听到出版基金的事情是吴士余老师在负责。我一听说是吴老师在负责，就放心了一半，因为我在刘士林老师图书的"致谢"里看到过吴老师的名字，刘老师说他对青年学子的事情都特别热心。于是我赶紧带着自己的博士论文，直奔出版局吴老师的办公室去向他请教出版事宜。吴老师一听我自报家门是华东师范大学中文系博士就很欢迎，再听我是做王安忆研究的，论文好多章节都已经公开发表过，就更加欢迎了，说申报工作这两天就要截止了，让我赶紧找两位老师去写推荐意见，写好后和博士论文一起给他就好了。

我一听时间很紧张，想着如果老师们都在家，我就今天都办好吧。然后就给徐中玉先生打电话说明请他写一个推荐意见的意思，先生说那你过来，我马上打车过去了。到先生家里后，发现稿纸都在书桌上铺好了。我和先生说我可以写个草稿，您抄写一下就可以了。结果先生说，我自己写给你吧。接着先生就神情专注地奋笔疾书起来，我看着先生在那里涂涂画画，颇为认真，心想您哪怕就写一句话也够了。待到写好，先生看看涂改得如此厉害，像个要交作业的狼狈的小孩子一样，自言自语说这样可不行啊，打算誊写一份。幸好我反应敏捷，马上说，您可别誊写，您誊写的没有修改痕迹的东西，别人会以为是我写好请您抄写的，您这个版本才是带着您思考的过程乃至您岁月的痕迹的，这样才真实、可信啊。最后，他又从抽屉里找出自己的名章，充满仪式感地敲在了自己的名字上面。而我真是对他佩服之至，读手稿会发现，他竟然还有能力写得相当流畅，这一年他95岁了。紧接着，我匆匆告辞，马不停蹄地去请王铁仙老师写了一封推荐信，那封信的手稿我也保存着。

我保留的这些推荐信，能说明我们师大中文系在徐老这位精神领袖的影响下形成的相对团结的优良传统。徐老对于所谓"运动"的认识极为深刻。他说：古有"文人相轻"，后多路线斗争，煞有介事。几次"运动"中，一茬被批倒，最早的批人者却成为第二茬的倒下者，第三、四茬受苦更多，成了"黑帮"。几茬"牛鬼蛇神"，"监改"时"济济一堂"，同是天涯沦落人，何况相逢原曾识。"劳改"中就平等了，有的当时尖锐有加，此日哭笑无从，痛定思痛，相濡以沫，乃成熟友。有些误解，在平等地位时即不致发生，有了也容易化除。学者合作共事都未必能振兴文学，更不必说内部消耗了。但愿人人都走大道，不入私门，各尽所能，即使目前不能繁荣文学，未来总能做到。徐老的这段话应该是他任中文系主任期间再三强调的，而且在我看来，母校中文系经过"四分五裂"的惨痛教训之后，应该是达成了如此共识的。

　　但是，自从我入师大中文系，就有一两个学长屡次提醒我，你可不要乱串师门哦，中文系很有门户之见，如果你得罪了自己的导师，你会"死"得很难看。当时我大概是硕士刚入门，给他说得从此"闭关锁国"了好多年，一度都有点抑郁和自闭得像林黛玉了，生怕大大咧咧史湘云一般的自己在这个"贾府"得罪了谁。直到逼不得已，需要为自己的事情做各种打算和各种奔走时，才开始一步一步地"摸着石头过河"，"改革开放"起来。在这些年如茕茕白兔一般的奔走中，我发现师大中文系没有老师会拒绝一个果真有所追求的学生。

　　在母校出版社出版博士论文的过程中，我又和宋坚之编审成了忘年交。宋老师是茅海建老师的夫人，从此我就有了拜读茅老师佳作的机会。宋老师告诉我，这批申报基金的博士论文只有我和古籍社一个编辑的最好，其他的质量太差，都让她退回去了，如果退改还达不到要求，就不能出版了（后面确实有未能出版的）；而且鉴于这种不堪的整体质量，出版局有关方面已经决定停止这一基金了。我听了之后，很为自己当年尽管有孕在身，依然努力发出"洪荒之力"感到庆幸。如果没有当初对自己的要求，我很难有机会遇到师大的这些"贵人"，那么，就会始终如林黛玉或者妙玉一般，完全封闭自己，永远活在师大中文系门户之见这种很深的偏见里。

可以佐证的是，那一两个当年提醒我不要乱串师门的师兄似无学术方面的建树。毕竟，一个人和一个国家一样，改革开放是硬道理，你缩成一团在角落里浅斟低唱肯定没有出路。而回想他们之所以如此悲观，确实是因为中文系在1958年之后被"运动"搞得"四分五裂"——全国都是这么一个状况。可是，正因为如此，在"文革"之后，在徐老提倡的"一笑泯恩仇"之下，学术活动十分活跃，学术自由也在践行，导师们即便彼此之间存在着以前结下的"梁子"，也不会针对彼此的学生。根据我后面不停"撞"入各门的体会，老师们对于学生，都没有所谓成见。除非你很刻意地想在师门之间捞点利益和便宜，那样才会招致老师们的反感。

徐老说："求学不比从商下海，只要沉得住气，意志和时间便成实力，铢积寸累，总可成功，无惨败之理，这种实力自亦不易。" 在这么一个喧嚣浮夸的商品社会，一个青年学子只要能够做出真正带着自己体温、阅历和思考的东西来，我相信，所有老师都会惊叹于你能够在心中放下一张安静的书桌，都会为你尽其所能地开通各种绿色通道。

（本文原刊于《河北师范大学学报》哲学社会科学版，2019年第5期，这里有改动。）

"同归而殊途　一致而百虑"——徐中玉先生访谈录

吴　炫

吴炫：先生，您九十寿辰的时候，我曾经写过一篇文章谈论先生的学问和人品。但总觉得还有一些问题没有深入涉及。您作为学界的元老之一，很多年轻朋友希望进一步了解先生的人生经历和人生体验。因为在当代纷纭复杂的文化转型期，很多人虽然在做各种选择，但可能已经感到自己的人生道路很难把握。所以今天和先生的对话能否先从您的经历谈起？首先很想听听先生上小学时的情况。

徐中玉：我生于1915年2月15日，家乡是江苏省江阴县华士镇。小学时代家境清贫，没一间住屋、一亩土地。两个姐姐读完初级小学就辍学在家，为小工厂"摇洋袜"补充家用了。我后来到邻镇去读初中寄宿生，是得到亲戚帮助才去成的。母亲来自农村，没有读过书，除承担家务外，夜间仍要亲自织布。父亲是中医，但他自己一直不想干中医。祖父年已近70岁，原是茧行职员，每年还要到无锡当季节工。那时候家里有七口人：祖父、祖母、父亲、母亲和我们姐弟。

吴炫：先生小时候的状况，让我想起了今天农村来到城里的打工妹。她们辛苦挣钱，可能正是为了家里的弟弟、妹妹能上学。为什么时过七八十年，有些情景还是有相似性呢？我从网上看到有农村来的大学生，因为没有钱吃饭，就每天晚上偷偷捡食堂的剩饭剩菜。在这样的状况下，他们是否能够安心地学习？我记得我在农村读小学时，全家七口人是靠母亲每月25元的收入补贴。那时候我们家有外祖母、外祖父、父母亲、两个妹妹和我，外祖父和父亲那时候都是挣工分的，虽然经济上很紧张，基本上隔一段时间才能吃一次荤菜，但比当地的农民还是好一些，比今天那个吃食堂剩饭剩菜的大学生也要好一些。

徐中玉：那时候我做寄宿生，每学期学费和膳食费等要60元，要分两次才付得清。读初小时，家里给我的"优待菜"就是独吃一碗蛋汤。我很早就知道两个姐姐不能多读两年就是因为家里已供不起，也知道家里这样是对我存着很大的希望。我进初中时还不足12岁。三年初中寄宿生活养成了我独自生活的能力，也养成了我节约、俭朴、自尊自信、决不愿麻烦别人、从不向人乞求的性格。初中毕业以后怎么办？当然想升学。那时候我两个姑母家各有一个比我大10多岁的表哥，他俩最终都一次就考上了清华，官费留学去美国的哈佛大学、英国牛津大学读硕士、博士，回来以后都成为清华等大学的教授、著名专家。他们的家境也相当难，是凭自己勤奋出色，中学、大学连连得到奖学金，得到选拔的机会，才有成就的。两位表哥就是我从小学起就父母经常挂在口里要我"用心点""有出息"的最亲近、最直接的榜样，同时自然也成为我一个很大的压力。

吴炫：我有时候想，成材是否与贫寒有直接的联系？中国人惰性和依赖性都比较明显，所以一富足就容易丧失进取心和吃苦耐劳的意志。当然这个问题我没有做过统计学研究，经验上是这样的判断。我所思考的问题是：贫寒中的读书奋斗与温饱状态下的读书奋斗，目标是否一致？性质是否一致？另外，先生，您那个时候是否像今天一样，大学生可以有多种选择的机会？比如您是否想过不从事学术研究，去做其他的工作来挣更多的钱？我觉得今天的大学生、研究生们，真正安心选择一生做学术研究的，似乎并不是很多。更多的还是想有一个文凭，好将来从事社会更重视、待遇也更好的职业。不知您那个时候有没有想过这些问题。

徐中玉：那个时候我们亲戚里面既没有当官的，也没有当老板从商的，确实我只有一条发展之路。我初中毕业时知道省立无锡中学的高中师范科不收学费，还有饭吃，毕业后有介绍我去当县立小学教师的好机会。我们去应考并被录取的共有四个同学。高中普通科培养立志考大学的，师范科主要培养小学教师，后者服务满两年凭证明才可报考国立大学。所以我那个时候想的也就是继续读书。

吴炫：先生，我对文学的爱好，是从高中学写标语口号诗时候开始的。尽管那些诗今天看来不是诗、很可笑，但爱好的事情很多时候也许是"歪打正着"的。我很想了解您是什么时候接触文学并喜欢文学的。

徐中玉：初中三年和高中三年中，我读到不少新旧小说，还有多种林琴南译的外国故事。我是那时候开始对文、史、地感兴趣，这些课的成绩也很好，且已开始向江阴的两份县报写过稿。1934年考入设在青岛的国立山东大学中文系，完全是我自己所定的。因为听说那里不仅风景、气候最宜人，而且闻一多、梁实秋、沈从文等也都在那里教书。那时也应考通过英文，是牢牢背熟了一些关于学习与生活的单词，拉扯运用过了关的。那年录取率大约是1∶20。我当小学教师两年，每月工资24元，当时已不算差，我的钱就两年积下200元，可够我一年使用。我真正走向文学研究的道路，是从进入山东大学中文系开始的。

吴炫：学英语和学文学，在我看来总有冲突。我大学阶段有大部分时间是被英语学习占用了，经常是清晨一大早就在校园里读英语、背单词。所以，没有想到先生那个时代也是如此。是不是学英语是中国现代化的重要课题？另外我想问问先生，您读书期间最深的感受和收获是什么？

徐中玉：在这段时间里，我一生至今犹存的深刻印象就是：开始有了生活的自理能力，不再靠别人了；自尊与自励，自应读书上进，不讲究生活享受，认识节约是美德，不求人才有独立人格；不能忘记父母的期许、两个姐姐的艰苦。另外，我从小学开始就深受国耻教育的影响，这使我对国家的种种耻辱极感气愤忧虑，真担心国家会被帝国主义瓜分。那时，反对军阀时代的"二十一条"辱国条约，抗议"五三济南惨案"、上海"五卅惨案"……一年总有好几次，教师带着我们擎起小旗，一路喊口号，高呼："打倒列强，除军阀，国民革命成功齐欢唱。"读高小时的小学礼堂，原是江阴反清斗争领头人阎应元典史的纪念堂，他就是从华士镇出山作战而死的，都是"法古今完人""有天地正气"的乡贤。我们每天都会看到他的塑像，景仰极深。五年级时有位极受我们欢迎的语文老师陈唯吾，忽然被提去杀头，后来才知道他是共产党的地下县委书记。"九一八"事变发生后，北平、上海的大学生去南京请愿抗日，我们无锡的高中同学也响应，一同卧轨、拦车，我也参加。真正痛心疾首的是大好河山竟由日本军国主义占去。回来后我即参加了下乡宣传，又特订阅了邹韬奋编的《生活周刊》，读其"小言论"，才逐渐明白一些国家大事，以及青年学生应如何进步。当时我们一个班同学就订阅此刊近10份。这一阶段，我从糊里糊涂、不了解到亲身经历了一些大事，忧国之心很重，也积累下当小学教师两年的工作经验，这都给我下一段以及后来的学习、爱好、性格、人生追求、今后方向，奠下了较深的基础。

吴炫：我理解先生的收获就是两个"独立"。一个是生活中走向独立的生存，不依赖任何人；另一个就是国家民族的独立，这比什么都重要。为这个独立，可以去牺牲。这两点，我觉得我们今天的青年学生可能都不一定自觉。我去年在日本接触了一些日本大学生，聊天中知道，他们家境再好，都是靠自己打工的。除了学费有些是家庭负担的，平时各种花费都是靠自己。他们的学生放学后不是参加体育运动，就是去打工，很少有去玩的。这种"凡事靠自己"的独立生存的意识，我觉得对我们今天青年的成长和人的现代化非常重要，因为我们依赖父母、依赖单位、依赖政府的意识太强。当然，摆脱依赖，有体制能否提供多种生存方式和获利方式的问题，但先从生活中摆脱依赖，对中国人走向现代化很重要。至于国家民族的独立，与个体的独立，也是相辅相成的。我不觉得今天的中国与先生所处的时代有多大不同。今天的全球化与被殖民化，性质差异在哪里？今天经济全球化中的快乐是否就一定是中国人所要的幸福？土地被侵略叫侵略，精神与思想被统摄为什么就不是侵略？最近看一些韩剧尤其是《大长今》这样的电视剧，感触就很深。韩国人的民族独立意识在文化上和精神上都非常突出。而中国知识分子中间，有不少人以依赖西方为自豪。比如以去过西方访学、与西方汉学家是朋友等等为自豪。这是中国人"自大"的一种逆反。两种都不是我们真正所应该要的"独立意识"。所以我觉得我们今天对国家的"忧患"，应该转到精神与思想层面上，即如何"穿越全球化"上来。这是一种"尊重全球化又不限于全球化"的新型独立意识。

徐中玉：这个问题可以做深入的研究。

吴炫：我感觉先生一向比较热心参加社会实践活动，总是以介入现实的姿态来体现自己的各种主张。能否请先生谈谈这方面的一些经历和体会？先生参加社会活动是什么时候开始的？

徐中玉：开始走向社会与生存有关。进入山东大学后，我必须先为第二年的学习费用作出打算，唯一的办法只有试着写些文字去赚点稿费。那个时候穷学生想这样做的也不少。我对退稿或石沉大海倒是有充分的思想准备。规律必然这样，没什么近路可走。实际比预计似乎还好些，文稿在天津与上海两地的报刊陆续刊出不少，每篇千字两三块钱，计划竟可能达到。后来，注意点自然就转移到"抗日救亡"工作上了。那时，历经紧张的"西安事变"、危险的华北局势，加上青岛本地海面日本军舰每天公然挑衅，"一二·九"学生运动也已在青岛扩展。由于成立了"山大文学会"，会中有不少先进同学，我受到他们的影响，一起积极加入活动。在这种形势下，我感到应该改变改变自己老坐图书馆的目标与方式了。洪深老师教我做过一个多月他排演剧本《寄生草》的杂事，我就为下乡去街头演出的《放下你的鞭子》《张家店》等做点杂事。我也加入了经他们介绍的"中华民族解放先锋队"（"民先"）。我过去的确还没有接触过这样一些热情、有思想的朋友，因而就开始改写救亡工作中的感受、经验等报告文字了。"卢沟桥事变"发生时我已读完三年级，山大最后决定内迁四川，暂时并入已在重庆的国立中央大学。山大有些同学选择了分散留下打游击、去延安或山西、去就近大学借读等等。我因决心走学术研究道路，就随校内迁，先去中央大学读完四年级毕业，随后再报考迁往云南澄江的国立中山大学研究院文科研究所，两年后毕业留校任教五年，直到1946年抗战胜利后方离开广东。

吴炫：先生，我很想了解那个时候您的学术研究与抗战是怎样的关系。中国的学术总是要处理和政治的关系，比如介入现实社会问题与学术独立的关系，我们始终很难处理好。陈寅恪的纯粹治学是一种处理，郭沫若写《屈原》话剧也是一种处理，鲁迅式的独立的思想文化批评自然也是一种处理。今天，学界似乎又有一种纯粹做学问的倾向。先生认为做学问的原则应该是什么？

徐中玉：整个抗战八年我一直是在四川、云南、江西、广东一带的四所大学里学习和任教中度过的。当时出版的四本书和所写文字，都是坚决要求抗战到底。对学术研究工作进行了调查，积累下来许多手抄卡片。生活虽苦，内心却很踏实，这是自己必然的选择。这志愿早在山大读三年级听过叶石荪教授言传身教的指导后，就开始这样做了。人各有志，有兴趣、有毅力总能做成些事情。我对政治是保持一定距离的，读书是需要安心下来的，学术不是政治活动。但那时候我就对国家大事非常关切，但愿总有进步，进步得快些，对许多弊病也有恨铁不成钢的忧虑。但无论做什么事，"求真务实"是我企盼守住的基本原则，我不太相信各色宣传之伪。任何主义都不能包医百病，长久有效。是否真有进步，要看大多数人是否感到了实效，符合实践所得的证据。

吴炫：先生在学术上的务实主张我很赞同，也许这一点可以打通学术和政治。但有时候我会经常想：什么是务实的，什么不是务实的？我们要务的是什么实？精神、思想和信念、心灵中的实，与社会现实的实，是什么关系？前者的实又如何判别？我们又如何保证社会现实的实，是真正有利于人类进步的？谁有权力说"进步""不进步"？因为"什么是进步""能否进步"，在哲学上依然是个可以讨论的问题。中国历史多是循环，什么样的"实"是不会被后来人反思的？这些都是更深入的问题。比如我们今天搞现代化，但搞成什么样现代化的问题不解决，其所有的"实效"，未必不会被我们以后的人反思和批判。但总体上，强调学术对于现实的一种"效果"，我是赞同的。与现实无关的学术我们不缺，服务现实的学术我们也不缺，最缺的是影响现实的学术。

徐中玉：一切要从实践出发，用实效证明，而非从观念，非凭强制、压力可得。学术研究应先掌握尽可能丰富的、包括不同见解的资料，要仔细比较思考，自出手眼，不盲从任何"权力""权威"，用自己的语言、自己的思维方式，写出明白清楚的文字来表达。不知的不妄说，不自欺欺人，知多少就说多少。说错了就修正，不足的随时补充。我不搞考据，但相信有思想的考据之不可或缺的价值。我不要看烦琐的废话，敬仰古贤的"通道必简"，"深入"了的就能"浅出"，"以艰深文其浅陋者"不少，好的学风、文风现在不多。佶屈聱牙的文字，决非研究深入或所写对象本身一定如此所致。

吴炫：文风、学风和我们精神、思想、文化上的失重和迷乱有关，也与人的生存本能有关。人总有活下去的欲望，当他不能选择和创造有质量的生活时，他就会挣扎和冲撞，找一些皮毛当救命稻草。我觉得对中国学者来说，文风艰深多是思想的不清楚所致，而浅薄多与不想花力气的生存欲望有关，比如抓一些现成的理论来解决貌似相似但实际错位的问题，就是浅薄。现在，五四反传统已经有近一百年的历史了。学界这些年有不少人进行反思，但我总觉得反思者的思维方式和价值观并不比五四时高出多少，反思的深度就成了一个问题。不知先生如何评价五四新文化运动，又怎么看待我们这一段时期的思想文化演变？

徐中玉：五四的文化启蒙当然有重要作用。科学、民主、自由、平等，至今仍颇欠缺，亟待充分、拓宽，现在应比那时推动得更多。此前社会上存在很多极端的、非此即彼的看法，但实践证明古贤所说的"执两用中"，或西贤说的"正、反、合"，矛盾统一、辩证统一，是正当的方法。我亲身经历，所谓"矫枉必须过正"之说，或在所难免，但总非真理，实实在在的发展进步，总是在恢复理性与科学、"和而不同"的历史环境中才能取得。这些年来，极少有人再以"革命"自居，乱批不同观点如人性、人道主义、人情味，以及很少有再像过去一样将社会学、心理学、政治学、经济学……各学科都说成是"资产阶级""唯心论""形而上学"的东西这样的事情，于是学术界才有了些可观的成果。每个人身上都存在既有矛盾又有统一的表现，如何可以执一而论？互相宽容，看其大体，才能自由，才有和谐的社会，才有人类共同的持续发展、互补双赢的可能。

吴炫：我个人觉得，作为一种总体的价值和概念形态，是可以提"科学、民主、自由、平等"的，但关键是中国能不能做到西方式的"科学、民主、自由、平等"？如果能做到，有什么理论论证？或者只是一种审美的、情感化的愿望？如果做不到，是时间问题还是内容错位问题？比如"人人平等"和中国传统的"等级制"该怎么融汇？我们究竟要什么样的"自由"？过去"反封建"时所说的"自由"与今天市场经济时代我们所需要的"自由"，内涵有怎样的差异？今天所需的"自由"和中国传统的随心所欲式自由和权力式的自由，该如何交融和改造？而科学与科学化、科学态度与科学方法、人文社会科学领域的科学态度和科学方法，应该怎样区别？这里面有没有中国性问题？因为中国传统是情感、经验、印象为主的，它们作为基础和集体无意识的话，会使科学在中国产生怎样的变异或异化？这些问题，可能都需要深入的研究。另外很想听听先生的看法，就是五四以来中国学术最宝贵的经验和教训是什么？

徐中玉：我看，也只有在"和而不同"、尊重各自的个性、尊重各自的独立见解的文化环境中，学术研究才会发展。"万虑一致，殊途同归"，这是我国两千多年前就已经提出来的名言。"万虑"是自然而然的现象，有其合理性，是矛盾，但能够经过沟通、协调，而达到"一致"，才是真正的"一致"。有了这样的不断产生矛盾又不断取得"一致"，证明了似乎只有一条路可通的地方，实际是"条条大路都可通罗马"的；"殊途"是可能"同归"的。"同而不和"才会误事。我总认为，无论做人、治学、治国，心胸狭窄，唯我独尊，不能博采众长，和衷共济，根本原因都是私利在作祟，决不能有成。

吴炫：先生说的"和而不同""多样统一""条条大路通罗马"，我想做一点补充。我觉得前人的这些名言，作为解释自然界和人类文化的生存现象，特别是文化内部的同一性质的生存现象，是基本可以成立的。但人类文化也有性质不能"统一换同一"的现象，有"不同才和"的现象。"和而不同"的"不同"主要指个性和表达方式，"和"是"和谐"的意思；"不同才和"的"不同"，是指世界观和思维方式的不同，"和"是彼此尊重。后者尤其可以说明东、西方两种文化和世界观，作为两种不同的世界观或不同的道路，它们是否能达到同一个"罗马"，是有疑问的。如果再加上伊斯兰教，加上非洲食人族和爱斯基摩人，这个问题就更加复杂，世界最后是否能殊途同归？我是抱质疑态度的。因为文化信念是很难改变的东西，目的也是有所不同的。在中国文化内部其实也存在这样的问题。比如"求同存异"，能否容纳不同于儒家和道家的世界观？不同的世界观会构成怎样的不同？这些都需要我们做更进一步的思考。所以除了"和而不同"，我是强调要加上"不同才和"。两个"和"，两个"不同"，内涵都有差异。

徐中玉：这个问题自然可以讨论，可以有不同意见。但有些精神还是可以相通的。

吴炫：从过去的学习到今天的学习，大学已经发生很多变化。这种变化是好还是坏还很难说。我个人认为今天的大学不仅是创造性研究和教育匮乏的问题，而且是今天很多学者已经不把学术作为目标的问题。学术和教育其实又一次与功名利禄联系在一起了。关键是，一向缺乏独立性的中国知识分子，这一次似乎是自觉地选择了将学术作为生存的工具。面对这样的状况，很想听听先生对年轻学者的建议。

徐中玉：对当前的学术研究状况，我感到由于学生大量增加了，能成才的学者自会多起来。我的愿望是有更多的青年学者珍惜机会，不要太急功近利，少些享受要求，立下决心，多读些真有价值的原著，尽可能掌握丰富的、具有不同见解的资料，多写多思多比较。多把自己的思考写下来，使这种做法成为习惯。要有问题意识，选择一个自己真有兴趣、真有较多资料积累的课题，一个大家、一本书、一个较大的课题都可以。先反复读通原著，发现问题，掌握原著的精神，然后把一个一个自己较有把握的问题写出专题的文字来。前贤的著述，往往先小后大，先写读书札记，后对专题发言，最后有可能时再写专著。现在常常的情况是：动辄就写长篇大论、专著，洋洋二三十万字，想自成体系云云，天马行空、大言无实，可能重复别人，或处处是漏洞，得不偿失。

吴炫：先生强调治学的问题意识，我觉得是关键。但如果深化一下可以再追问一下，就是"什么样的问题才是真问题"，我们思考可能不够。比如西方人提的问题是不是就是我们的问题？前人提的问题，今天还是否应该重提？情况有变，提问题的思维方式和问题的内涵是否也应该有所转变？理论创新和学术创新，是回答别人的问题还是提别人没有提过的问题？比如当前的文化研究，究竟要解决中国的什么问题？说文学艺术已消亡，村上春树和韩剧为什么还这样火？我觉得在这方面不少学者并不清楚自己要研究和解决什么问题。

徐中玉：研究文学当然需要有大文化的视野，这样才不致局于一隅，但若脱离了文学本身的特点，徒有思想，也难落到实处、真能解决具体问题。现在的文化研究就有这样的问题。现在每个问题、每种学问都与许多边缘学科有关，这是好的。但不可能面面俱到，科科都有较多认识。宽广的视野与专精的学科，所提的要求与期望应有适当的联系和契合点，否则恐难产生效果。也就是文学与文化，学与思，微观与宏观，交错结合，不可或缺。我认为，文化研究这种工作，应量力而行，勿急于求成，一步一个脚印去做才好，实效远比空想有益，"求真务实"是最重要的原则。不断探索追求下去，总会有成绩出来的。

吴炫：先生，我是提倡一种文、史、哲打通的文化性研究的，而不是现在与文学无关、与哲学无关的文化研究。文化研究的最高境界应该是建立自己的思想，而不是借西方的任何理论来描绘现实。所以这个"打通"不是指一个学者有文学、史学、哲学各方面的知识，而是说一个学者要建立自己的思想和理论，不从哲学入手，格局就会很小，最后也很难站得住，专业上的一点新想法就会和自己世界观、价值观、思维方式上的文化惯性产生冲突。所以近几年有不少学者就是在专业创新层面上理解理论原创的。我觉得这是对理论原创的泛化性理解。从另一个方面说，在哲学和科学有原创性的大家，也不是以专业知识丰厚著称的。爱因斯坦说物理学是他的爱好，尼采年轻时的第一部著作就是《悲剧的诞生》，他们有多深的学术积累？我们很多学者没有看到专业实际上是原创的桎梏这个问题，而现在分工越细，原创也就越少。解决这个问题，当然不是说不搞专业，而是说不能被专业知识束缚和遮蔽。只有强化对既定知识的批判，才能恢复到原创状态。当然什么是原创性的批判，更需要深入研究。

徐中玉：我有时候也不太相信理论的作用。一是太空洞的、太抽象乏味的多，文艺理论还是应该用通俗易懂的方式、有形象感的方式来表达为好。否则看的人不多，也很难有什么影响。当然我不是反对纯粹抽象的理论存在，只是这些理论对解决文学问题不一定有用。二是没有一种理论是能很长久的，所以不要过分相信理论的作用。无论是原创的还是移植来的理论，都有这个问题。比如冯友兰在哲学上有一定的影响，写过一些著作，但究竟产生了什么作用，就很难说了。即便是马克思主义理论，今天理论界似乎也不多谈了，也能说明这个问题。三是理论和思想只能是各说各的，很难统一，谁也不要迷信谁，也很难说哪一种理论就一定是原创的。我们不可能把前人所有的著作都读过，所以我们也不能简单地说某某理论就是原创的。

吴炫：理论的抽象性，与中国哲学现代化受西方哲学的影响有关，也与哲学本身不是具体的社会科学这种存在性质有关，因为它解决的是我们看问题的观念、思考问题的思维方式的问题。这一点我和先生的看法不完全一样。当然我赞同中国哲学的现代建设应该注重中国文化的"现实性"特点，在表达上尽量区别于西方的纯粹思辨，增加可读性。但是否思辨，与对哲学本身的理解有关。比如你是否想建立总体性的理性哲学，这不仅仅是一个表达的问题。先生说的第二个问题，我的看法是：任何理论都不可能永远有作用，而且有没有作用，并不是判断理论有没有价值的准绳。我的判断标准是理论有没有影响和启迪作用，比用一种理论解决一个具体问题更重要。理论的作用是影响性的，而不是指导性的。解决具体问题可能是实用性标准，这在严格上不是哲学的态度。而且哲学理论如果解决的是观念上的问题，比我们解决具体的问题，意义要大得多。比如"美是否可说"这个问题，就比各种说"美是什么"的美学，可能来得更根本、更重要。第三个问题当然涉及对"什么才是原创理论"的理解。原创在今天不可能是文化上的，即你再怎么创造也不可能脱离本民族的文化精神，所以对原创，我的理解只能是世界观或与世界观相关的思维方式具有的独特的品格。世界观和文化精神是不同的概念。我们先不要管你的创造前人有没有说过，如果一种理论创造能在世界观和基本观念上与现有的中西方哲学都不一样，这就已经非常不简单了。至于哲学史有没有忽略还未被记载的哲学原创思想，那是另一个问题。我看世界观被忽略的可能性不大，如果有，那就会重写哲学史。

徐中玉：理论上的问题还是不要说走极端的话。儒家所说的"不偏不倚"，我看什么时候都不会过时。虽然不偏不倚那个"点"、那个"度"很难掌握，每个时代对这个"点"和"度"可以有不同的掌握，但不要从一个极端走向另一个极端。无论是推崇一种理论，还是批判一种文化，都不应该持极端的态度。比如对待八股文，过去我们极端化的贬抑就太多，而没有看到八股文、科举制度也有它的长处。辩证法的态度应该是对待坏的东西也应该看到它的长处。回头来看，我们对待很多事物的评价，也都存在这个问题。

吴炫：先生说"不偏不倚"的"度"很难掌握，是因为这个"度"还是一种感觉和经验上的东西，很难有精确的科学定位，所以还不是现代意义上的理论定位；另一方面是，"不偏不倚"和"中庸"的内涵主要是不生产东西，这与我所说的"双重批判"是不一样的。也就是说"本体性否定"说的既不是这，也不是那，其结果必须是一种新的东西的诞生。但这个问题说深了就很复杂。关键是怎么理解"极端"。西方宗教文化也把"彼岸"性的东西推到极端，信念和信仰也是一种极端。当年的希特勒也好，今天的美国霸权也好，不仅把他们的理念推向极端，而且也采取极端的方式，而且极端者也会把他们的理念说成是"美"和"善"，问题就会更加复杂了。特别是，对付极端用"不偏不倚"的方式，可能就是没有极端的方式有效。比如用和平的方式取代战争的方式，理论上是对的，但现实中可能还是没有极端的方式有效。这都使得我们会说"极端"和"中庸"可能各有利弊。

徐中玉：另外理论上的创新我主张还是积累和渐变。因为你很难有个清晰的定位，说这是原创那不是原创。陈寅恪曾经谈过类似的意思，一个是基本原理的创新，还有一个层面是用这个原理建立一个地方性的、中国性的学科，这里面当然有个创新程度的问题，可以讨论。但后者可能更加普遍，需要后者作为积累。比如日本现在在技术创新上很厉害，但他们也走过一段很长的模仿阶段。

吴炫：问题的关键可能也在这里。我们现在并不缺乏技术上的或者学科层面上的创新，而是缺乏原理的创新。但这个问题究竟是我们积累模仿还不够，还是我们缺乏对基本原理的"全方位批判"的意识？如果是前者，我们已经模仿西方一百多年，是不是还要模仿一百多年才能走向原理创新？如果是后者，我以为再过一百年也不会有原理创新，也就是说，积累也可能是在"变器不变道"的层面上进行。所以我是主张"学""思""批"缺一不可。应该是"学而不思则罔，思而不批则殆"。批判，应该贯穿在"学"与"思"中，否则就会耽误事情。

徐中玉：儒家所讲的"思"里面其实也包含"批判"，"道不同，不相为谋"，其实就是一种批判。只不过"批判"是隐含着的，不一定正面详细阐明。此外还有一些共同的东西，今天依然可用。比如"以民为本""以人为本""己所不欲，勿施于人"，这些今天看来都没有什么错，可以直接用。

吴炫：这个问题我觉得今天应该挑明。把"批判"放在与"学习"和"思考"并列的层面来考虑，用"批判"来穿越"学习"和"思考"。否则，批判性的思考很可能会被阐释和认同的思考所遮蔽。因为世界观层面上的模仿和依附，已经成为我们的集体无意识。很多学者是以这个无意识为前提来讨论问题的，自然会得出"原创怎么可能"的结论。至于有些永恒的命题，我的观点是要考虑今天我们应该做什么样的理解。共同的命题可以形成不同的主义，所以中西方对"以人为本"可以有不同的理解。

徐中玉："原创"的问题可以讨论，因为创新问题我们讨论多年，但实效进展不大，原因在哪里？《文心雕龙》中就说一时代有一时代的文学，这里面就有创新问题；另外苏轼这样的作家创新也很突出，也可以专门研讨。苏轼不仅留下的东西最多，而且很多谈"水"的文章，是有自己的哲学的。但从哲学角度研究苏轼的的确还不多。另外他重实践而不是重读书，与他的创新是有关系的。苏轼的读书方法也很有特点。先通看，然后从一个方面去看，最后再穿透起来看。这是看书的一种好方法。苏轼的为人为文也很一致，当官流放、倒霉得意，都不会使他放弃他自己的东西，他很有自己的特点。这与他的思想创新是有关的。苏轼是很难得的人。一个人可以接受各种影响，但这影响最后都成为自己的东西。怎么变成自己的东西，这是关键。过去有人说他接受儒家的影响，但又不仅如此，最后他所受影响都成为他自己的东西，才是最重要的环节。

吴炫：先生这个提议很好。一时代有一时代的创新，今天的作家与苏轼这样的作家的创新，有什么样的异同？苏轼与李白、杜甫的创新，又有什么不同？我个人感觉，杜甫的诗有的用儒家的思想就可以解释，但苏轼就很难这样，所以我以为苏轼创新的程度就比较高。我不太知道古代文学领域怎么研究苏轼的，但研究苏轼的哲学是如何不同于"儒、道、释"的，这问题就很有意义。现在的文化性研究，更多是从苏轼研究中去挖掘"儒、道、释"的材料，我认为这不是对苏轼为什么会成为苏轼的原创性研究，忽略"整体"的苏轼究竟是什么这个问题，不是严格的文学性研究。

徐中玉：那是的。

吴炫：先生能否对自己有一个总结？

徐中玉：我自己近七十年从未离开过高校教学本职，多少做了些力所能及的工作。几十年前的历次运动中，大学绝非清静之地，文学领域还曾是批判斗争的导火线、风向灯，极少有人能安居乐业、真正尽点责任。现在幸而有了改革开放，种种弊端正逐渐在得到清理、纠正，令人欣喜。过分集中、但求一致的体制是滞后、缺乏创新的关键。接着就是我们大家各自应有的更加努力、负责精神与承担态度了。有生之年，我乐观其成。

（本文原刊于《文艺研究》2005年第12期，这里有改动。）

下编

徐中玉先生研究

徐中玉教授与中国大学语文教育[①]

谭　帆[②]

在当今的教育界，要做一个真正为学生所敬重的教师已然不易，要做一个在学界享有盛誉的学者也很难，而既是好教师、名学者，又能成为真正的教育家的，在现今的大学圈中可说不多。而徐中玉先生肯定是其中的一位。在我看来，教育家与一般好教师、名学者的区别，很大程度上在于他的雄才大略、远见卓识，能从教育的本质看待各种人和事，并且直道而行，执着追求，最终达到事业成功的彼岸。在对待大学语文这一工作上，徐先生正是集名师、学者和教育家于一身，二十余年来为中国的大学语文教育做出了重大的贡献。

徐先生对中国大学语文教育的贡献主要表现在三个方面：

一、课程建设

"大学语文"现在已是一门人尽皆知的大学本专科和自学考试的公共基础课，新中国成立前曾名为"大一国文"。新中国成立后，大学教

---

① 本文参考了方智范教授的文章《我所认识的徐中玉先生》，特予致谢。

② 谭帆，徐中玉先生第三届硕士研究生，华东师范大学中文系教授，全国大学语文研究会会长。

育照搬苏联模式，在课程设置上也"苏化"，"大一国文"被取消，从此中断近三十年。"文革"后百废俱兴，大学教育也开始活跃起来，时任华东师大校务委员会副主任、中文系主任的徐中玉先生和南京大学匡亚明校长联合发起倡议，于1980年10月，在上海召开了全国大学语文研究会，决心把"大学语文"课程的开设推向全国。这一倡议得到了全国高校的普遍认同和周培源、臧克家、苏步青等著名学者的支持。至今，开设"大学语文"课程已蔚然成风，"大学语文"成为高校对大学生进行人文素质教育的重要课程，在文理渗透融合、培养综合性人才方面取得了突出的成绩。而今当人们在纷纷谈论加强大中小学的母语教育，在大声疾呼要重视素质教育，在呼唤着人文传统的回归、弘扬和培育民族精神的时候，回溯以往，我们怎能不感佩徐先生等老一辈教育家的远见卓识呢？对此，徐先生有开创之功，更是发扬光大了这一事业。作为一个在海内外享有盛名的著名学者，徐先生数十年来一直致力于"大学语文"课程的建设，将"大学语文"课程的建设真正作为一个重要的事业来对待，将这一课程的建设提高到增强民族凝聚力、提高全民族人文素质的高度来加以认识。他曾经说过：

　　许多事实证明，在目前我国深入改革开放的时代，实行社会主义市场经济当然是非常必要的，但同时也必须积极建设社会主义的精神文明，弘扬爱国主义、集体主义、社会主义的精神，防止市场经济可能带来的金钱至上、享乐主义、极端个人主义等负面影响。这些负面影响，不可避免地也会波及到大学里来。民族文化素质如果跟不上经济发展的需要，反过来就会成为经济持续发展的障碍。今天的大学生是未来各行各业的专门人才，是"科教兴国"的预备队。"大学语文"课程的教学，有助于培育和提高他们的文化素质，而他们乃是我们民族整个知识群体的主要力量，是我们国家未来兴旺发达的希望之所在。[①]

正是基于这样的认识高度，徐先生不计名利，锐意创新，投入了大量的时间和精力。作为一位大学教授、著名学者，徐先生数十年来殚精竭虑，从事这一课程的建设，我想在当今的学术界和教育界可谓第一人，也是贡献最为卓著的一个。这既体现了徐先生作为一个学者高瞻远瞩的气度，又体现了一个教育家脚踏实地的风范，更表现出了一个知识分子的社会良知和责任感。

二、教材建设

一门课程的开设离不开教材的建设。二十余年来，徐先生对"大学语文"课程投入最多的大概就是教材的建设了。他前后总共主编各类《大学语文》教材5种，这5种教材覆盖了全日制普通高校、自学考试本科、自学考试专科和应用专科等各个领域。如果将各种教材的"修订本"加在一起，则总计达13种之多。二十余年来，由徐先生主编的《大学语文》教材，累计发行总量达一千七百余万册。而其中大量的盗版和翻印还不在其数。可以说，徐先生主编的《大学语文》已成为国内同类教材中最有权威性、影响最大的教材，其产生的社会影响是不容低估的。

徐先生主编的各类《大学语文》，其中有一个贯穿始终的指导思

---

① 徐中玉：《大学语文》编写说明，见徐中玉、齐森华主编：《大学语文》（增订本），华东师范大学出版社2001年版。

▶ 从左至右齐森华、徐中玉、谭帆

想，那就是确立综合性的人文素质教育的主导性。"大学语文"课程主要面对中文专业以外的各种专业的学生，尤其是理工科的学生，因此它有别于中文专业的文学史、作品选等专业课程，也不能以单纯传授语文知识和技能为目的。而是通过古今中外美文的学习赏读，获取优秀的文化和思想，以凸现人文素质教育的性质，从而起到思想启迪、道德熏陶、情感陶冶等多方面的综合性教学作用。徐先生的这一思想是贯穿始终的，而在主持编写教育部高教司组编本全日制高校通用《大学语文》教材时，徐先生从理论上定下了这样的宗旨：

1. 增强人文精神的培育。

2. 看到人和人格的力量。

3. 有助于突破思维定势，获得启发，利于创新。

4. 优秀文学作品的精彩描写提供了美感、愉悦和享受，既能陶情养性，也能提高鉴赏力与写作水平。

为此，徐先生决定打破此前各种《大学语文》教材或按文学史线索，或按文体编写的惯常体例，改为提炼若干人文专题进行编排，所选又多为中外文质兼美的文学名篇。突出人文教育这根主线后，教材的面貌焕然一新，更有时代特点，《大学语文》教材的建设又跨上一个新台阶。这一指导思想现在已成为"大学语文"教育的共识，从而使"大学语文"课程成了一门起到文理渗透、文化与科技交融作用，培养大学生人文精神，营造大学里文化氛围的基础课。

　　徐先生主编的《大学语文》还倡导以"学生为本"的原则。而所谓"以学生为本"的原则主要体现为两个方面：

　　一是处处为学生着想，心中永远装着学生。比如1992年全国自考委下达文件，要求对各种自学考试课程的大纲进行修订，以进一步体现考试的标准化和公正性，"大学语文"考试大纲是中文课程中首先修订的一种。徐先生对此事十分重视，亲自主持召开了各种会议，反复研究讨论。在修订中，徐先生处处为考生着想，要求我们做到：删除教材中不符合课程性质任务的过难过偏的知识内容；改正不够确切的课文注释；对课文的提示要力求观点明确、重点突出、条理清晰，更适合自学者阅读；思考练习题尽量做到具体切实、有启发性，便于考生复习。经过在先生指导下的仔细修订，这本自考教材明显提高了质量，对引领广大青年扩大视野，走近经典，接受优秀文化和先进文化的熏沐，陶冶性情，涵养心灵，提高思想道德素质和科学文化素质，起到了有益的作用。

　　二是因材施教，因需设教，根据不同的学生类型，制定相应的教材体系。最为典型的是《大学语文》的高职教材。近年来，我国高等职业教育兴起，对这一新的教育类型的出现，徐先生有着高度的敏感。本着"科教兴国"和"以人为本"的精神，当高等教育出版社邀请先生再为高职学生编一本《大学语文》教材时，先生欣然同意。

关于这本教材，我觉得有两点特别值得说一说。首先，在总体设想上，徐先生提出教材内容虽少不了选择优秀文学作品，但也要兼顾历史、哲学、社会、生活各个方面，对学习文史哲甚至自然科学的方法要有所指引，强化"通才"教育的思想。为此，徐先生先生亲自选定了如爱因斯坦《我的世界观》、茅盾《谈独立思考》、茅以升《学习研究"十六字诀"》、朱光潜《精进的程序》、邓拓《共通的门径》和施蛰存《纪念傅雷》等文章，引导学生与大师对话，谈为人，谈读书，谈方法，谈研究。同时，徐先生还自己动笔，为多篇课文撰写注释、评析和思考题。徐先生所写文字的特点是，不是就事论事地为词语作注释，也不是光从文章法度方面给学生指点门径，而是更多着眼于文之大处，常常在文章义理方面进行精彩的发挥，给学生以思想上的启迪。由于上述这两点，这本教材显示出不同于其他教材的特色，产生了较好的教学效果。

三、队伍建设

教材建设固然花费了徐先生大量心血，队伍建设也是徐先生长期以来关注的大事。这里说的队伍，是指从事大学语文教学研究的师资力量。教学的关键是教师，教师队伍建设的关键是不断提高思想业务水平。为此，徐先生在上世纪80年代初，即发起成立了全国大学语文研究会，这是一个语文界的全国性一级学会。徐先生被推为学会会长，这一职务他一直担任了二十年，到几年前才因年龄原因退居二线。其间，他主持召开了全国性年会8次，现拥有团体会员三百五十余名，遍及全国二十多个省、市、自治区。

徐先生在广大学会会员中享有崇高的声望。人们或许会认为，这是因为徐先生早就是有广泛社会影响的名教授之故。其实，更为重要的原因是徐先生从来不做挂名的会长，他领导学会，采取的是十分务实的工作方针，事必躬亲，细致踏实，使学会活动开展得有声有色。学会每两年召开一次具有实质内容的学术年会，出版研究论文集和学会会刊，进行教师培训活动。徐先生对学会的有力领导，调动了全国各级各类学校的教师力量，这对提高教师素质、推动"大学语文"课程的教学和研究，起了很大的促进作用。

徐先生素来赞赏《红楼梦》中的两句格言："世事洞明皆学问，人情练达即文章。"在对待大学语文教育这一工作上，徐先生正是以其学识、才华、睿智和经验做出了重大的贡献。

中文"师范"与大学精神：
读《徐中玉文论自选集》

陆晓光[①]

题记

> 天质自森森，孤高几百寻。凌霄不屈己，得地本虚心。岁老根弥壮，阳骄叶更阴。明时思解愠，愿斫五弦琴。
>
> ——录自王元化为徐中玉九十寿辰而题写的王安石《孤桐》诗

徐中玉先生今年九七高龄了，中文师范教育生涯八十年[②]，正值华东师范大学校庆六十年。

---

① 陆晓光，徐中玉先生第二届硕士研究生，华东师范大学中文系教授。

② 徐中玉出生于1915年1月，2009年他在《我的简历》中自述：1929年（14岁）初中毕业后报考"高中师范科"；1932年在一所县级小学"当教师满两年"并兼任全校训育主任，那时还不足18岁。1934年，徐中玉考入国立山东大学中文系（抗日战争全面爆发后山大并入迁在重庆的国立中央大学），读完本科后继续考入国立中山大学研究院中国文学部研究中国古代文学理论，两年毕业后留校中文系任教。1941年起，他先后在中山大学、山东大学、同济大学、沪江大学、复旦大学等高校中文系任教，建国初期转入新成立的华东师范大学中文系。改革开放以来先后任中文系主任、中国文学研究所所长、校委会副主任，上海市作家协会第四届副主席与第五届主席等。如果以1932年从无锡高中师范科毕业后任小学教师为始，迄今（2011年）其师范生涯已届八十年。（参见《徐中玉文论自选集》中《我的简历》及《六十多年我与本国语文关系中的感想》等。）

2010年元旦得赐新版《徐中玉文论自选集》，这是90年代以来徐先生题赠笔者的第三部自选集。①

华东师范大学是"我国第一所社会主义师范大学"②。笔者作为三十年前中文系文论专业毕业留校继续学习并任教至今的学子，期以本文提交作业报告，并借以缅怀徐先生。

一、"师范教育"与"民本"文论

徐中玉作为中国文艺理论界著名学者，其文论的独特底蕴和风貌特征首先在于心系"师范教育"。

现代"师范教育"有两方面独特性：一是主要任务为培养中小学教师，师范大学主要培养中学教师。③二是政府资助并给予学生减免学费等优惠待遇。④这两个独特性表征了现代民主理念的基本要求：大量培养教师是普及教育和开启民智所必需，减免学费则保障了贫寒子弟也可能享受高等教育。与此相应而众所周知的是，华东师范大学相对于其他著名大学，其六十年来的历届学生生源较多来自社会底层。

---

①　《徐中玉文论自选集》，上海文艺出版社2009年11月出版。前两部为《激流中的探索——徐中玉论文自选集》，华东师范大学出版社1994年版；《徐中玉自选集》（上海著名学者文集之一），重庆出版社1999年版。

②　"华东师大是我国第一所社会主义师范大学，从一开始就为新中国的大规模文化建设承担重要使命。"见华东师范大学党委书记童世骏教授《继承办学传统 激发文化创新活力》（载《华东师范大学校报》2011年9月6日）又，"1951年10月16日，人民共和国新建的第一所师范大学在上海正式诞生，……意味着在新中国高等教育体系中独立的师范大学体制的被认定。"见杜成宪、张爱勤《孟宪承与现代中国教育》（《文汇报》2011年9月12日）。

③　《辞海》2009年版的释义："师范教育亦称'教师教育'。培养师资的专业教育。"

④　参见沈曦：《国外师范教育收费制度及其对我国的启示》，《湖北大学学报》（哲学社会科学版）2007年第3期；单春艳、皮拥军、乐先莲等：《国外教师教育政策凸显教师阳光职业》，《中国教育报》2007年3月19日。

《徐中玉文论自选集》明显区别于同专业其他文论著作正是在于，格外关切社会底层生活与人才培养所特有的问题。这种关切是如此自觉持久而直言不讳，以至该自选集中几乎每一篇都可以读到通常可能被认为逸出"文论研究"范围的论述。鉴于这个特征迄今鲜为学界重视，笔者将在下面略述若干片段：

1979年《发扬艺术民主　促进创作繁荣——读周恩来关于文艺工作的讲话》："群众生活在社会的底层，……为了吃饭、谋生，每个人都得劳动，干个营生，总是有所专精。单独的一个人在某些方面已经要比饱食终日的剥削者高明许多。"[1]因此，文艺领域中的专家学者们应该"把自己当作群众的代言人，而不是群众的主人、'下等人'头上的贵族"[2]。

1983年《文须有益于天下》：顾炎武文论"就其中心意思来讲，无非要求人们写诗作文，一定要对广大穷苦百姓的命运，对政治改革，起有益作用"[3]。

1985年《中国文艺理论中的形象与形象思维问题》："……应该通过风雪花草之物的描写，对国家大事、生民疾苦，有所讽喻。""有生动的形象，又有较深的寓意，作品就有意境、境界。"[4]

1987年《重印〈刘熙载论艺六种〉序论》：刘熙载文论的最可贵处在于，从"吉凶与民同患""己富而能济人之贫"的民本思想出发，提出"代匹夫匹妇语"的文学主张，推重表现他们"饥寒劳困之苦"的诗

---

① 徐中玉：《徐中玉文论自选集》，上海文艺出版社2009年版，第4页。
② 徐中玉：《徐中玉文论自选集》，上海文艺出版社2009年版，第7页。
③ 徐中玉：《徐中玉文论自选集》，上海文艺出版社2009年版，第27页。
④ 徐中玉：《徐中玉文论自选集》，上海文艺出版社2009年版，第239页。

篇。①

在1992年发表的《中国近代文学理论的发展——〈中国近代文学大系·文学理论集·导言〉》中，徐中玉高度评赞晚清一位学者文论中的"一个难得的卓见"。这个卓见是："昔人称为文宜师圣贤，吾谓若吾人者，且师农工也可。"②

2001年《今天我们还能从〈论语〉择取到哪些教益——〈论语〉研讨》强调：孔子思想的主要贡献在于他的民本、民生思想方面。孔子所言"吾不如老农""吾不如老圃"，表明他对底层劳动者相当敬重："想不到距他两千五百年之后，我们敬称'老农民'、'老工人'、'老师傅'之类几与孔子的称法极相像。"③

这里必须指出，徐中玉文论的一个早已众所周知的鲜明特征是坚持不懈批判极左思潮。50年代他缘此而被诬为"右派"，并被完全剥夺发表文章权利整整二十年。而在1979年发表的《古代文论中的"出入"说》和1980年发表的《"言必中当世之过"——苏轼创作的现实主义精神》中，他一方面反思："相当长期以来，我们这里不少人把作家为劳动人民服务……理解得太片面、太狭隘。他们以为为劳动人民服务，就一定要写劳动人民"④，另一方面依然强调关怀民生是中国文学批评不可忽略的重要尺度："但总的说是苦口婆心，是想改善一点老百姓不幸处境的。"⑤

在中国当代文艺学领域，如此长久一贯地重视民本、民生，如此频

---

① 徐中玉：《徐中玉文论自选集》，上海文艺出版社2009年版，第178页。
② 徐中玉：《徐中玉文论自选集》，上海文艺出版社2009年版，第162页。
③ 徐中玉：《徐中玉文论自选集》，上海文艺出版社2009年版，第296页。
④ 徐中玉：《徐中玉文论自选集》，上海文艺出版社2009年版，第88—89页。
⑤ 徐中玉：《徐中玉文论自选集》，上海文艺出版社2009年版，第60页。

繁执着地强调文艺家必须关注"广大穷苦百姓的命运",《徐中玉文论自选集》堪称为数不多的代表性论著;就中国古典文论研究界而言,管见所及,其更可谓是唯一特例。

无论对徐中玉文论思想这一特征如何评价,它无疑比较切近学生来源多为贫寒家庭的华东师范大学的教学语境。它与"师范教育"的基本理念和原初目标也是十分贴近:师范教育最初发端于民众教育,"民众教育是对大多数人民的教育"(华东师范大学首任校长、教育学家孟宪承语);而"大多数人民"无疑包括徐中玉文论所关注的"广大穷苦百姓"。徐中玉文论的这一特征之所以较少受到文艺理论界的普遍重视,原因之一可能是,"师范大学"的特殊语境问题为非师范重点大学之学者们难以深切感触到的。

然而徐先生文论的这一思想特征也是缘于他本人出身贫寒的艰难求学经历。从《激流中的探索——徐中玉论文自选集》可以读到作者自述:"家里没有一亩地、一间屋。母亲来自农家,不识字。父亲以中医为业,过的清贫生活。"[①]他早年读小学和初中是靠亲戚资助,读高中选择师范科是因为可以免费入学,读大学报考的是"比较省钱"的国立大学。"这种家境对我有深刻影响,我的人生道路就是这样开始一步步走出来的。"[②]如果说中国高等师范教育目前依然必须关注并承担落后贫困地区的人才培养任务,那么徐中玉文论所蕴含的独特关怀无疑不啻具有中文专业的"师范"之义。

---

① 徐中玉:《激流中的探索——徐中玉论文自选集》,华东师范大学出版社1994年版,自序第1页。

② 徐中玉:《激流中的探索——徐中玉论文自选集》,华东师范大学出版社1994年版,自序第1页。

二、古典"师范"与"体贴"励志

"师范学校"是现代汉语外来词，其西语语源"normal school"直译可为"平常学校"等。然而汉语"师范"早见于中国古典诗文，其本义是学习模范或师法典范。例如扬雄《法言·学行》："师者，人之模范也"；《北史·杨播传论》："恭德慎行，为世师范"；《全唐文》更有"耸动乎群伦，师范乎四方""想见高风，师范之尊"等。古典汉语"师范"之义提倡立志高远，向一流的前贤典范学习，这一重要内涵显然是近代西语"normal school"之类所没有的。并且，古典"师范"所推重的主要是诗文领域中的典范，尤其是集中表现于诗文作品中的人格典范。而徐中玉文论的思想资源主要是古典诗文，其《自选集》的另一显著特色正是继承发扬古典"师范"之义的人文教育。其中突出表现之一是向"人之模范"学习的励志教育。

例如《文须有益于天下》和《论顾炎武的文学思想》（1983年）中推重"民族志士顾炎武"[①]，强调其人生最可贵处在于"志切兼济"，高度评赞其虽然是"穷而在下位者"，也应该负起"庄严责任"的文学主张。[②]"立志"甚至直接作为徐中玉文论标题的关键词，《"入门须正，立志要高"——我国传统的艺术创作经验之一》（1981年）认为："这一传统的艺术创作经验对我们今天仍很有用。我们的'正'是什么？'高'在哪里？人民群众的根本利益，社会主义理想的实现，谈'正'谈'高'，当然都离不开这根本的两条。"[③]显然可见，古典文论中的"立志"被提炼升华为现代中国师范教育的关键词与核心价值。

---

① 徐中玉：《徐中玉文论自选集》，上海文艺出版社2009年版，第27页。

② 徐中玉：《徐中玉文论自选集》，上海文艺出版社2009年版，第47页。

③ 徐中玉：《徐中玉文论自选集》，上海文艺出版社2009年版，第345页。

然而徐中玉文论的"立志"教育并非空讲大道理，而具有师范教育的切实针对性。一般而言，"穷而在下位者"的切身问题首先是谋生。对于较多来自贫寒家庭的师范大学学子而言，高远志向既可能成为激励其学习的动力，也可能流于不切实际。换言之，"穷而在下位者"的学子们在高远志向与实际处境之间的选择，会面对不同于优裕家庭出身者的特殊困惑。因此，徐先生以拳拳之心而频频强调"立志高远"，至少意味着他殷切期待贫寒学子中也能出"凤凰"。《重印〈刘熙载论艺六种〉序论》（1987年）再度阐释文学上的"立志"之义是："志不在温饱""以天下为己任"。①

然而徐先生也并非抽象一概地宣讲"以天下为己任"，他还看到了另一面。《〈应用文写作课〉应如何发挥教学作用》（高等教育出版社2000年版《应用文写作前言》）中指出："高远有高远的意义，通俗有通俗的妙用。"②能够学成专业之长，有能力解决自己面对的现实问题，乃至有能力"济众人之急"，也是对社会"有益的贡献"。③与此互文足义的是，《今天我们还能从〈论语〉择取到哪些教益——〈论语〉导读》（2001年）中他对"立志"问题作了个性鲜明的独特阐释：孔子既景仰"圣人"理想，也推重"善人"境界，更肯定"成人"目标；其要义"乃在逐渐从过分理想化、抽象化的思维走向了生活实际"；如果学生们经过努力而"各有其优长、才艺，加上礼乐的修养，可许为成人了"。④——这个"成人"的基本尺度对于师范大学的大多

① 徐中玉：《徐中玉文论自选集》，上海文艺出版社2009年版，第177页。
② 徐中玉：《徐中玉文论自选集》，上海文艺出版社2009年版，第390页。
③ 徐中玉：《徐中玉文论自选集》，上海文艺出版社2009年版，第390页。
④ 徐中玉：《徐中玉文论自选集》，上海文艺出版社2009年版，第304页。

▲陆晓光与徐先生的合影

数学子而言，无疑是有普遍针对性而切合实际的。

徐中玉文论更有师范教育的"体贴"性（华东师范大学教育学杜成宪教授语①），其格外体贴的也正是"困学者"。《论语》中将学习者划分为四等级："生而知之者，上也；学而知之者，次也；困而学之，又其次也；困而不学，民斯为下矣。"徐先生的质疑焦点是："为什么他会把'困而学之者'放在第三档？从精神上说，困而能学，更不容易。也许因'困学'的条件很差，限制了能力的发展，影响到学习的水平，才被放进了'又其次'的一档？若是困学也达到了'学而知之者'同样的水平，放低一档我看既不必要也欠公平了。"②这个质疑在迄今的《论语》注释文献中是唯一的。然而徐先生更为"最下一档"的"困而不学"者们辩护："过去在文化专制的社会里，岂非绝大多数的人就因连生存权也难保，才被剥夺掉受教育的权利，无法求知、有学的吗？"③如果说这个辩护包含着"同情的理解"，那么它也是基于辩护者本人的家世经验。作者在十年前的《忧患深深八十年——我与

---

① "其（孟宪承的民众教育探索）特点可以用两个字概括，那就是'体贴'。"（杜成宪、张爱勤：《孟宪承与现代中国教育》，《文汇报》2011年9月12日）

② 徐中玉：《徐中玉文论自选集》，上海文艺出版社2009年版，第280页。

③ 徐中玉：《徐中玉文论自选集》，上海文艺出版社2009年版，第280页。

中国二十世纪》自述有："两个姐姐都只读完初级小学便辍学在家，给袜厂摇洋袜挣钱了，只能培植我这个男孩。"①

然而徐中玉本人教育生涯却是以孔子为师范：孔子一辈子是"诲人不倦"，终其一生"以求其志""以达其道"的。"这种积极用世、尽其能力、贯彻始终的人生态度，对我国后世的志士仁人如司马迁等等有深刻的影响。"②——这应该也是徐先生的夫子自道。

三、"大学之道"与《大学语文》

《徐中玉文论自选集》收入多篇和《大学语文》有关的论文。《六十多年我与本国语文关系中的感想》（1984）写道："这辈子同'语文教学'的关系将是始终很密切了。"徐中玉《大学语文》创始于1980年，是恢复高考以后最早问世的"大学语文"读本，迄今已出第十修订版。新世纪以来，该读本被教育部选定为全国高校重点教材，目标是"成为普通高等院校面向全体学生开设的公共必修课"③。

在文艺理论学术界，徐中玉率先开拓《大学语文》研究域，是同时代学者唯一长期潜心役劳其中者。徐中玉之所以由"文论"而进入《大学语文》，潜在而根本的原因是受古典"师范"内涵的"大学之道"的影响。儒家经典《大学》篇："大学之道，在明明德，在亲民，在止于至善。"可见"亲民"是"大学之道"的题中之义，因而徐中玉"民本"文论可谓是古典大学之道的现代发扬。韩愈《师说》："师者所以传道授业解惑也。"又可见古典"师范"之义与"大学之道"的逻辑联

---

① 徐中玉：《激流中的探索——徐中玉论文自选集》，华东师范大学出版社1994年版，自序第1页。

② 徐中玉：《徐中玉文论自选集》，上海文艺出版社2009年版，第305页。

③ 2006年11月4日高等学校大学语文教学改革研讨会会议纪要。

系。古典"大学之道"的载体首先、主要是诗文作品。因此，当代《大学语文》由在华东师范大学中文系长期任教的古典文论学者徐中玉先生首创，已然启示中文"师范大学"的题中之义。这个题中之义是西语"师范教育"（"normal school"或"teacher training"）未必有。

徐中玉《大学语文》中的"大学之道"是以现代汉语"人文精神"为关键词的新形式表达：

> 现在的"大学语文"课程，必须重视人文教育和人文精神的培养。……总目标乃在提高大学生的品格素质与人文精神。[①]

其"人文精神"的主要载体也是诗文作品：

> 热爱祖国、为社会服务、为人民大众服务，……这些人文精神与高尚品德，可以在优秀作品中充分体悟……[②]

徐中玉《大学语文》所录"优秀作品"大部是选自中国古典文学。例如第九版总计89篇中，古典52篇，现代26篇，翻译11篇；其分类编排标题中的关键词依次有：仁者爱人、和而不同、胸怀天下、浩然正气、冰雪肝胆、以史为鉴、故园情深、亲和自然、诗意人生等。可见其中的语文之道是与《文心雕龙》所谓"相如好书，师范屈宋"，以及《全唐文》所录"缅维前修，诚可师范"[③]等古训相承续。

---

① 徐中玉：《徐中玉文论自选集》，上海文艺出版社2009年版，第384页。
② 徐中玉：《徐中玉文论自选集》，上海文艺出版社2009年版，第384页。
③ 董诰等编：《全唐文》，中华书局1983年版，第1059页。

徐中玉《大学语文》也多方面吸纳了现代文化的新要素，其中作者不仅有胡适、鲁迅、施蛰存等中国作家，也不仅包括契诃夫、马丁·路德·金、爱因斯坦等外国典范，更潜在蕴含主编者本人语文师范教育生涯中的深切体验和思想结晶。后者包括《六十多年我与本国语文关系中的感想》追思的一位小学语文课老师陈唯吾，"陈唯吾老师给我留下了终生不忘的印象"[①]，他当年因领导农民"暴动"而被捕枪杀：

> 听到他已被杀害的消息时我禁不住流下了眼泪。我并不懂得一个共产党员的崇高理想，可他是一个多么值得敬爱、佩服的语文老师啊！据说陈老师是从一所乡村师范毕业出来的，牺牲时只有二十岁。记忆中这一个非常善于启发引导学生开拓思路的语文老师而且还是一个不惜牺牲自己为人民献身的革命烈士的崇高形象，使我多少年来都不能不经常反省自己的工作，总觉得距离应该达到的目标实在还很远很远。[②]

这段回忆写于上世纪80年代初，其时也是徐中玉《大学语文》的初创期。

四、中文"师范"与"大学精神"

《徐中玉文论自选集》不仅包含文论。徐中玉文论思想连同其长久的中国语文师范教育生涯，有可能为研讨当代中国"大学精神"提供新启示。

① 徐中玉：《徐中玉文论自选集》，上海文艺出版社2009年版，第353页。
② 徐中玉：《徐中玉文论自选集》，上海文艺出版社2009年版，第354页。

陆晓光

下编 徐中玉先生研究

一方面，徐中玉是在以"民众教育"为特征和目标的现代"师范教育"体制产生后进入学府；另一方面，徐中玉"民本"文论及其长久的师范教育生涯鲜明体现了"体贴民众"之情志。在这个意义上，徐中玉师范教育生涯首先具有"民众教育"的当代"师范"性。

王国维是现代中国率先译介外国教育学、率先在师范学校任教、率先发表教育学论文并率先出版教育学著作的人物。[1]然而王国维当年贬斥"平凡主义教育"为"苟且主义"，"曰师范传习所，曰私塾改良会，尤苟且主义中之苟且者"。[2]王国维当年面对的是师范教育与高等教育相脱节的现实，因而十分重视"国家最高学府"之人文教育的王国维，对限于职业培训的"师范传习所"的贬斥并非毫无理由。华东师范大学作为"我国第一所社会主义师范大学"，在中国师范教育史上无疑具有划时代标志性。如果说王国维当年的贬斥还表征了他的高远期望，即以"国家最高学府"的尺度来要求"师范教育"，那么在新中国第一所师范大学中持久实践并开拓发扬中文"师范"之义的徐中玉先生，其所启示的"大学精神"也可能映衬了百年之前王国维所见、所思、所行中的"尺有所短"。

世界公认的现代大学精神包括三要素："智慧的创获""品性的陶熔""民族和社会的发展"（孟宪承语）；该二要素的英语表述可概括

① 据赵万里《王静安先生年谱》（谢维扬、房鑫亮主编：《王国维全集》第二十卷，浙江教育出版社、广东教育出版社2010年版，第410—415页），王国维于清光绪二十八年（1902年）开始编译《教育世界》杂志，光绪二十九年（1903年）在通州师范学校任教，光绪三十一年（1905年）发表《论平凡之教育主义》论文。另参见黄启兵、孔明：《王国维的高等教育思想初探》，《宁波大学学报》（教育科学版）2004年第4期。

② 王国维：《教育小言十二则》，谢维扬、房鑫亮主编：《王国维全集》第十四卷，浙江教育出版社、广东教育出版社2010年版，第28页；又王国维：《论平凡之教育主义》，谢维扬、房鑫亮主编：《王国维全集》第一卷，浙江教育出版社、广东教育出版社2010年版，第140页。

为"三C"，即：Create（创造）、Character（品性）、Community（社会）。（华东师范大学童世骏教授语）以此回瞻徐中玉师范生涯与文心，仅就本文前述古典文论研究一端观之：1.其独特的"民本文论"融入了现代"民众教育"新理念，可谓有师范教育特色的"创造"。2.其"体贴励志"切合贫寒学子的困学处境，可谓表征了师范教育工作者应有的"品性"。3.其文论的师范对象是"一辈子诲人不倦"的孔子，其阐释孔子所言"乐之者"境界是"把知识贡献于社会、人类"[①]，此又可谓现代"Community"（人类共同体）意义上的"社会"观。

然而徐中玉文论与师范教育生涯更有启示西方大学资源未必丰富的方面，即中国古典特有的"师范"文化及其现代价值和世界意义的可能性。古典"师范"内涵区别于西方近代"师范教育"理念之处至少在于：1.古典"师范"重视向文化典范学习，追求卓越（outstanding）；近代"师范"关注社会大众，偏重普及教育的常规要求。徐中玉文论在强调学习者"立志要高"的同时，体贴普通民众乃至社会底层的困学处境，表现出努力沟通融合两者的追求。2.古典"师范"的文化背景是文道合一，因而由"文道"而要求"师道"；近代"师范"理念起源于文教分离的西方文化背景，因而"文"与"教"分属不同职业，其师范教育则一般偏重职业培训（teacher training）。徐中玉《大学语文》明确提出"热爱祖国、为社会服务、为人民大众服务"等中国特色的教书育人理念，实践并开拓了古典"师范"之义的现代化途径。3.古典"师范"的教学对象限于人文领域，近代"师范"则包括数理化等科技专业。徐中玉由"文论"研究而进入"大学语文"领域，进而由主要对中文专业

陆晓光

下编 徐中玉先生研究

---

① 徐中玉：《徐中玉文论自选集》，上海文艺出版社2009年版，第284页。

学生授课而开拓"各类专业学生"共同必修的《大学语文》课，这一课程的人文教育内涵及其普遍性授课范围，是西方大学所鲜见。4.古典"师范"之义早见于汉代（如扬雄《法言·学行》："师者，人之模范也。"），其悠久历史表征了中国人文教育资源的丰富性，如果说其中不乏堪与西方大学资源相媲美处，那么徐中玉师范教育生涯也提示了西方"大学精神"资源的匮乏面。

王国维1911年为新创办的《国学丛刊》所撰序文中写道："且居今日之世，讲今日之学，未有西学不兴而中学能兴者，亦未有中学不兴而西学能兴者。"①这个精辟之论通常被主要理解为现代中国学者必须具备西学素养，而较少被阐释为西方学者也理应具备必要程度的中学素养。例如国内学界鲜有提出法国巴黎高师众多"世界级"人物是否具备中学素养的问题。进入新世纪后的一个例外是，毕业于巴黎高师的著名哲学家雅克·德里达前来中国访问，他在与中国学者王元化座谈时坦言："在近四十年的这种逐渐国际化过程中，缺了某种十分重要的东西，那就是中国，对此我是意识到了的，尽管我无法弥补。"②

徐中玉师范生涯是起始于西学兴起于中国之后，他践行并倡导的教育理想不仅包含、融入了西学因素，更体现出"中学"也理应发扬光大于"西学"的自觉信念。80年代后期他在香港大学举办的一次国际学术研讨会上，以《孔孟学说中的普遍性因素与中国文学的发展》为题讲演，其中指出："正是孔孟这样的'志士仁人'精神品质在中国文学史

① 王国维：《国学丛刊序》，谢维扬、房鑫亮主编：《王国维全集》第十四卷，浙江教育出版社、广东教育出版社2010年版，第131页。

② 张宁：《德里达与汉译〈书写与差异〉》，李陀、陈燕谷主编：《视界》第3辑，河北教育出版社2001年版，第183页。

上形成了一个优良传统"；这种传统理应"被公认是第一流"，理应"依旧可作后人立身的某种楷模"，理应发扬光大为中国文学的"普遍性因素"。①这一信念也是笔者读《徐中玉文论自选集》所获新启示所在。

（本文原刊于《文艺理论研究》2013年第2期，题名为《中文师范与大学精神——徐中玉文论的独特内涵和启示》，这里有改动。）

陆晓光

下编　徐中玉先生研究

---

① 徐中玉：《徐中玉文论自选集》，上海文艺出版社2009年版，第263—268页。

徐中玉先生与中国大学精神的重建[①]

徐行言[②]

徐中玉先生传略 轶事及研究

　　我与徐中玉先生是因为大学语文课而结缘的。1982年4月,初登大学讲台的我有幸参加在南京大学召开的全国大学语文研究会的首届年会,第一次见到徐先生。在此后举行的历届年会中,我一步步得到先生的关注和提携,在后来的学术成长和事业发展上,更是不断得到先生的鼓励和扶持。在我的心里,徐先生正是我人生道路上不断激励我前行的恩师。

　　为什么要提出大学精神重建的问题呢?我们都知道徐中玉先生在推动恢复大学语文教育的事业中发挥的中流砥柱作用和做出的历史性贡献,但很多人仅仅把大学语文当作是一门影响很大、覆盖面甚广的大学基础课程,忽略了它对中国高等教育改革所起到的开路先锋和领航船的作用,以及徐先生在此项改革中所倾注的心血。因此,需要对徐先生晚年倾注心血推动的这一重要教改工程的意义做一番认真的考察和探究。

　　我们都知道,自50年代初期始,中国的高等教育模仿苏联教育模式

---

①　本文写于2019年12月18日。

②　徐行言,西南交通大学人文学院教授。

进行院系调整，按照计划经济的逻辑将众多大学转型为培养符合不同行业、职业需求的专门技术人才的理工农医专门学院，并在课程设置上取消了包括大学语文在内的旨在提供通识教育的人文类课程，大量的文科学院和专业被裁撤，从此以培养工具型技术人才为目标的大学体制开始确立，而大学精神的日趋扭曲与失落则成为必然结果。

什么是大学精神？《礼记》中曾有过著名的论断："大学之道在明明德，在亲（新）民，在止于至善。"虽然彼"大学"非此"大学"，然二者不乏相通之处，因为现代大学正是治学问、求真理的地方。著名教育家梅贻琦曾有《大学一解》之文，对此有过详尽的阐发。他认为：格物、致知、诚意、正心、修身属"明明德"，其核心是修己，对于现代大学而言，其目标就是修明以"知、情、志"为内涵的整个人格。而齐家、治国、平天下是"新民"，"新民"的途径有两条，一是为社会之倡导与表率，二是新文化因素的孕育涵养与简练揣摩。要实现上述两者，就需要强化通识教育和倡导"无所不思、无所不言"的自由探讨之风气。这也正是我们今天提倡的价值关怀和人文精神。徐中玉先生指出："人的尊严和使命，人的权利和责任，人的理想和品格，人际关系的和谐与协调，人类共同发展的需要与追求，这些社会生活中的重大问题，应能成为大学生们经常关注的焦点"，因此，大学需要"增强人文精神的培育"。[①]这其实便是徐先生对大学精神之一解。

当然，科学精神也是大学精神必不可少的组成部分，但它并非仅指在大学课堂传授科学知识。爱因斯坦说："知识不是力量，探求知识的好奇才是力量。""在这里，单靠真理的知识是不够的，相反，如果

---

① 徐中玉：《大学语文》编写说明，见徐中玉、齐森华主编：《大学语文》，华东师范大学出版社1996年版。

要不失掉这种知识，就必须以不断的努力来使它经常更新。"[1]

应当说，科学精神的核心是追求真理的执着，是勇于反思、质疑现成知识的批判勇气和科学的思维方式。因此，爱因斯坦反复强调："学校的目标应当是培养有独立行动和独立思考的个人，不过他们要把为社会服务看作是自己人生的最高目的。"[2] "使青年人发展批判的独立思考，对于有价值的教育也是生命攸关的。"[3] "青年人在离开学校时，是作为一个和谐的人，而不是作为一个专家……发展独立思考和独立判断的一般能力，应当始终放在首位，而不应当把获得专业知识放在首位。"他认为："如果一个人掌握了他的学科的基础理论，并且学会了独立地思考和工作，他必定会找到他自己的道路，而且比起那种主要以获得细节知识为其培训内容的人来，他一定会更好地适应进步和变化。"[4]

究其根底，融合人文精神与科学思维的大学精神之根本乃是立人，对于现代高等教育而言，就是培养具有崇高理想、健康的价值观和服务社会之情怀以及具有独立人格、独立判断和批判反思能力的高素质人才。这种精神的建设与培育是与人文教育的发展密不可分的。

但是50年代初，教育部的苏联顾问阿尔辛杰夫为中国高等教育制定的"苏联模式"的教改方针，要求高校成为教育工人、农民和劳动者的

---

① 爱因斯坦：《论教育》，引自许良英、赵中立、张直三编译：《爱因斯坦文集》（增补本）第三卷，商务印书馆2009年版，第170页。

② 爱因斯坦：《论教育》，引自许良英、赵中立、张直三编译：《爱因斯坦文集》（增补本）第三卷，商务印书馆2009年版，第170页。

③ 爱因斯坦：《培养独立思考的教育》，引自许良英、赵中立、张直三编译：《爱因斯坦文集》（增补本）第三卷，商务印书馆2009年版，第358页。

④ 爱因斯坦：《论教育》，引自许良英、赵中立、张直三编译：《爱因斯坦文集》（增补本）第三卷，商务印书馆2009年版，第174页。

地方，主张有针对性地培养国家经济建设急需的技术型人才，其措施是建立苏联式的学校体制和人才培养体系。于是，在院系调整的大棒下，综合性大学"大都化整为散"①，被撤并或转型为专门学院，以树人为宗旨的通识教育观念受到了排斥，教学中急功近利的实用主义盛行，工具理性肆虐；加上阶级斗争为纲的极左路线，使学术上不同的声音成为禁忌。这就已经使大学偏离了立人的根本，而成为打造应用型技术工具的作坊，大学精神也就更无从谈起。

这样的状况直到80年代才开始有所改善，其起点便是徐先生与匡亚明老发起的在普通高校恢复开设"大学语文"课的号召。该号召作为非官方的自发行动，却能一呼百应，迅速在国内高校引起广泛的响应，其原因除了二老的号召力之外，关键还在于各高校和老师们都对中国大学教育的积弊感同身受，因而踊跃响应。不过，各界对此项改革的意义却有不同的认识，不少人认为这只是对"文化大革命"造成的知识缺失的补课，但徐先生的认识要深刻得多。他多次谈到大学语文课的取消是受建国后"向苏联一边倒"教育体制转型的影响，并指出这种方式有"高校分科过细，又重理轻文，必修课太多"②等弊端，大学语文正是在此过程中无形中被挤掉，由此给中国的高等教育带来了不利的后果。徐先生还总结了大学语文课的四大作用：其一是"增强人文精神的培育"；其二是"看到人和人格的力量"；其三是"有助于突破思维定势，获得启发，利于创新"；其四是优秀的文字"既能陶情养性，也能提高鉴赏

---

① 徐中玉主编：《大学语文》，广东高等教育出版社1999年版，前言第1页。

② 徐中玉主编：《大学语文》，广东高等教育出版社1999年版，前言第1页。

力与写作水平"。①其中前三条，都与大学精神的重建息息相关。应当看到，在徐先生眼里，大学语文课的开设远不只是起到在高校恢复一门基础课的效用，而且是帮助大家重新意识到人文教育和人文精神的发扬对于改善大学文化氛围、塑造高素质人才不可或缺的重要意义，从而为推进大学精神的重建迈出了第一步。而这关键的一步给中国高等教育带来的影响是巨大的。

自1980年以来，从大学语文课的恢复开设到各类人文社科系列课程在高校的兴起，再到1990年代教育部开始倡导和推动大学开展文化素质教育；从管理学、社会学、人类学等人文社科专业的恢复开设，到理工科大学增设文科专业，建立人文社科学院，再到部分理工农医的专门院校合并，重新走向综合化发展；从高校开设探索学科交叉的跨学科实验班、基地班、新专业，到近年来部分高校开始为通识教育正名，重提本科阶段的通才教育，对大学使命与大学精神的探究正在逐步回归学人们的视野。而这一切都与徐先生及老一辈学人的孜孜不倦地倡导和身体力行地不懈推动密不可分。

徐先生对中国高校重建大学精神的另一个重要贡献，是大学语文的教材建设。自1981年大学语文教材第一版出版至今，徐先生先后主编了十多种不同版本的《大学语文》，发行数千万册。在这些教材中，万变不离其宗的有两条。一是高度重视中国传统文化教育。在《大学语文》的多种版本中，中国古代的文学经典都占据了主要的篇幅，同时徐先生也适度选入了中国现代和外国的作品，其宗旨在培育学生的历史眼光与开阔视野。因为徐先生认为："优秀的文化传统中凝聚着我们民族

① 徐中玉：《大学语文》编写说明，见徐中玉、齐森华主编：《大学语文》，华东师范大学出版社1996年版。

长期面临种种挑战过程中积淀下来的有效的集体经验和特性，只有以它为中介，才能与外来的异质的现代文化逐步整合，融会贯通，开花结果。"①二是高度重视对学生品德人格、思想情操和价值观的熏陶和铸造。自1996版的普通高校教材开始，《大学语文》就以作品主题作为编排结构的基础，而排在前列的主题是"品格·胸怀、为政·爱国、社会·民生、人生·世态、亲情·人性"等等。所有这些，无一不是出自徐老为培育大学精神殚精竭虑的良苦用心。应当说，徐中玉先生主编、各位先生襄助编撰的《大学语文》，为一代又一代的青年学生开启了重新认识优秀传统文化之窗，指引了其自我修身的成长之路，可谓功在千秋，善莫大焉！

由此足见，以重开大学语文课为突破口，恢复中国高校的通识教育和通才培养，推动高校学科结构的调整和改善，进而促进中国高等教育重建大学之精神，才是徐中玉先生不遗余力倡导和推进大学语文教育的深层动因。诚然，在功利主义学风盛行的当下，要在中国高校真正实现大学精神的重建，无疑还有很长的路要走。今天，我们追思徐中玉先生，我以为最好的纪念，就是继承先生的遗志，追随先生的步履，为在中国的高等教育中重建大学精神而砥砺前行，聊尽绵薄之力！

---

① 　徐中玉主编：《大学语文》编写说明，华东师范大学出版社1994年版。

徐中玉先生语文观给我的启示

陆继椿[①]

我是华东师大一附中的退休语文教师，长期从事语文教学的实践与研究，深知语文教学改革的来龙去脉。

我们说的语文教学，就是汉语言的母语教学，自梁启超先生提出文体分类以来，从教材到教法，改革的各家之言就此起彼伏。新中国成立后，吕叔湘、叶圣陶、张志公三位大家，比较明确地阐述了语文教学的性质、特点和规律，使学界在语文教学改革方面达成了一些基本共识，通过文学、汉语分科实践，文道之争的讨论，统编教材的实施，我国的母语教学应该是初具规模，收到了很好的教学效果，如果不是十年浩劫的摧残，大概会走出一条具有中国特色的母语教育之路。

"四人帮"粉碎以后，拨乱反正，百废俱兴。1978年，吕叔湘先生在《人民日报》著文，指出语文学科占的课时多，但教学存在"少慢差费"现象，多数毕业生的语文水平没过关。于是，一石激起千重浪，新形势下的语文教学改革，如雨后春笋般地出现了，不久，又趁着改革开

① 陆继椿，曾任华东师大一附初中校长，现为新华初中（原华东师大一附初中）荣誉校长。

放的浪潮，涌现流派纷呈的可喜局面。

当时，放眼全国的语文教改，我们华东师大是走在前面的，刘佛年校长亲自指导立项的"中小学语文教学一条龙，初中语文要过关"试验，就是由中文系、教育系、一附中、二附中和附小分别承担的。那时，在恢复高考、拨乱反正和改革开放背景中踏进大学门槛的大学生，语文水平也亟需提高。时任中文系主任的徐中玉先生，主编的《大学语文》，真如及时甘霖，立刻风行全国，后来一再修订再版，全国高校采用至今。

一附中当时的校长是徐正贞先生，他在全校教工大会上宣布由我全权参与"一条龙"初中语文过关试验。我理解的实现语文教学"一条龙"，就是要探求一个语文教学的"序"，科学地解决语文教学的效率问题。因而，必须从人才观、学生观、教学观、教材、教法和教学质量检测等作全方位的审视，既要继承传统，又要推陈出新。这显然是一个新时期语文教学的大改项目，任重而道远！

在刘校长的指导和中文系的支持下，我查阅了许多有关语文教育的资料，包括传统教学和课程现代化理论、民国以来的课本和大家们有关语文的论述。徐中玉先生的有关论述也就进入了我的视野了。尽管我读的几篇文章，在徐先生的著作文海中，只是几瓢饮而已，但也使我获益匪浅了。

母语教育是立足于民族性的，改革语文教学，当然要了解中华民族的文化和中华民族的特点。这些方面的论述很多，但是徐先生早在上世纪40年代就出版过《民族文学论文初集》，广泛而深刻地从"根"上作了阐述。他在《论传统的传授》一文中写道："中国的文化是什么？它表现在各个不同的方面，结局却是殊途同归。中国文化的基本中心仁爱主义，亦即扩大的人道主义。一切由'仁'的意旨出发。《中庸》说：'修道以仁，仁者，人也。'《论语》说：'樊迟问仁，子曰：爱人。'因此对于一切人与人的关系，都以'仁'，即'爱人'为出发点。"因而，徐先生进一步阐发："在政治上要行仁政，在家庭间也要讲亲亲仁人。《中庸》说'仁者，人也，亲亲为大'，孟子说'未有仁而遗其亲者也'；至于父母之对子女，更无不以仁爱为基点。在我们的家庭中，'孝'固出于仁，'慈'亦是出于仁，这等于爱民是出发于仁，尊君和忠君也是出发于仁。"[1]至此，可以一言以蔽之：中华民族的文化就是仁爱主义文化。

　　基于此，中华民族的特点也就可以从整个历史和社会的发展归纳出来了。徐先生写道："中华民族在这种仁爱主义的文化传统教育之下，再加上特殊的地理环境的孕育，具有了和平、宽大、诚信、朴实等等美的性格；而见义勇为的名言，也成了勇敢风格的教条。我们内心忠厚，不主张侵略外族，有时甚至因为容忍过多，而被人误认为是苟安、懦弱、畏怯；不过，了解我们的人是能知道我们的容忍一定有个限度，遇此限度，我们也会绝不犹豫，给敌人以最大的反击，过去的史迹证明我们一经外族欺凌侵略，便会坚决勇敢地起来抗斗，而我们的勇敢精神、浑厚力量，是永远所向无敌的。"[2]

　　我在设计"一条龙"初中语文过关的教学体系时，深感必须牢牢把握徐先生言简意赅阐述的民族文化和民族特点，将其鲜明地体现在思想感情熏陶感染序列的编排中，落实在108个读写训练点序列的课文编选

----

① 方克强编：《徐中玉文集》第一卷，华东师范大学出版社2013年版，第184页。
② 方克强编：《徐中玉文集》第一卷，华东师范大学出版社2013年版，第184页。

之中。

我在设计这个新的语文教学体系的探索研究实践中，形成了"一课有一得，得得相联系"的教学思想，由此而寻求到一个语文教学的"序"，最后经刘佛年校长同意，将其定名为"分类集中分阶段进行语言训练"，简称"双分"。根据"双分"教学体系编写的教材"分类集中分阶段进行语言训练实验课本"，简称"双分"教材。1981—1984年，我编出全套课本1—6册，由华东师大出版社陆续出版，全国有28个省、直辖市、自治区4000多个班级参与实验教学。我们每年选定一个地点召开"双分"教学研讨会，每年讨论一个教学专题。1981—1992年共开了10多届研讨会，每年我都撰写专题论文，作为教学研讨会的主报告，1995年结集《语文教学新探——"双分"教学的理论与实践》，收入"上海教育丛书"，由上海教育出版社出版。其中第十一章"语文教学中的德育"展示的"双分"德育序列表，就渗进了徐先生关于民族文化和民族特点的论述。

母语教育当然讲究社会性，要教会学生正确地运用祖国的语言文字。但是，语言文字是随历史发展和社会演进不断变化的，教会学生正确使用的祖国的语言文字，当然是指现实生活中交流使用的语言文字。我在阅读当代的文字资料中，觉得现代社会节奏快，应用语言文字的要求应该是简洁、准确、严密。孔老夫子早就说过"辞达而已矣"，朱熹还解释说"辞取达意而止，不以富丽为工"。语文教学培养学生正确运用祖国的语言文字，不能用文学的视角去看待，而需要从实用的视角去看待。

后来，读到徐先生的《论"辞达"》，像是他老人家循循善诱地给我上了一课。徐先生在文章里引用了刘勰和苏轼的话：

刘勰指出："（仲尼）褒美子产，则云'言以足志，文以足言'；泛论君子，则云'情欲信，辞欲巧'。此修身贵文之征也。然则志足而言文，情信而辞巧，乃含章之玉牒，秉文之金科矣。"……苏轼指出："孔子曰：'言之不文，行之不远。'又曰：'辞，达而已矣。'夫言止于达，则疑若不文，是大不然。"①

文章展开以后，徐先生逐层论述了"达"些什么，应怎样"达"，"辞达"应具备什么条件，"辞主乎达，不论其繁与简也"，分条析理，旁征博引，辞宏理足。

这使我认识到"辞达"，是由内而外的高要求表达，文如其人，文如其面。从思维层面来说，简洁、准确、严密是当然的要求；从表达的原意和效果来看，感情、人品和性格随着思维表现出畅达而动人的语言文字，做到"志足而言文，情信而辞巧"才是"辞达"了。苏轼的文章"随物赋形"，"常行于所当行，常止于不可不止"，酣畅淋漓，可谓"辞达"的范例了。有了这样的认识，我在给108个训练点编选精学、略学、自学三类课文，指导每个训练点的读写结合作文时，就更强调真情实感和文情并茂了。

徐先生的学问博大精深，读他的文章是享受文字的盛宴、精神的大餐。这是他在文论领域里，不管经历多少艰难曲折，一辈子都心无旁骛、深耕细作收获的成果；他以百年之身，不知读了多少书，想了多

① 查正贤编：《徐中玉文集》第三卷，华东师范大学出版社2013年版，第859页。

少问题，终成大家，著作等身。我拜读过的几篇大作，特别是其中的旁征博引，令我十分惊叹，仅《论"辞达"》一篇，方方面面的引文就有二十几条！于是，徐先生读书做卡片、积累几万张的传闻闪进了我的脑海。

这又给了我启示：在"双分"教学的课外作业里，布置学生做"抄读文"。要求学生准备精美的笔记本作为"抄读文"本，把从书报杂志上读到的觉得需要保存的文字，记在笔记本里，边抄边读，并且注明出处。一周至少记两页，教师每周查阅，做得认真、内容好的给予表扬。学生渐渐养成了抄读习惯，学会了查找资料，积累资料，必要时也能用上资料了。学生们都非常珍惜自己的"抄读文"本，还给它编目录取集名，要永久珍藏哩。

"发挥事业，彪炳辞义"：
徐中玉教授与文艺理论学术事业

王思焜^①

王思焜^①

王思焜①

　　"文革"结束后的"新时期"，在邓小平同志"解放思想""拨乱反正""尊重知识，尊重人才""给作家以创作自由"一系列重要指示的引领下，改革开放潮流涌动，万马奔腾，文艺学术界迎来了"科学的春天"，百废俱兴，万象更新，呈现出一派繁荣奋进的新气象。文化学术界文学学科中，古代文学、现代文学、文艺理论、外国文学等学科的研究突破旧框框，开创新局面。其中尤为引人注目的是以往较为高深冷僻的学科，在70年代末至80年代特别兴旺，成为显学。这就是当时传为美谈的"美学热"和"古代文论热"。各高校竞相开设这两门课程，成立全国性的研究学会，创编出版学会会刊，定期举行学会年会。这确实是古今未有的理论学术的春天景象，特别令人激动感奋。

一、关于中国古代文学理论学会

　　中国古代文学理论学会成立大会暨首次年会于1979年3月在昆明召

　　① 王思焜，徐中玉首届硕士研究生，江苏第二师范学院教授。

开，至今已有四十个年头，共举办21届年会。第21届年会于2018年在河北保定召开，第22届年会将于2020年在贵阳召开。大体上每两年举办一次年会，四十年来从未中断。古代文论学会的会刊《古代文学理论研究》创刊于1979年12月。会刊以书代刊，先由上海古籍出版社出版，后由华东师范大学出版社出版，至今共出版31辑。中国古代文学理论学会定期举办年会、出版会刊，长期坚持，从不中断，学科研究队伍不断壮大，老中青三代前后承续，人才辈出；学术研究解放思想，与时俱进，务实创新，不断开创新局面、取得新成就。这在全国众多的社会科学学会中实在是为数不多的。

全国性学术学会的建立，对学术队伍的组建、向心力的凝聚、学术研究活动的开拓发展的作用和意义是不言而喻的。有鉴于此，1979年3月，教育部委托郭绍虞主编《中国历代文论选》，编写组与云南大学联合召开中国古代文学理论学术讨论会及教材编写会。会议期间成立了中国古代文学理论学会，推举周扬为名誉会长，郭绍虞为会长，王文生为秘书长。

从社会时代大背景着眼，中国古代文学理论学会是新时期文化事业复兴的必然产物，就学科历史、学术素质和学术成就来考察，经历了新文化运动六十年来长期的学术研究活动，经验积累丰富、学术成果丰硕、以古代文论研究为志业的学术队伍不断充实。在创立学会的设想及筹建过程中，学术泰斗郭绍虞理念高远，高屋建瓴，运筹擘画，亲自安排与国内著名古代文学、古代文论专家学者沟通信息，协商中国古代文学理论学会理事会组成名单，制定《中国古代文学理论学会章程》，确定学会成立大会联合协作单位，安排会议时间地点等先期工作。开山之首功，非郭老莫属。当时郭绍虞年事已高，具体事务办理主要由武汉大学王文生教授承担。他既是协助郭绍虞编著《中国历代文论选》的副主编，又是古代文论学会筹建事务的主持人，对学会的成立及其事业的发展可谓功绩大矣。而中国古代文论和中国古代美学著名学者、云南大学中文系主任张文勋教授，为昆明会议的召开和古代文论学会的筹建精心安排、辛勤操劳，同样功不可没。

中国古代文学理论学会可观业绩的取得，首先应该与改革开放新时期的大时代及邓小平理论的指引、科学春天的来临分不开。我有幸出席了1980年11月在武汉举办的古代文论年会第二次年会，现据个人回忆及相关资料作简要叙述：年会由武汉大学、中国古代文学理论学会、湖北省社会科学院、湖南文联联合举办。会场前半期设在武汉大学内，后半期移至湖北省国宾馆——东湖宾馆。一次纯学术性会议动用国宾馆为会址，这样高规格的礼遇，实属罕见。更令人惊喜的是湖北省委第一书记陈丕显，省委书记、省长韩宁夫，省委常委、副省长李夫全和省委常委、宣传部长焦德秀出席了年会的开幕式，陈书记向大会表示热烈的祝贺并致辞。致辞称，武汉接待全国性的学术会议，省里很重视，具体询问会议内容，并作了周密的安排。得知参加会议的有不少上海复旦大学、华东师大的学者教授，陈书记作为上海市的老领导感到特别亲切，好像来了家乡人一样。他还特别告知大家，湖北近几年粮食连年丰收，代表们尽管放开肚子吃饭，而且不用交粮票（80年代初全国仍然实行居民粮食定量供应，使用粮票）。陈书记这番话既风趣，又充满关爱，让与会者感到特别地亲切和温暖。

开幕式上传达了中国古代文学理论学会名誉会长周扬关于研究古代文论的五点意见：一、研究古代文论要坚持马克思主义的历史唯物主义观点；二、要从多种社会现象的联系中去考察；三、要研究中国古代文论规律，并把重点放在艺术规律的探索上；四、中国古代文论作为世界文论的一部分，既有一般性，又有特殊性；五、研究中国古代文论的规律对于建设马克思主义文艺理论是非常必要的。中国文联党组第一副书记陈荒煤向大会发来贺信，指出多年来我们很少重视对艺术规律客观性的探讨和研究，这对理论和创作造成了严重的危害。研究中国古代的艺术规律的宝贵传统，加以继承、发扬光大，不仅是建设社会主义文艺理论迫切的需要，也是提高文艺创作质量的一个重要条件。参加成立大会的老中青学者深感中央文艺界领导人对古代文论学科的重视关怀。后者精通专业知识理论，熟悉客观规律，并高瞻远瞩地给古代文论研究指明正确方向，明确发展途径，寄予殷切期望和赋予新时代的责任和任务。这与陈丕显同志的致辞，都鲜明地显示出新时期初领导干部优良的政治素质和务实作风。全国各级领导对中央知识分子政策深刻领会，形成共识，并贯彻落实为实际行动，春风化雨、暖人心怀，正是国家各项事业欣欣向荣、兴旺发达的根本保证。

其次，古代文论学科开创者著名学者郭绍虞、陈中凡、罗根泽、朱东润、黄海章、方孝岳、黄侃、范文澜等人博学深研，创意立说，勤勉撰述。前六位各有中国文学理论批评史专著问世，而黄侃著有《文心雕龙札记》，范文澜撰成《文心雕龙注》，众名家各尽才智，为古代文学理论学科奠定了坚实的基础。承前辈硕学脱颖而出的学术大家，创新开拓，建树丰硕。如杨明照《增订文心雕龙校注》，陆侃如、牟世金《文心雕龙译注》，詹锳《文心雕龙义证》，徐中玉古代文论综论及专题、名家研究，王元化《文心雕龙创作论》，张光年《骈体语译文心雕龙》，吴文治《中国历代诗话全编》系列丛书，徐中玉、陈谦豫主编《中国古代文艺理论专题资料丛刊》，王运熙、顾易生主编七卷本《中国文学批评通史》，王水照《历代文话》，余祖坤《历代文话续编》，等等。其中特别引人注目的是王元化《文心雕龙》研究，其学术理念高远、研究方法新颖、阐释论述精深，对古代文论研究具有开创性、引领性和示范性作用，元化先生亦由此成为广受尊崇的学术大师，并赢得了国际性声誉。

学会前秘书长陈谦豫教授在《中国古代文学理论学会与我》一文中指出：学会在1997年桂林第十次年会时已有会员四百六十六人，"会员中陈中凡、郭绍虞、朱东润、夏承焘、姜亮夫、钱锺书、钱仲联、王起、王元化、杨明照、徐中玉、程千帆、张松如、朱光潜、蔡仪、周振甫、余冠英、吴组缃、王达津等前辈学者，或以他们已有的杰出科研成果，或以他们持久而踏实的学风，或以他们在年会上精深的学术报告，对一批又一批入会的新会员起着示范和榜样的作用；而一批又一批的年轻的学者又以他们刻苦钻研的锐气和大胆求新的精神，为学会特别是每次年会带来勃勃生气。我以为这些是中国古代文学理论学会之所以在国内学术社团中有较高声誉、较大影响和兴旺、发展的基本原因"①。诚如陈教授欣喜地指出的在古代文论学科的创新拓展中，"一批又一批入会的新会员"，传承前辈学者的人文精神和优良学风，摆脱"题目已经做完，研究难以突破"一类的思路限制和畏难情绪，老、中、青三代前后相继，不断推进，人才辈出，成果迭现。中年英才有王文生、张文勋、敏泽、陈谦豫、周勋初、牟世金、张少康、罗宗强等等，青年新秀有蒋凡、曹顺庆、阮国华、王英志、涂光社、黄霖、胡晓明、张伯伟、汪涌豪等等。

① 陈谦豫：《中国古代文学理论学会与我》，《古代文学理论研究》2014第1期。

1979年在昆明举行的中国古代文学理论研讨会暨中国古代文学理论学会成立大会上徐先生被推选为学会理事；1983年第三次年会被推选为学会副会长兼秘书长，并任《古代文学理论研究》主编；1987年第五次年会被推选为副会长兼秘书长；1995年第九次年会被推选为常务副会长。徐先生担任学会领导职务后，以副会长身份，实际主持古代文论学会的领导工作。他坚定执着地以建设具有中国民族特色的马克思主义文艺理论体系这个大目标为前进的方向和工作的指导方针，以这个大任务为使命、为己任、为第一要务，对中国古代文学理论研究和学会发展作出全局性的思考设计，筹谋擘画。他按照中央有关方面领导的指示精神，遵循学会宗旨，尊重老会长和理事会设想，综合老中青三代专家学者的意见，为学会确定当前探讨和研究的总课题，并具体落实到年会研讨的主议题和学会会刊、学术论文中心论题的组合编排。"大任务"如探索如何体现中国民族特色与古代文论的关系、作用、意义等，1983年广州第三次年会的中心议题为探讨中国古代文学理论的民族特色和马克思主义文学理论的民族化问题。1985年长春第四次年会继续以中国古代文学理论的民族特色为中心议题。1987年成都第五次年会讨论如何将中国古代文论研究引向深入，以古代文论研究的当代性、世界性、宏观性及系统性为主要着力点，究其实质，这正是建设具有中国民族特色的马克思主义文艺理论体系的题中应有之义。1989年上海第六次年会安排三个论题：一、古代文论的价值与民族特色；二、古代文论的现实生命力与当代意义；三、古代文论研究工作更新与发展方向。很显然三个论题紧扣建设具有中国民族特色的马克思主义文艺理论体系这一个大任务。其中第二个议题，就是徐先生特别强调的在明确正确的方向以后，古代文论研究应该在充分激发其生命力中显现出当代意义，对繁荣文学创作产生应有的积极作用；同时体现其世界性，对人类文明做出新的贡献。

新时期初中央领导同志关于文艺创作和文艺理论领域的思路、指示除了陈云、胡启立的意见之外，还有胡乔木"三个摊子融合起来"的指导意见。胡乔木认为当时文艺理论主要有三大块，一是中国古代文艺理论，二是西方文艺理论，三是由苏联介绍过来的马克思主义文艺理论。当时的任务就是经由"三个摊子"的融合，使马克思主义文艺理论中国化。而武汉年会开幕式上传达的周扬同志关于研究古代文论的五点意见，则具体落实为建设具有中国民族特色的马克思主义文艺理论体系。郭绍虞会长协同理事会成员为学会制定的学会章程中亦明确规定以"建立民族化的马克思列宁主义文学理论体系，繁荣社会主义文学创作"[①]为古代文论学会宗旨。在武汉第二次年会上播放的郭绍虞教授大会发言录音中，郭老又再次强调："为建立具有中国民族特点的马克思主义文艺理论而努力。"

徐先生认真学习、深刻领会新时期中央领导同志的思想、理论，使他如登高临远，视野开阔，思维活跃，考察深切，明确文艺理论研究的正确方向，以大智慧探索大规律，以大格局拟定大题目，以大手笔制作大文章，对文学理论特别是古代文学理论深入探研，勤思深虑，辛苦写作，撰成大量学术论文，在全国重要学术刊物上发表。后汇集出版的专著有1985年出版的《古代文艺创作论集》，1987年出版的《现代意识与文化传统》，和1994年出版的《激流中的探索——徐中玉论文自选集》三部文学理论著作。（2013年7月华东师范大学出版社编辑出版了包括这三部新时期撰著的文艺理论批评论著在内的《徐中玉文集》，共六

轶事及研究　徐中玉先生传略

---

① 中国古代文学理论学会编：《古代文学理论研究》第一辑，上海古籍出版社1979年版，第424页。

册，196万字。）徐先生综合古代文论历次年会主议题讨论中形成的共识，与《古代文学理论研究》丛刊刊发论文中的新观点、新见解，以及任第四届上海作协副主席、第五届主席期间贯彻中央文艺方针、引领上海文学界开拓创新中确立的当代意识，积累的成功经验，主要从下列八个方面对建设具有中国民族特色的马克思主义文艺理论体系明确指导思想，组织素材和论据，凝聚观点和主题，撰写理论著作：

一、认真学习领会毛泽东、周恩来、陈云、邓小平等中央领导讲话、指示，并阐发其当代意义。这方面的文章主要有《重新学习〈讲话〉的根本精神——纪念〈在延安文艺座谈会上的讲话〉发表四十周年》[①]《〈讲话〉的光辉思想值得我们永远纪念珍惜——纪念毛泽东〈在延安文艺座谈会上的讲话〉发表五十周年》[②]《发扬艺术民主 促进创作繁荣——学习周总理关于文艺工作的讲话》[③]《总目标、大道理及其它——读〈邓小平《论文艺》〉》[④]《有感——读陈云同志〈关于评弹〉》[⑤]等。

二、马克思主义中国化，建设具有中国民族特色的马克思主义文艺理论体系。这方面的文章主要有《发展马克思主义的途径无限广阔》[⑥]《关于"最彻底的决裂"、"请出亡灵"与"永久的魅力"——学习马

---

① 载《华东师范大学学报》（哲学社会科学版）1982年第2期。

② 载《当代作家评论》1992年第3期。

③ 载《新文学论丛》1979年第2期。

④ 载《文艺理论研究》1990年第1期。

⑤ 载《上海文学》1983年第2期。

⑥ 内含多篇文章，见徐中玉：《激流中的探索——徐中玉论文自选集》，华东师范大学出版社1994年版，第174—182页。

克思有关文艺问题学说的三则笔记》①等。

三、探究中国民族特色，增强文化自豪感。这方面的文章主要有《中国文论的民族特色》②《为什么要研究古代文论》③《当前古代文论研究中的一些问题》④《关于古代文论研究的一些问题》⑤《中国古代文论的思维特点及其当代趋向》⑥等。

四、当代意识，现代思维，文学创作、文学理论的社会功能。这方面的文章主要有《现代意识与文化传统》⑦《谈社会主义思想与"当代意识"》⑧《当代文学评论四议》⑨《文艺理论研究必须促进创作繁荣》⑩《我们正在斗争中前进——喜读〈萌芽〉1984年度获奖作品》⑪《勇当改革闯将，争攀文艺高峰》⑫《深入生活，贴近群众，大胆创新——纪念中国共产党建党七十周年》⑬等。

五、开放包容，交流融合，增强世界性意识。这方面的文章主要有：《记与苏联作家代表团同志的一些谈话》⑭《研究中国文学，也需

---

① 载《文艺理论研究》1983年第2期。

② 载《文史知识》1985年第10期。

③ 见徐中玉：《古代文艺创作论集》，中国社会科学出版社1985年版，第290—294页。

④ 载《文艺理论研究》1981年第4期。

⑤ 见徐中玉《激流中的探索——徐中玉论文自选集》，华东师范大学出版社1994年版，第356—374页。

⑥ 载《上海文学》1991年第9期。

⑦ 载《上海文论》1987年第2期。

⑧ 载《当代文艺思潮》1987年第4期。

⑨ 载《批评家》1986年第6期。

⑩ 载《文艺理论研究》1980年第1期。

⑪ 载《萌芽》1985年第5期。

⑫ 见徐中玉：《现代意识与文化传统》，河南大学出版社1987年版，第343—350页。

⑬ 载《文艺理论研究》1991年第3期。

⑭ 载《文艺理论研究》1986年第1期。

学点外国文学》①《学习、借鉴外国经验，不要照抄照搬》②《对人道主义问题讨论的一些感想》③《〈中国古代文艺理论专题资料丛刊〉序》等。

六、独立精神，自得之见。这方面的文章主要有《论"无胆则笔墨畏缩"》④《自得之见从何而来》⑤《〈文心雕龙〉"见异，惟知音耳"说》⑥《真正贯彻"百家争鸣"，才能实现"百花齐放"》⑦《鲁迅文艺评论的科学性与战斗性》⑧等。

七、探究艺术规律，遵循艺术规律。这方面的文章主要有《文艺的本质特征是生活的形象表现——学习鲁迅对文艺性质、特征、任务、作用的看法》⑨《略说"灵感"》⑩《为什么父兄不能以喻子弟》⑪《"春江水暖鸭先知"——关于"创作必须是自由的"和如何才能确保其实现的一些思考》⑫《"观物必造其质"——苏轼创作的哲理性来源》⑬《中

① 载《外国文学研究》1985年第1期。

② 见徐中玉：《现代意识与文化传统》，河南大学出版社1987年版，第39—40页。

③ 见徐中玉：《激流中的探索——徐中玉论文自选集》，华东师范大学出版社1994年版，第271—277页。

④ 见徐中玉：《现代意识与文化传统》，河南大学出版社1987年版，第117—121页。

⑤ 见徐中玉：《现代意识与文化传统》，河南大学出版社1987年版，第153—166页。

⑥ 见古代文学理论研究编委会编：《古代文学理论研究》第十一辑，上海古籍出版社1986年版，第30—40页。

⑦ 载《文艺争鸣》1986年第1期。

⑧ 见徐中玉：《现代意识与文化传统》，河南大学出版社1987年版，第230—245页。

⑨ 载《上海文学》1979年第11期。

⑩ 见徐中玉：《现代意识与文化传统》，河南大学出版社1987年版，第250—253页。

⑪ 载《滇池》1980年第3期。

⑫ 载《文艺理论研究》1985年第2期。

⑬ 见徐中玉：《苏东坡文集导读》，巴蜀书社1990年版，第56—68页。

国古代散文的发展与美学思维形式问题》①《文学描写的基本对象是人》②等。

八、注重研究方法，力主求实创新。这方面的文章主要有《探讨新方法，改革旧观念》（中国文艺理论学会第四届年会讨论综述）③《"要真正坚持实事求是，就必须继续解放思想"》④《既要吸取有益经验，也要注意不成功的教训》⑤《全方位，多层次地研究鲁迅》⑥《从实际出发看问题》⑦《新方法与旧方法》⑧。

限于篇幅，本文只是简列篇目，对观点、内容不作引述评析。好在徐文标题简明醒豁，主旨畅达，锋芒逼人，绝不躲躲闪闪、含含糊糊。读者一望便知，自不难心领神会的。

徐先生任中国古代文学理论学会副会长、会长，又任高等学校文艺理论研究会（后改名为中国文艺理论学会）会长。先生为两个全国著名学会策划、导向，与时俱进，开拓发展，倾注大量精力心血。学会创新务实，生气勃勃，影响深广，声誉日盛。徐先生主编两个学会下属的学术刊物《文艺理论研究》和《古代文学理论研究》，从80年代至今从未中断。两个学会的工作，先生1999年卸任，两个刊物的主编任务则到2010年始告停歇。那时先生已是九五高龄，来稿由编委、副主编初选，

① 载《华东师范大学学报》（哲学社会科学版）1988年第4期。
② 载《语文教学》1956年第1期。
③ 载《文艺理论研究》1985年第3期。
④ 见徐中玉：《现代意识与文化传统》，河南大学出版社1987年版，第5—16页。
⑤ 见徐中玉：《现代意识与文化传统》，河南大学出版社1987年版，第88—90页。
⑥ 见吴俊：《鲁迅评传》，百花洲文艺出版社1992年版，序言第1—4页。
⑦ 载《文艺理论研究》1980年第3期。
⑧ 载《文艺理论研究》1986年第2期。

先生最后定夺。但落选所有稿件，还要全部看一遍，以免有遗珠之憾，可见其严谨慎重，尽职敬业，更见其精力超常，老而弥坚，着实让人肃然起敬，由衷钦佩。

二、关于中国文学批评史师训班

说得古老点，春秋时代的孔子早就清醒地意识到"斯文在兹"，以舍我其谁的自信承担起文化传续的重任，亲授弟子三千，贤者七十二人，道统文脉得以延绵不绝，炳耀两千五百余年。很显然学术人才的培养是文化事业的关键性工作。《文心雕龙·宗经》亦指出"文以行立，行以文传。四教所先，符采相济"，高度评价人文教育和人才培养的重要作用。有鉴于此，国家教育部相当重视师范教育，1956年曾举办全国高等师范院校教学大纲讨论会，徐先生与著名文艺理论家、北京师范大学教授黄药眠同为文艺学组的召集人。新时期来临，全国高校恢复或新设古代文论课程，由于十年动乱，古代文论教学与科研被迫中断，因此古代文论的师资数量严重不足。国家教育部决定在上海举办中国文学批评史师训班。师训班由郭绍虞先生任指导，徐中玉、王文生任班主任，主持教务并担任主讲，陈谦豫任副班主任，协助处理日常工作。学员有来自全国高校的中青年教师三十人，还有华东师范大学、武汉大学中国文学批评史专业研究生作为正式学员参加全部教学活动，全班总人数为三十八人。教学点设在华东师大，教学活动自1980年3月至8月，为期半年。我1979年师从徐先生攻读中国文学批评史硕士学位，适逢良机，有幸参加师训班学习。兹凭记忆所及和相关资料，略作记述。

1980年3月16日，时年八十高龄的郭绍虞先生亲自出席开班仪式，会见全体学员，并作了指导性讲话，他语重心长地要求学员必须确立战略性目标，为建立中国自己的马克思主义文艺理论体系而努力，要把西方文论、中国古代文论、马克思主义文论三个摊子统一起来、结合起来。中国古代出现了很多卓越的批评家，积累了丰富的文献资料，除了整理、了解外，最重要的是要总结出规律性的东西，用科学的方法进行研究。徐中玉、王文生两位教授主持会议，宣布教学计划。教学计划对教学主体内容作出全局性的安排，既体现文学批评理论的历史性、各个时代的新发展及其特殊成就，又重视古代文论理论体系的整体性，所谓"外部规律"与"内部规律"并重，特别强调艺术规律的探讨，同时选取各个历史时期有代表性的理论批评家，作重点介绍，充分肯定他们的理论贡献。

为圆满完成这一充实而又富于深度的教育部培训项目，郭导师和两位班主任决定延聘国内著名专家授课，先后有蒋孔阳、王元化、施蛰存、程千帆、朱东润、钱仲联、吴组缃、钱谷融、张文勋、程应镠、舒芜、许杰等二十四位。其中最郑重其事的是聘请吴组缃先生。郭先生亲自写信，徐先生指派青年教师专程赴北京大学邀请吴组缃教授来沪作中国古代小说理论研究的专题报告。吴教授大受感动，也特别尽心尽力，特意穿上中式服装，足足讲演了两个下午的专题课。应邀讲课专家都毫无保留地将他们最优异的研究成果、独家创获、新识卓见奉献给学员们，如程千帆：《古文运动与科举制度的关系》；朱东润：《论传记文学》；舒芜：《求新声于异邦》；许杰：《创作与批评》；钱谷融：《艺术家是怎样虚构塑造人物的》；钱仲联：《宋代的诗话》；施蛰存：《诗余》《说杜甫〈戏为六绝句〉》。而复旦大学蒋孔阳讲演的《老子"大音希声"和庄子"至乐无乐"的思想》，则将道家的深奥玄思从美学思想角度作全新的解释，阐发其丰富的意蕴，令人耳目一新，深受启迪。此是蒋先生新时期"美学热"背景下的创制，这篇名文后来收录在他的学术名著《先秦音乐美学思想论稿》中。真可谓硕学名家云集，宏论高议风发，一时传为学界盛事。

王元化先生受徐先生盛情邀请，莅临师训班做了两次讲演。第一次以"《文心雕龙》研究方法的若干问题"为题，他高屋建瓴，从世界哲学史宏观考察，认为人类文化史上并不是每个时期唯物主义都超过唯心主义，如黑格尔是唯心主义的，而他在世界哲学史上的地位不言自明，是马克思主义哲学的三个来源之一。而那些庸俗的唯物主义者，则被恩格斯称作小贩。进入《文心雕龙》研究方法的主题，元化先生"立片言以据要"地标举《文心雕龙·序志》篇中的"原始以表末，释名以章义，选文以定篇，敷理以举统"，指出这四个小句，是刘勰说明他写作《文心雕龙》的方法，将史、论、评三者结合在一起。元化先生盛赞刘勰"以少总多""博而能一"，在方法上很考究，非常严谨，认为刘勰把史、论、评结合起来写论文，值得学习。第二次讲课，元化先生以他写作《文心雕龙创作论》的实际经验，谈了另一个重要的研究方法——对比方法。他说资本主义经济为古代经济研究提供了一把钥匙，文艺理论研究亦是如此：对后来发展的东西更深刻了解了，才能回头发现古代文论的意蕴，或处于萌芽状态的东西。这个原则一定要坚持。他还告诫大家，这个方法不容易掌握，容易造成比附。元化先生宏观与微观相结合，哲理性阐论与实践经验传授相映发，展现出杜甫名句"会当凌绝顶，一览众山小"般的大师风范。

王文生教授任师训班主讲，共讲授四堂课："《中国历代文论选》编写原则、体系""两汉文艺思想""司马迁、班固、王逸对赋的评价""明代的文学理论"。王教授的讲授偏重中国文学批评史方面，第

二、第四堂课即是分时代的总体性介绍，突出此两个时代文论思想的发展、创新、突破及其理论贡献。而第一堂课讲《中国历代文论选》编写原则、体系，虽侧重在著名理论批评家和理论批评名著，但因为按时代分章，实际上还是以批评史的历史发展线索为贯穿线索。第三堂课则具体细化到赋论这个文体理论批评。四堂课面与点、总体与局部相结合，既有大格局又有"小摆设"，给人鲜明的印象、深刻的启发。

徐中玉教授讲授五堂课："关于古代文论研究的一些问题""'温柔敦厚'及其他""要着重总结古代作家的艺术经验""曹氏兄弟在文学理论批评上的贡献""叶燮论诗的主要贡献"。徐教授第一堂课，从古代文论研究全局来讲授当前的研究任务，而又顾及师训班学员的实际情况，共讲解五个问题：一、为什么要研究古代文论，二、古代文论的特点，三、研究的重点，四、怎样研究古代文论，五、古代文论研究的现状。将上文叙及徐教授撰述论著的八个方面具体细化到讲课中，将具体的学习内容与整个古代文论研究的任务与目的、价值与意义、思路与方法、历史与现状联系起来，理念高远，气度恢宏，开拓胸襟，益人心智。这篇讲稿的录音，经整理修订后，收入《激流中的探索——徐中玉论文自选集》一书。这堂课的精彩由此可见。第二堂课与上文概括的八个方面的第七个方面"探究艺术规律，遵循艺术规律"相关联。第二堂课"'温柔敦厚'及其他"，对历来有争议甚至被批判的"温柔敦厚"说作了新的剖析，从艺术规律角度予以全新的评价，体现了解放思想、突破"左"的观念束缚而取得的研究成果。第四、第五堂课，则是对文论史上著名批评家，三国时期的曹丕、曹植兄弟，和清代诗论家叶燮的具体研究和评价，属于对个别理论家的探讨、研究，有新的发现和拓展，体现研究的深度，作为师训班课程讲授，是具有示范性和引领性作用的。

众所周知，各位名师都在历次运动特别是"文革"中屡遭厄运，历尽磨难，故而他们每每在讲课时触动愤激之情，发抒忧患之感，或者表达对社会现象的异见非议。程千帆先生在讲课结束前情绪激动地说，要讲学问我讲不出多少，讲使牛耕田，我倒可以跟大家讲大半天。王元化讲课开始告诉大家，1946年、1948年他在北京曾经讲过《文心雕龙》，到这次讲课前已三十年没上讲台。语气虽然平顺和缓，但因众所周知的"集团案"而被停止学术研究、讲学授课达三十年之久，其内心深沉的冤屈忧愤，学员们是可以清晰地感觉到的。吴组缃先生讲古代小说理论研究，讲到某个有关联处，说地主并不是个个都坏，他家乡的地主遇到灾荒年头，不但免去农民的租米，还送粮食给农民度饥荒。

三、关于《中国古代文艺理论专题资料丛刊》

2013年8月，由徐中玉任主编、陈谦豫任副主编的《中国古代文艺理论专题资料丛刊》（以下简称《丛刊》）由北京中国社会科学出版社出版。丛刊广泛搜集先秦至近代诗、词、文、曲、小说、戏剧、绘画、音乐、雕塑、书法等门类的中国古代文艺理论资料，经整理、辨析、归类、编纂为《本原》《情志》《神思》《文质》《意境》《典型》《艺术辩证法》《风骨》《比兴》《法度》《教化》《才性》《文气》《通变》《知音》十五编。全套丛刊共计360万字，分四巨册精装出版。《丛刊》是新时期中国古代文论学科复苏、振兴的重大成果，为古代文论的研究发展提供了数量巨大的原始资料，清晰地勾勒出理论思想的历史线索和发展轨迹，对古代文论研究的深化具有启示性，有利于开阔视野，拓宽思路，更充分地探究中国古代文艺思想的民族特性，推进研究的广度和深度。《丛刊》与王运熙和顾易生主编的《中国文学批评通史》、吴文治主编的《宋诗话全编》《辽金元诗话全编》《明诗话全编》、王水照主编的《历代文话》、余祖坤主编的《历代文话续编》等并列为新时期古代文论研究的重要基础资料工程和重大科研成果，2015年12月荣获教育部"第七届高等学校科学研究优秀成果奖"人文社会科学类二等奖。

编选《丛刊》的构想出自徐中玉先生。他在1980年春向时任华东师大中文系古典文学教研室主任的陈谦豫教授提议编选一套大型中国古代文艺理论资料，由徐先生任主编，陈谦豫任副主编，参加资料搜集和编选的成员为当时古代文论专业的研究生、青年教师和教育部中国文学批评史师训班部分学员。《丛刊》历史时段跨越整个中国古代，涉及艺术门类众多，体量巨大，选择严格，质量精优，选用版本力求统一，校勘精确。自1981年启动选编至1992年第一分册初版，历时十余年，全体参编人员为本项艰巨工程倾注了大量心血，付出了艰辛劳动，最终使《丛刊》编纂出版任务圆满完成。

我1962年考入华东师大中文系，1967年本科毕业，1979年考入中国文学批评史专业，有幸成为徐先生的首届研究生，"立雪"徐门，面聆教诲，听受开导，进行严格而有序的专业学习，同时参加教育部"中国文学批评史师训班"为期半年的教学活动。《丛刊》选编工作启动后，徐师在继续课程学业的同时，讲授他如何广读古书，随时对其中有意义的观点、见解、论述，加以辨析、思考或作简要读书笔记，或制成卡片，以这种方法将读书深进一步，并积累起个人独备的研究资料，还具体教我们卡片的制作。然后徐先生布置任务，开列书单，五位研究生一人一份，每份五六种名著，从先秦开始，一批书籍约两个月读完。我们不断进行，寒暑假也不空缺，持续了一年有余，虽然辛苦、劳累学术基本功却得到锻炼，思辨分析能力得到很大提高。但最有意义的是直接参加《丛刊》资料的搜集选录工作，在先生的规划指导下，合众人之力，协助先生圆满完成任务，实现先生近半个世纪念兹在兹的大愿，而尽学生应尽的一分力量，可算是报师恩于万一吧。

最为高兴喜悦的自然是立文艺理论研究为志业、以《丛刊》编选出版为大心愿的徐先生了。但他并不在已取得的好成绩前止步，而是永不停歇。在总结《丛刊》编选的意义和价值时他始终认为必须古为今用，促进当今文艺事业的繁荣，大力发展中华民族文化，促进人文素养的提升。为了实现更远大目标，他以惯有的气概和魄力，再次强调必须突出传统文化研究的当代性和世界性，让古代文论在现实生命力的再生中显现其当代意义。《丛刊》序文指出："当我们把它（中国古代文艺理论——引者注）同西方的古今文艺理论进行了比较之后，就越发觉得它至少可以同西方文化成果并立而媲美，对人类文明发展起了同样巨大的作用。"而在当今世界大局中"互相补充、转化、融合的可能性正在增加，必要性亦一样。取精用宏，兼收并蓄，集大成而共求进步，这是历史的必然"。① 具有充分的民族性才具有世界性，建设具有中国民族特色的马克思主义文艺理论，其重心显然在凸现"民族特色"，对悠久中华民族历史文化的优秀传统要有充分的自我认知，怀有深厚敬畏之情、自豪感和自信心。

徐先生满怀崇敬之情地指出："中国古代文艺理论有悠久的历史，提出了许多符合规律的论点，资料十分丰富，而且越多接触便越感到它

---

① 徐中玉主编：《中国古代文艺理论专题资料丛刊》第一册，中国社会科学出版社2013年版，序言第4页。

真像一个浩瀚的海洋，可贵之极。我认为，审美的主体性、观照的整体性、论说的意会性、描述的简要性，便是中国古代文论带有民族特色的思维特点。"①序言继续写道："初步搜集、整理古代文艺理论资料正是为了便于研究和探索前人已经取得的成果，便于发扬光大他们的贡献，使中国文艺家的智慧和才识在全世界同行中得到理解，交换共识，进行融合。不消说，如果真是符合文艺规律的知识，无论多少年前的发现和经验，对当前的文艺创作和文艺评论肯定仍有积极作用。"②由编选《丛刊》而生发出的这番感人肺腑的倾诉、抒怀，徐先生将奋斗目标与努力前行，历史、文化传统与现实、当代意识，理论规律与运用践履，古老的灵性智慧与其现实生命力的焕发，中国、中华民族与世界、全人类联系起来，贯通起来，融合起来，这是怎样的一种大视野、大气势、大格局、大智慧啊！

徐先生在序言中回忆他自1934年在青岛山东大学求学时就选定以中国古代文学理论批评为研究方向。当时暑期在山东大学讲学的叶石荪教授曾留学美国、法国，专攻心理学，同时又有极好的家学渊源，精通古典文学，能作优美的旧体诗词，称得上是学贯中西、艺擅古今的大教授了。石荪先生给予大学时代的徐先生言传身教令他终生难忘、感激不尽。石荪先生指导他确定实际可行的研究目标，然后最重要的是必须掌握尽可能丰富的第一手资料，从而可以不走前人老路，自辟蹊径，成一家之学问。而资料的积累又非一朝一夕之功，非

---

① 徐中玉主编：《中国古代文艺理论专题资料丛刊》第一册，中国社会科学出版社2013年版，序言第4页。

② 徐中玉主编：《中国古代文艺理论专题资料丛刊》第一册，中国社会科学出版社2013年版，序言第3页。

日积月累、长年持续，难以成事。石苏先生又具体教会学生们制作卡片，写简要的读书笔记。最让青年徐中玉铭记在心的是石苏先生一贯教导："研究工作者不能脱离国家大事，不能忘记社会责任。"① "他非常重视人生、重视国家社会的需要。他对当时日本帝国主义造成的华北危局忧心如焚，这一点同样深深地影响了我，使我懂得研究工作者不能只是生活在书房里一味啃书本的人。"②给学生们留下永不会忘记的印象的还有老舍先生，他当时是"以有丰富生活经验和西方文学观念的中国著名小说家"③的身份来讲"小说作法"这门课的。两位导师和同学们的师生关系非常亲密，教学内容、研究方法等都让同学们"开拓了视野，增添了许多新知，培养了自己钻研的能力"④。而特别让同学们感动并难忘的是，两位导师"以实际行动教育我们应当做个怎样的人，应当怎样关心、帮助比自己更年轻的下一代人的成长"⑤。能道出如此充满人间仁爱之心的朴实而意涵深长的话语的人，该怀有多么敦厚宽广的爱国热忱和民族情感啊！

我不由得想起新时期初徐先生与南京大学匡亚明校长联合倡议恢复"大学语文"课程，同时成立大学语文研究会，编写《大学语文》教材。徐先生亲任主编，编著适用于不同教学对象的三套教材。这当然是

---

① 徐中玉主编：《中国古代文艺理论专题资料丛刊》第一册，中国社会科学出版社2013年版，序言第3页。

② 徐中玉主编：《中国古代文艺理论专题资料丛刊》第一册，中国社会科学出版社2013年版，序言第3页。

③ 徐中玉主编：《中国古代文艺理论专题资料丛刊》第一册，中国社会科学出版社2013年版，序言第5页。

④ 徐中玉主编：《中国古代文艺理论专题资料丛刊》第一册，中国社会科学出版社2013年版，序言第1页。

⑤ 徐中玉主编：《中国古代文艺理论专题资料丛刊》第一册，中国社会科学出版社2013年版，序言第1页。

中国现代教育事业的实际需要，而徐先生的发愿起意，热心忠诚，究其初衷，应该是与老舍、叶石荪等他的恩师这番充满人间仁爱又切实可行的谆谆教导密切相关的。

最令人敬佩的是徐先生特有的刚强弘毅、坚韧不拔、决不向困难低头的人格品性，以国家社会需要确立研究目标、矢志不移地终身坚持的事业心和责任心。他回想在烽火连天的抗日战争时期，从青岛长途跋涉，经湘西、四川成都、重庆到云南、粤北，辗转四五千里，转学、借读四所高校，始终不中断大学学业。就业任职、效力社会后坚守教育学术这一清贫职业岗位，"一生没有离开校门"。而对研究古代文艺理论这一志业，就牢记石荪先生教诲，从积累卡片做起，五十年如一日，未尝中辍，决不因政治厄运或他人认为"无用"而放弃。抗战时期在中山大学研究院，纸张匮乏，他只得以三层单薄粗糙的土纸粘贴在一起作代用品，两年时间积累了上万张卡片。在被打成"右派"至"文革"中被定为"牛鬼蛇神"进"牛棚"的二十年中，徐先生直面"身心俱瘁"的苦难，不忘"前功"，"在'孤立'、抄家、扫地、背书、受审之余"，利用一切空暇，继续读书做卡片，使"心灵有所寄托"，阅读七百多种有关书籍，从中摘录出四五万张卡片，总字数不下一千万。[1]先生这样做似乎并未觉得有什么乖碍，但以当年的政治环境，我们觉得先生真是个大无畏的人。众所周知这是冒风险的事，一旦查出，罪名起码是"对抗运动""抗拒改造"。其实早就"出事"了，多次抄家，但这些成捆成箱的灰黄破旧的纸片都被不屑一顾地当作废物，而未受散失损坏。先生暗中窃喜，倒不是因为未因此被问罪，而是因为凝集先生

---

[1]　徐中玉主编：《中国古代文艺理论专题资料丛刊》第一册，中国社会科学出版社2013年版，序言第3页。

四十年心血的脑力劳动成果得以完好地保存下来，他时时念想的大心愿也未被粉碎破灭。天翻地覆，新时期来临，先生想到的第一件可做的事就是以自己积累的卡片为基础，编纂大型中国古代文艺理论资料"集成"或"类聚"性质的丛书。他深入规划，又清醒地意识到自己所读过的有关书籍仅仅是有限的一部分，所搜集到的资料局限于诗文评这个文学理论的一个分支，还有其他分支。绘画、书法、音乐等艺术门类尚未经过搜集，可以说他要完成的是一个巨大的工程，以一人之力是难以做得下来的。于是他想到唯一的办法是依靠集体、团队，借助众人之力，于是就有了前文所述他在1980年春向陈谦豫教授的"提议"，于是历时三十余年，《丛刊》编选出版，大功告成，大愿顺遂。

回到前文"最高兴喜悦的自然是徐先生"那句很平易的话，我总在揣摩推测徐先生的喜悦还有深层的意味在内，看来大致有三点。首先是终于圆满完成了由恩师指点而立志编纂的《丛刊》，可以告慰时时感念的恩师，为国家社会做成了一件有意义的大事。二是听老师告诫，从实实在在的微小处做起，积累资料，训练扎实的基本功，想起可以以此劝告那些不愿刻苦努力、总想走捷径而瞧不起做卡片这种苦功夫和"笨"办法的人，希望尊重各种各样踏踏实实地努力的人，而不应该轻视甚至讥笑他们。三是以此回击当年姚文元一类极左人物的粗暴"批判"。1957年上海作家协会召开的批判会上，姚文元指斥道："徐中玉，你有什么学问，不过是个文抄公，抄了大量卡片罢了。"徐先生当时虽为批判对象，仍毫不畏惧地立即予以驳斥："姚文元，你胡说八道，做学问哪一个不做卡片？"徐先生是决不向横暴屈服的人，他心里自有"道理"。"整风运动"中所提意见被硬定为"右派"言论，先生迫于形势，无法争辩；而二三十年辛勤治学成就的学问则自有其尊严，而且与运动无关，不应该一并批斗，不允许粗暴呵斥，也不可能被轻易否定。钱谷融先生回忆当年上海作协批判会的徐先生的不屈抗争和斗争智慧道："每当批判者的发言中，有不合事实，或乱戴帽子、大言吓人的情况，他都据理与之争辩，甚或反唇相讥，即以其人之道还诸其人之身，有时弄得批判者下不了台。所以后来，他被定为极右分子。"①徐先生自己及很多师长、同学、朋友50年代至"文革"不断遭受厄运，对那些以势压人、无限上纲、陷人于绝境、致人于死命的一伙人，是十分蔑视和痛恨的。三十五年之后的1992年他在《当前文艺理论批评工作中的几个问题》一文中，提醒人们对五六十年代"自命革命派"的文艺评论扣帽子、打棍子的做法，要加以警惕和肃清，文中两个分标题就将这一点态度鲜明地表达了出来："二、必须继续解放思想，肃清'左'的流毒"；"三、棍子、刀子与正确的批评"。②很清楚，这绝不仅仅是个人的一语之怨、一箭之仇，先生心里满怀的是民族的复兴、国家的昌盛，祸国殃民的倒行逆施决不能重复再来。

先生刚毅坚韧的性格，爱憎分明的立场，勇敢斗争的精神，组织谋事的才干，以及对两个全国性学术学会和学会会刊的巨大贡献及思想学术的卓越成就在文艺学术教育界早就是众口美誉的。曾任中宣部艺术局领导的顾骧赞扬先生说："中玉先生协助周扬、陈荒煤主持中国文艺理论学会达二十余年，筚路蓝缕，惨淡经营。中国文艺理论学会是新时期国内最早的一个文艺理论学术团体，二十多年间，它为中国文艺理论学

---

① 华东师范大学中文系编：《庆祝徐中玉教授九十华诞文集》，华东师范大学出版社2003年版，第1页。

② 徐中玉：《激流中的探索——徐中玉论文自选集》，华东师范大学出版社1994年版，第145、149页。

术事业的发展，作出了自己的贡献。学会养成了一种求实、民主、科学、正派的学风，……中玉先生精力旺盛、躬亲操劳，奔波擘划、不遗余力。……令人称叹的是学会的刊物《文艺理论研究》，作为一本纯学术的文艺理论杂志，二十多年，不趋时，不流俗，……如此清淡自守，持续不绝的能有几本？"[①]著名中国戏曲理论史专家蒋星煜教授特别指出："徐中玉教授主编《文艺理论研究》、《古代文学理论研究》，都是以解放思想为主导精神而身体力行的，就文艺理论研究的学术世界而论，也是一种'言必中当世之过'的大动作。"[②]著名中国古典文学、古代文论专家霍松林教授称徐中玉先生为学长，当年在重庆中央大学二人都受知于汪辟疆、胡小石诸名师。霍教授对这位学长敬重有加，称赞中玉先生："勤奋治学，视野开阔，博通今古，淹贯中西，学术研究与文艺创作相辅相成，著述宏富，贡献良多"，"更使我倾慕的，则是他始终关注现实、学以致用的学术品质。读他的《抗战中的文学》、《学术研究与国家建设》、《民族文学论文初集》、《论文艺教学和语文问题》、《文艺学习论》、《古代文艺创作论集》、《现代意识与文化传统》以及《美国印象》等书，都感到有一颗热爱祖国、关注现实、向往光明的赤子之心在跳动，不能不受其激励，提升民族使命感"，"徐先生气度恢宏，志存高远，不标榜，不矜持，心平气和，光明磊落，戒空言而重事功，又有过人的组织能力和干济之才。……为了实现祖国的繁荣昌盛而坚持真理，追求进步，无私无畏，勇于任事。这是徐先生人格

---

① 华东师范大学中文系编：《纪念徐中玉教授九十华诞文集》，华东师范大学出版社2003年版，第7—8页。

② 华东师范大学中文系编：《纪念徐中玉教授九十华诞文集》，华东师范大学出版社2003年版，第11页。

魅力的主要内涵"。①与中玉先生共事六十五年之久的钱谷融教授则衷心钦佩他这位学长："中玉兄却是既能干，又勤奋，而且做起事来，雷厉风行，干净利落，决不拖泥带水。……除华东师大中文系主任外，还担任了好几个学会的负责人和几个学术刊物的主编，一个人实际上做了好几个人的工作，而且在他主持下，工作都有条不紊，运作自如。这是有口皆碑的。中玉兄不但热心公益，勇于任事，而且敢作敢为，只要义之所在，他都挺身而出，决不瞻前顾后，首鼠两端。"②而最让钱先生敬畏推重的是徐先生坚守正义、不畏横暴的抗争精神："在1972年的批林批孔运动中，因为他说了孔子的好话，又被作为'孔老二的孝子贤孙'狠狠的批斗了一通。……一般人……只能用沉默来保持自己做人的良知。中玉兄却无法容忍这伙人肆意糟蹋祖国优秀文化传统的粗暴行径，虽明知稍有不同意见便会招来弥天大祸，他也不能不义无反顾挺身而出。从而使人们在这魑魅横行的黑暗世界里，仍能看到一些亮色，听到一些正直的声音。"③

面对非常年代一轮又一轮的话语暴力，先生义无反顾，顽强抗争，将一切置之度外，然而他的内心是饱含愤激之情的，先生最在意的是念兹在兹的学术和教育事业。他遭受厄难，只是苦涩又超脱地说："挨着无奈，忍辱负重，挨过就算了。"④他最难以接受的是工作权利的被剥

---

① 华东师范大学中文系编：《纪念徐中玉教授九十华诞文集》，华东师范大学出版社2003年版，第3—4页。

② 华东师范大学中文系编：《纪念徐中玉教授九十华诞文集》，华东师范大学出版社2003年版，第1页。

③ 华东师范大学中文系编：《纪念徐中玉教授九十华诞文集》，华东师范大学出版社2003年版，第1—2页。

④ 徐中玉：《激流中的探索——徐中玉论文自选集》，华东师范大学出版社1994年版，自序第8页。

夺，最痛心的是理论学术、文教事业上的损失，他说："从'右派'而'摘帽右派'而'老右派'，直到'文革'覆灭，得到彻底平反，整整蹉跎了我二十年最可以多做些工作的宝贵时间。"[①]人生能有几个二十年，语似平和而忧愤满怀，痛彻心骨。

古人云："忧能伤人"，徐先生历尽劫难，忧患深深，却能摆脱困厄磨难的阴影，超越世俗凡庸之羁绊，在文学和教育两个领域建实硕事业，发剀切政议，做大块文章，真可谓事功耀学界，说论惊海内，著作等其身，桃李满天下。先生奋斗一生，老而弥健，是闻名学术界的百岁寿星、世纪同龄人。（先生1994年为自己文集所作序文《忧患深深八十年》的副标题为"我与中国二十世纪"。）古圣有言："仁者寿，智者乐"，先生从来向往光明，追求真理，既有大担当，又具大智慧；既是"仁者"，又是"智者"，故而臻于人生至乐境界，得享期颐高寿。

刘勰《文心雕龙·原道》篇盛赞古圣先贤探究大道、行施仁德、创制垂统，综纂经典之伟大功绩曰："经纬区宇，弥纶彝宪，发挥事业，彪炳辞义。"衡之以先生之道德文章，事功业绩，亦庶几乎近之矣。

---

① 　徐中玉：《激流中的探索——徐中玉论文自选集》，华东师范大学出版社1994年版，自序第7页。

徐中玉在古代文学理论领域的杰出贡献

周锡山

徐中玉先生进入学术领域以古代文学理论为主，研究生毕业论文是《宋代诗论研究》，后来主要从事文艺理论、鲁迅研究等。改革开放以后，他又主要从事古代文学理论研究，做出了卓越的贡献。

一、论述古代文学理论的伟大成就和重大意义

中国美学和文艺理论历史悠久，成就巨大，而且著作数量和众多论述超越西方。

可是20世纪20年代以来，整个文坛崇洋媚外倾向压倒一切，西方文学理论完全占据了中国文坛。学术界对西方文学理论顶礼膜拜，漠视中国古代文学理论，并给以种种严厉批评。

正如徐先生早在1983年就一再指出的："多少年来，很多人已只知希腊、罗马、欧美、俄苏、日本等等外国文论家的观点和名氏，仿佛我们自己那些封建老古董中并无理论，更没有非常精采，甚至比外国人谈得更精采，更体现国情和民族特色的理论。在文艺理论领域里，我们已经基本脱离了本国文论历史的实际几十年，基本不是在走自己应走

的道路。不是没有一些进步，但整个来说，立足点问题并未根本解决。先是照搬欧美，然后是照搬苏联，现在又有人想照搬外国现代派。照搬的对象不同，照搬的想法未有大变。"①针对这种状况，徐中玉先生在1980年代初期对中国古代文学理论所取得的成就给予极高的评价："中国古代文艺理论是一个无比精彩、丰富的宝库。我们现在要建立马列主义的具有我国民族特点的文艺理论体系，必须大力挖掘、开发这个宝库。""中国古代文学理论是一个极为丰富的宝库，它对全人类文化有着重要贡献，这是海内外学者都越来越公认的事实。"②反传统者贬低中国古代美学和文艺理论，有一个流行最广的偏见：中国美学缺少全面、系统的专著；中国美学没有体系和严格规范的范畴、概念；中国美学家的论述和著作多属个人经验式或感悟式的零星观点，往往仅是零碎的片段，叙述含混、朦胧，尚未产生科学的严密的理论。总之，中国不及西方。这是用西方的标准来看待中国美学的错误结论。

这个错误结论的误区首先是脱离中国古代文学创作的实践。中国古代诗文本身是文字艰深、思维精妙的高难度的文学创作，而且诗文的篇幅与长篇叙事诗、小说、戏剧相比，短小而精练。这与西方自古至今用通俗语言撰写的诗歌、散文、小说和戏剧是完全不同的。因此中国古代学者的评论和不少诗文理论著作，具有大量的零星的甚或片言只语的评论，有时文字艰深或玄妙，思维活跃而且常呈跳跃性的展现，表达上却常常点到为止，简要而生动。此又因当时读者的欣赏水平高，都能心领

---

① 徐中玉：《为什么要研究古代文论》，查正贤编：《徐中玉文集》第三卷，华东师范大学出版社2013年版，第908—909页。

② 徐中玉：《略谈古代文论在当代文艺研究中的地位与作用》，《激流中的探索——徐中玉论文自选集》，华东师范大学出版社1994年版，第375页。

神会，故不必作明晰解释，而今人则深感领会和阐发之难。

因此徐中玉先生指出："描述的简要性"是说"古人论文谈艺，一是重感性描述，具体生动，本身即文学作品。二是力求简要，因为通道必简，无须烦辞，旨在阐明大体，论说根源，更往往数十、百字即可中肯。所说当然只能是大体、根源之一端，似无系统，联系起来往往即十分明白。……古代文论著作内容多样，如保存故实、辨识名物、校正句字，比较异同等等，宗旨本不在于议论，其旨在议论者，除大都仍具有形象、感情特色，哲理、思辨、规律即深寓其中，甚至寥寥几句，即能令人拍案叫绝，一字可抵废话或老生常谈上百、千、万"。[①]其中"联系起来往往即十分明白"一语，是从中国古代理论家的思维方式和写作特点的角度，提出中国古代文艺理论是有内在体系的重要观点。

实际上，中国古代美学和文艺理论有多部体大思精、体系完整的美学著作，如《文心雕龙》《闲情偶寄》《贯华堂第五才子书水浒传》《贯华堂第六才子书西厢记》等等。有很多诗话词话曲话文话和美学著作，例如叶燮《原诗》、刘熙载《艺概》等等，学术性强，宏观和微观兼具，也是有体系的理论著作。而且诗话和评点，是中国特有的美学著作体裁，对世界美学史做出了巨大而杰出的贡献；另有众多杰出论说，如诗教说、文气说、神韵说、境界说，和灵感论、情景交融、江山之助说等等，都取得了领先的成就。

二、论述古代文学理论学习和研究的当代意义

古代文论既然内容丰富而完整，取得很高的成就，现代中国文学家

① 徐中玉：《中国古代文论的思维特点及其当代趋向》，《激流中的探索——徐中玉论文自选集》，华东师范大学出版社1994年版，第382—393页。

和文艺理论家就应该学习和研究古代文论，并应以此作为自己最基本的理论根基。徐先生论述了古代文论的当代意义。

首先，学习和研究古代文论有利于树立民族文化的自信，继承和发扬民族文化的特色。在反传统思潮占据文坛、学坛的20世纪，由于学界已习惯以西方文化观念为中心的视角来观察和评论包括美学在内的中国文化，所以对中国美学产生了种种的贬低和偏见。"我们已照抄照搬过几十年别国的文艺理论经验和模式"，"几十年间很少谈论本国的理论传统"。[①]这种欧化而抛弃中国古代文论的学者，"连做一个中国人应有的民族自尊心、自信心、自豪感都没有"[②]。

其次，对当今的文艺创作实践起指导和促进作用。他说："中国古代文学理论是一个极为丰富的宝库，它对全人类文化有着重要贡献"，但当前依旧"不能从多方面、多层次、多角度既微观地来分析发展它们丰富的意义和价值，又不能综合地、系统地、宏观地来揭示它们在整个学术领域、民族文化构成中的精义与地位，所以它的影响还是不够深广的，它对繁荣当前文学创作、发展理论研究的积极作用还远没有得到发挥"。[③]"整理、研究古代文论，的确能使我们了解到前人很多有深刻意义的艺术思想，这对吸收前人优良经验，摸索艺术规律，提高今天文艺创作的艺术水平，都有重要作用。"[④]他认为研究古代文论的目的就

① 徐中玉：《治古不能只知一点古》，查正贤编：《徐中玉文集》第三卷，华东师范大学出版社2013年版，第915页。

② 徐中玉：《为什么要研究古代文论》，查正贤编：《徐中玉文集》第三卷，华东师范大学出版社2013年版，第909页。

③ 徐中玉：《略谈古代文论在当代文艺研究中的地位与作用》，《激流中的探索——徐中玉论文自选集》，华东师范大学出版社1994年版，第375页。

④ 徐中玉：《论"辞达"——古代文论中的性情描写说》，查正贤编：《徐中玉文集》第三卷，华东师范大学出版社2013年版，第872页。

是尽可能把我们的研究与今天提出的新情况、新问题建立联系，能够为一些问题的解决提供一些资料和启发。

三、对古代文论的精华做全面精深的研究

徐中玉先生自1970年代末我国进入改革开放的初期起，即发表了一批重要论文。这些论文不仅是我国新时期在中国美学文论领域第一批取得领先性的理论研究成果，而且至今仍有很大的启发和指导意义。

徐先生撰文精细梳理古代文论的非常多样的形式：有专门著作，有散篇，有创作，有理论。"创作"就是以创作的形式来评论文学，包括论诗等。还有全集中的序、跋、书简、随笔、杂记，以及评点、批注等等。他进而指出："古人搞理论研究，往往和搞其他东西结合起来。如一方面搞理论，一方面搞个选本。……编一套文选来体现他的主张，或作为自己主张的补充。"此外，"我们古代的理论著作中并不都是议论，议论仅仅是其中的一部分。有些是在作考证，有些在研究作品本事，有些作修辞学上的研究，有的搞注释，各式各样，内容很杂，各有其作用。我们则主要研究这些作品中讲理论的部分。这些部分，虽然比较分散，但都言之有物，虽然比较短小，但往往开门见山，而且往往出自大作家之手，所以特别有意义"。[①]

他又曾撰文精当论述中国古代文论的六个民族特色：一、尚用；二、求真；三、重情；四、重简要；五、形式多样，本身即为艺术品；六、艺术辩证法异常丰富。关于艺术辩证法，他举例说："一与多、远与近、难与易、厚与薄、多与少、形与神、景与情、大与小、疏与

① 以上皆见徐中玉：《关于古代文论研究的一些问题》，《激流中的探索——徐中玉论文自选集》，华东师范大学出版社1994年版，第361—362页。

密、离与合、变与通、有法与无法，……诸如此类，可以随便举出几十对，它们既对立，又统一；既相反，又相成。可以说从先秦古籍以来，辩证法思想及其细致的运用，即充满在文艺理论之中。不是我们的文艺理论缺乏哲学色彩，而是我们还未及或未能从中去发现其深刻的哲理内含。"①

徐先生还曾总结古代文论的四个思维特点：审美的主体性，观照的整体性，论说的意会性，描述的简要性。审美的主体性表现为："自得之见、自出手眼、自抒怀抱、为己之学、不随人脚跟、不苟同异、不可无我，这些都是古代有志气、有成就的文人的信条。"观照的整体性指"有卓识的文论家观照作家、作品都有其整体性。即既作微观，论细节，更要作宏观，论大体，有整体观念"。如《文心雕龙》，"每用史、论、评三者相结合的方法来提出问题，探索问题，上升为理论"。论说的意会性，具体来说，即"古代文论重在意会，点到即止，让人举一反三"。创作和欣赏都有规律，但"如何运用这些规律而收成效，神而明之，存乎其人，各有不同巧妙，妙处连作者本人也未必很清楚。端赖自己去体会、钻研、锻炼。创造之妙，因素极多，指出门径可以，修行还得靠自己"。描述的简要性，是说"古人论文谈艺，一是重感性描述，具体生动，本身即文学作品。"②

徐先生对古代文论中的多个重要观点和理论，做了全面的梳理、研究和评论。这些论文包括《论"辞达"——古代文论中的性情描写

---

① 徐中玉：《略谈古代文论在当代文艺研究中的地位与作用》，《激流中的探索——徐中玉论文自选集》，华东师范大学出版社1994年版，第377—384页。

② 以上皆见徐中玉：《中国古代文论的思维特点及其当代趋向》，《激流中的探索——徐中玉论文自选集》，华东师范大学出版社1994年版，第387—392页。

说》①《古代文论中的"出入"说》②《中国文艺理论中的形象与形象思维问题》③等，都是广集、梳理和总结古代名家的精彩论述，指导中青年学者治学和创作的正确道路，提出发人深省的问题，完整总结了古代文论家零碎论述的创作经验，并理清其中所包含的理论体系。

由于我国长期处于极左思潮的统治之下，厚古薄今和以唯心主义、形式主义的帽子全盘否定古代文化和文论的优秀遗产，成为普遍性的现象，研究者的思维被教条主义的框框所禁锢，尤其是因批孔思潮而对儒家理论全盘否定。为此，徐先生写了多篇拨乱反正的论说，以还原我国古代文论的真实面目。在1980年给全国高校中国古代文学批评史师训班讲课时，徐先生即就儒家的一些重要观点阐发过令人耳目一新的深刻见解，如"过犹不及"和"中庸"的高明思维和创作原则，"温柔敦厚"的创作方法，等等。1987年在香港大学"儒学与中国文化"国际学术研讨会上的报告《孔孟学说中的普遍性因素与中国文学的发展》，对儒家文艺思想及其对两千多年来的中国文学的伟大影响作了高度的肯定和深入的阐发，让孔孟学说中的普遍性因素在中国和世界文学的发展进程中显示出它并未成为过去的生命力和夺目光彩。他强调孔子和儒家讲的中庸，提出不走极端、过犹不及、不过、适中、两端取其中的思维和行事原则，是充满辩证思维的高明思想，体现在文艺上，推崇中和之美，提倡温柔敦厚和"发乎情、止乎礼义"的原则。"止乎礼义"，指文艺创作在提倡写作自由的同时，也必须有必要的约束和原则。徐先生又于《文艺理论研究》2001年第5期发表《今天我们还能从〈论语〉择取到

徐中玉先生传略 轶事及研究

---

① 见查正贤编：《徐中玉文集》第三卷，华东师范大学出版社2013年版，第856—872页。
② 见查正贤编：《徐中玉文集》第三卷，华东师范大学出版社2013年版，第839—855页。
③ 见查正贤编：《徐中玉文集》第三卷，华东师范大学出版社2013年版，第798—838页。

哪些教益——〈论语〉研讨》，约4万字的长文，完整论述对中国古代文学和文论有极大影响的《论语》和孔子及原始儒家对古代中国无与伦比的重大历史贡献和对今日的重大现实意义，批评中国大陆"过去绝大多数之'批孔'，无知、粗暴、蛮不讲理到极点，居然曾众口一辞，横行一时，实在是我们历史上一大怪现象，中国知识者灵魂曾被扭曲到极点的铁证"。徐先生在"反孔"成为时代思潮之主流之时，给予儒家文艺思想以正面肯定和精当评价，是难能可贵的。

长期以来，学术界对古代文论的一流大家的经典名著，否定甚多。如陆机《文赋》是中国文学理论史上为数不多的杰出论著之一，在新中国成立后却受到学术界的否定。徐先生特撰《论陆机的〈文赋〉》细腻分析和论证"基本否定"的不少论点是片面的，论述和梳理《文赋》的进步性及其主要贡献。又如南宋严羽《沧浪诗话》也是中国文学批评史上名著之一，但自清初冯班至新中国成立后批判之声不绝，至"文革"前已被全盘否定。如科学院文学所《中国文学史》、修订本北大《中国文学史》和《中国文学批评简史》诸书都批判《沧浪诗话》脱离现实、脱离生活，陷入形式主义、复古主义。徐先生特撰《严羽诗论的进步性》一文，具体分析严羽诗话的重要观点，又通过严羽对前人诗歌的评价、严羽自己诗歌创作的倾向和当时人对严羽思想的评论，从多个角度进行反复论证，指出：所谓"妙悟"，"主要指的是诗应具有能令人自悟其妙的艺术特点，而不能是直露的议论、说教。诗要做到这一点，就应写出一种足以令人产生这种悟解的形象、意境"。[1]同时指出严羽所论都有其针对性，都具有推动当时诗歌创作向健康方向发展的实践意

① 徐中玉：《严羽诗论的进步性》，查正贤编：《徐中玉文集》第三卷，华东师范大学出版社2013年版，第876页。

义，于是得出"倒正是严羽对诗艺的本性、特点具有真知灼见的表现，也是其所以具有进步性与深刻意义之所在"①这个意味深长的结论。

徐先生不仅为受到否定的一流名家的经典著作做辩护并进行研究、评论，而且在古代名家中选择苏轼，对其文艺思想做全面总结和阐发，取得了领先性的成就。徐中玉先生的专著《论苏轼的创作经验》，用10万字的篇幅论述一代大家苏轼的创作思想。

同时，徐先生还颇致力于尚未受人注意的名家的文学思想研究，创作了《论杜牧的文学思想》和《论顾炎武的文学思想》《文须有益于天下》等文章。

徐先生专著和论文的文字风格可概括为："耿直硬朗，直陈要义，不遮掩，不迂回，摒除各种理论术语的多余装饰。"②

四、指导后学学习、研究和发展古代文论的途径和方法

徐中玉先生在指导中青年后学如何进入古代文论的研究领域方面花了很大的精力。在我国改革开放的新时期，即重新建立古代文论学科的初期，徐先生于1979年9月招收了首届古代文论研究生五名（黄坤、陆海明、王思焜、侯毓信、周锡山，陈谦豫先生为副导师），又于1980年3月举办全国高校中国文学批评史师训班，共有学员三十名，后在1983年、1987年，再招两届（1983级：谢柏梁、谭帆、陆炜，齐森华先生为副导师；1987级：祁志祥、田兆元、曾伟才，陈谦豫先生为副导师），一共招收了3届古代文论研究生十一名，亲自培养学术接班人。

徐先生教导古代文论专业首届研究生和青年教师时，在讲解研究中

① 徐中玉：《严羽诗论的进步性》，查正贤编：《徐中玉文集》第三卷，华东师范大学出版社2013年版，第876页。

② 南帆：《学人的承担——怀念徐中玉先生》，《北京晚报》2019年7月3日。

国古代文论的重大意义之后，即详尽传授完整、系列的研究方法。其内容大致有以下九个方面：

第一要详细占有资料，这是一切研究工作的基础。所谓详细占有资料，有的是理论原著，还有的是理论家的其他著作，尤其是他的创作。有些文学观点可以在他的诗歌里反映出来，有些只是在送人的诗歌里带上几句，也许一两句，也可以作为一种比较的材料、一种旁证。我们专门研究理论的人最容易犯的毛病，是对作家的创作看得太少，专门看一些理论著作，结果是对艺术创作缺乏一种敏感，缺乏一种艺术感觉。

因此他在给我们首届研究生讲课时，首先教导我们收集资料的重要性、收集资料的方法，即抄资料卡片的方法。在我们读研究生二年级开始，他就安排全体研究生投入他申请的国家社科"六五"规划重点项目"中国古代文艺理论研究"，让我们五人分工阅读自先秦至清末所有文学家、美学家的全部作品，将有关古代文论的内容抄录资料卡片，为编纂《中国古代文艺理论专题资料丛刊》作准备。

第二，"入门须正，立志须高"。他后来将这个讲稿整理成《"入门须正，立志须高"——我国传统的艺术创作经验之一》一文，阐发说："学艺一定要有个明确的目的，一定要追求实效，不能只图'好看'——骗骗外行人。"如果开端不好，就必须"捐弃故伎，更受要道"，必须重新、从头打好理论的基础，用前人行之有效的经验结晶去充实头脑；而改弦易辙的根本途径——移情，即移易感情，转变精神，成为一个具有"精神寂寞，情之专一"，非常高尚、清醒、坚强的，具有远大的目标、高尚的情操的人。为避免走弯路，必须"学慎始习"，遵循严羽提出的"入门须正""立志须高"的忠告和总结的传统创作经验。①

他在给我们首届古代文论研究生讲课时，介绍中国古代文论最重要的经典名家和经典名著的情况。他告诉我们：陆机《文赋》、钟嵘《诗品》、刘勰《文心雕龙》、司空图《二十四诗品》、严羽《沧浪诗话》、叶燮《原诗》、王士禛《带经堂诗话》、刘熙载《艺概》、王国维《人间词话》等九种，是最重要的经典著作。这就意味着，学习中国古代文论和美学，首先要重点学习这九家。这就做到了"入门须正"。取法乎上，才能学到真本领。如果一开始就学习二三流的著作，就浪费了时间和精力。

然后，徐先生重点讲了陆机《文赋》、刘勰《文心雕龙》、严羽《沧浪诗话》、叶燮《原诗》和刘熙载《艺概》等经典名家的经典名著。

第三，古代文论研究的重点应放在什么地方？他具体分析并归纳了四个重点：一是研究理论批评的历史；二是对古代作家作品的评价；三是创作经验的研究总结，并强调这里较多的是研究艺术创作的内部规律；四是注重美学研究，找出审美规律。他在给师训班开学报告做最后总结时再次强调："我觉得从艺术规律，艺术技巧、形式等方面进行整理总结，应作为一个重点。"

第四，研究古代文艺理论，还应当同对作家作品的研究分析结合起来。理论性的专篇专著当然值得钻研，体现在作品中的理论同样值得探索，特别是我国的文论家绝大多数都有作品，结合他们的作品来研究其理论，可以感受、理解得更具体、深入。刘勰、钟嵘可惜并未留下什么文艺著作，但如《白石诗说》的作者姜夔，《沧浪诗话》的作者严羽，

① 徐中玉：《"入门须正，立志须高"——我国传统的艺术创作经验之一》，查正贤编：《徐中玉文集》第三卷，华东师范大学出版社2013年版，第678页。

《原诗》的作者叶燮，都是有不少创作的，脱离了他们的作品，专就文论谈他们的理论，肯定不会完整，而且还会产生误解。"大师"级的人物，总不止"大"在一个方面、一个领域，而是从几个方面看去，确都是一个稀有的大人物。王国维不只有《人间词话》，梁启超不只有《饮冰室诗话》。他们无一不是既有"作"，又有"论"，影响大，且已经受住了时间的淘洗。

第五，注意一个时代的政治、经济以及文艺实践对理论批评的影响。要把理论批评放在当时的历史条件下去研究，不要孤立地研究。要注意在马列主义一般原理指导之下，对古今中外多作比较，对材料进行科学的分析、研究。此外，不能把古人现代化，也不能苛求古人。通过研究，引出正确的结论，把它系统化，概括为规律，上升到理论高度。更进一步，应该把文论研究同哲学、史学、心理学、经济学、宗教学等学科研究的联系逐步密切起来，视野会比较宽广。对于各种文化思潮、流派观点和各种不同风格的作品，都要吸收其合理的、符合科学规律的东西，因为文化要发展，恐怕就得来一个"兼收并蓄""集大成"。

第六，在充分学习和继承前人的基础上，要善于在古代文论的已有成果上发展自己的观点和理论。这是以古代文论为基础，发展当代文艺理论的一个重要方法。他曾发表《"惊四筵"与"适独坐"》《重视"端绪"，着意"引申"——当前研究古代文论者的责任》等文章，阐发此题。例如《重视"端绪"，着意"引申"——当前研究古代文论者的责任》阐发清代卓越的诗论家叶燮在《原诗》中的一个重要观点："后人无前人，何以有其端绪？前人无后人，何以竟其引申乎？"他认为："我觉得这段话极具识见。先是说了文学的发展先后相循，历史不容割断，其间联系是一天也没有中断过的。前有所启，后有所承，不但有所承，而且在继承之中得以增益、发展，加以发扬光大，推陈出新。"接着又据此发展出一个重大结论："这说明对一个民族来讲，有没有先人积累大不一样，先人积累丰富不丰富、精深不精深也大不一样。"[①]我们中华民族有如此丰厚而精深的文化积累，包括古代文论的丰厚而精深的积累，需要我们在继承之中增益、发展，加以发扬光大，推陈出新。

第七，在发表自己的观点时，必须思想开阔、言论大胆。在《文章且须放荡——发扬我国指导青年创作"必须放"的优良传统》中，徐先生以南朝梁代简文帝萧纲给他儿子当阳公大心的信中的名言"立身先须谨慎，文章且须放荡"立论，指出青年撰文必须"放荡"，即不拘礼法，任性而行，不受陈规旧矩的束缚，"吐言天拔，出于自然"（亦为萧纲语）。又进而总结古代名家的阐发，指出：在"放荡"的前提下，初欲奔驰，久当守节，即"少小尚奇伟"，波澜壮阔，即使有点狂想，"志欲干霸王"（韩愈语）也是好的，充分驰骋自己的"才纵横""意纵横""气纵横"；只有在青年时代全在"勇往"的基础上，追求变，在能变之后，渐趋平淡，才是自然的趋向，也即如杜甫那样，"少而锐，壮而肆，老而严"，也正如清代梁章钜所说："少年作文，以英发畅满为贵，不宜即求高简古淡。"和苏东坡所说的："凡文字，少小时须令气象峥嵘，采色绚烂，渐老渐熟乃造平淡；其实不是平淡，绚烂之极也。"[②]

---

① 徐中玉：《重视"端绪"，着意"引申"——当前研究古代文论者的责任》，《激流中的探索——徐中玉论文自选集》，华东师范大学出版社1994年版，第295页。

② 徐中玉：《文章且须放荡——发扬我国指导青年创作"必须放"的优良传统》，《学术月刊》1979年第9期。

他又指出："不消说，大师不是全知全能，可以跨越一切而不受任何局限，尊重他们的成绩，感谢他们的贡献，继续他们的事业，完成他们的未竟之志，都是后人应尽的责任。大师引导我们，当前和未来的道路终究还得我们自己去探索，自己行走。"[1]

第八，西方文艺理论和美学著作也必须认真学习，吸收其精华，作为中国文艺理论和美学学习和研究的补充。他指出：研究文艺理论要把古代的、现代的、外国的三个方面沟通起来，古为今用，建立以古代文论、西方文论和马克思主义文论结合的有中国特色的社会主义文艺理论体系。[2]

第九，指出"学术规范"的含义即"写作这类论文，一是材料应力求其全，二是研究史要清楚，不可没人之功，自己创新何在，三是选题要有意义，是否有范型意味"。"妙手偶得，却看到中有学术规范的意义，复对比今昔，察觉今日教育质量中的危机，有心人随时可能在平常材料中挖出有价值的东西。小题目也能够写出新文章，积小成大。"[3]

总之，徐先生具体而宏观地指导后学怎样进行研究，他毫不保留地介绍、总结自己从实践中摸索出来的体会，给后学以精心指导。

五、徐中玉先生研究古代文论的最终目标

徐中玉先生结合学术界的形势和自身的条件，他为自己的古代文论研究定了一个重要的目标：总结前人创作的重大经验，从事古代文论的名家体系和重要学说体系的研究。

---

[1] 徐中玉：《谈谈鲁迅、陈寅恪、茅盾》，《文艺理论研究》1996年第5期。

[2] 徐中玉：《关于古代文论研究的一些问题》，《激流中的探索——徐中玉论文自选集》，华东师范大学出版社1994年版，第356—357页。

[3] 徐中玉：《谈谈鲁迅、陈寅恪、茅盾》，《文艺理论研究》1996年第5期。

要实现这个目标，首先是踏实刻苦地收集完整全面的资料。他"很重视搜集之功，也不辞抄撮之劳"，在改革开放之前的近五十年（包括在政治上受难的二十年）的漫长岁月中，他系统并锲而不舍地通读大量中外古今之书，断断续续地以卡片形式手抄笔写的材料约有千万字之多，另有大量的剪报等，且在此后的二十多年中仍有新的积累。

然后在这个基础上，徐先生开始编纂完整全面的中国古代文艺理论的资料汇编。他指出：近年来已有较多同志在从事这方面的蒐集、整理、研究工作，是一个很可喜的现象。但比之形势的要求，工作的进展还是不快的。存在的问题：一是工作缺乏组织，力量尚未集中使用，有重复劳动的现象；二是从事这方面的研究，往往未能同外国文论与现代文论的研究密切联系起来，各干各的，沟通比较不够；三是资料书编辑出版太少太慢，不能较快地吸引更多的同志来充实这个队伍。

他自1980年带领首届古代文论研究生，抄录卡片，将研究生抄录的卡片与自己几十年抄录的卡片对比、互补，汇总成完整全面的中国古代文艺理论资料，再分门别类，拾遗补阙，直至1990年代后期，并于1992年开始陆续分册出版。

尽管拥有这么丰富的资料，他却认为，通史、总论一类大书，只有在大量专题研究成绩的基础上，利用集体创造的丰硕成果，才写得好。所以他从来不写篇幅浩繁的大部史著，这类史著即使是集体撰写，也极易落入材料堆积、泛泛而谈、顾此失彼、罕有深见和新见的窠臼，而是选定一些侧面，如某个世代、流派，甚至一家一书或一个观点进行研究，他认为这样做，可以比较周密、深入一些，或能有点贡献。

所以他把研究目标逐渐缩小，最后定为古代文艺家的创作经验。他从古和洋的文化遗产中，找出一切符合客观性、规律性、真理性的东西，以古为今用、洋为中用为原则，来为今天的建设服务。他自称"搞文学研究工作，从未想建立什么庞大体系"①，也从不放言高论，而总是在具备一定的宏观视野的基础上，力求兼收并蓄，择善而从，补偏纠弊。

这一方面是因为徐先生感到研究课题的选择必须拥有扎实的材料基础。"读书愈多，思考愈周密，研究的目标反而缩小了——'直到现在的定为古代文艺家的创作经验。'这是深入材料之后获得的真正体会。这是徐先生的甘苦之言：'有了专长又自知它在整个学问中的适当位置，便不致自我感觉太好，以为学问尽在自己腹中。'扎实的材料可以避免大言欺世之作。"②另一方面也是因为他在改革开放之前无法将全部时间和精力投入到科研中去，改革开放之后又忙于系主任的工作，学会组织和管理、会刊主编和审稿等事务。因此尽管徐先生是具备建立文艺理论和美学的体系的学识、魄力和能力的，他却来不及从事这个宏伟的事业了，这是他的自知之明，也是他的无可奈何。

于是，徐先生放弃古代文论的整个体系的研究，全力从事总结前人创作经验的研究，其最终目标成果有两个：一是梳理总结名家的创作经验和美学体系，他本人完成并已出版的《论苏轼的创作经验》一书，即是典范；二是梳理和总结古代文论的著名论说。他在我们首届古代文论研究生刚入学时即说过，复旦大学重点是"史"，他们撰写《中国文学批评史》；我们的重点是"论"，即以上两个目标成果。我作为徐先生首届古代文论研究生，徐先生指定我的硕士学位论文是论述王士禛的神韵说，其他同学则自选宋代朱熹、明代前后七子和清代袁枚等，都是

① 徐中玉：《激流中的探索——徐中玉论文自选集》，华东师范大学出版社1994年版，自序第14页。

② 南帆：《学人的承担——怀念徐中玉先生》，《北京晚报》2019年7月3日。

"论"的成果。1985年，他召集陈谦豫先生、齐森华先生等部分教师和我们全体古代文论专业的学生，一起开会商议"论"的丛书写作。他要我们每人认写一种。我的兴趣是金圣叹的美学理论、王士禛的神韵说和王国维的意境说，我当时报了意境说的选题。后来因种种原因，尤其是当时学术著作的出版极其困难，这个计划无法实现，徐先生就放弃了这个计划。

尽管如此，徐先生的研究计划已经在我们的心中培育了种子，尽管1980—1990年代生活艰难（收入微薄、住房困难，更没有写作的书房）、缺乏科研经费和出版经费，只要有可能，我们就会沿着徐先生指示的方向前进。在古代文论资料汇编方面，笔者在研究生学习阶段就完成了《王国维文学美学论著集》①的辑编、校点和《金圣叹全集》②的汇编和部分校点；后又完成王国维著作精华全集《王国维集》③的汇编和部分校点、《人间词话汇编汇校汇评》和《宋元戏曲史汇编》释读本等多种。笔者还完成《西厢记注释汇评》④，汇编一部经典著作的全部评论，并作全面深入的研究和评论；《牡丹亭注释汇评》⑤，汇编《牡丹亭》的全部评论，并以附录形式汇编汤显祖全部著作和其本人对他人

徐中玉先生传略

轶事及研究

---

① 《王国维文学美学论著集》完成于1980年，由罗继祖作序，1987年由北岳文艺出版社出版，1988年再版；释读本由上海三联书店出版于2018年。

② 《金圣叹全集》4册，1985年由江苏古籍出版社出版；1987年列香港首届"中国书展"重点书，同年获全国古籍1978—1987年优秀著作奖；法式精装增订7卷320万字释读本由万卷出版公司于2009年出版。

③ 《王国维集》4册，2008年由中国社会科学出版社出版，2012年再版；获中国社会科学院和中国社会科学出版社优秀著作策划奖、编校质量奖。近期将出版精装增订本。

④ 《西厢记注释汇评》3卷，2013、2014年由上海人民出版社分别出版平装本、精装本两种。该书系国家古籍整理出版专项资助出版项目，获全国古籍整理出版优秀著作二等奖。

⑤ 《牡丹亭注释汇评》3卷，2017年由上海人民出版社出版。该书系国家古籍整理出版专项资助出版项目，获全国古籍整理优秀著作二等奖、华东地区古籍整理优秀著作一等奖。

著作的全部评论，并对其人其作做全面深入的研究和评论。在"论"的研究方面，笔者受山东省社会科学院文学研究所的邀请，加盟他们承担的国家社会科学规划课题时，在徐先生委派我写的硕士学位论文《论王士禛的诗论和"神韵说"》①的基础上，撰写了一组论文，完成了王士禛与神韵说的研究。②2015年笔者出版《金圣叹文艺美学研究》③（上海高校高峰高原学科建设资助项目），2017年笔者出版《王国维美学思想研究》增订本④，完成了金圣叹美学体系和王国维意境说美学体系的研究。到徐先生逝世为止，笔者进入古代文论专业领域正好四十年，已有经典著作资料汇编著作近20种约1000万字，文学、历史学、美学、艺术学专著约20种和论文百余篇，约500万字。其中在古代文论方面，已有专著6部220万字，编校2种430万字，编著2种350万字，共10种书（另有1种）1000万字，论文数十篇。这些微薄的成果，都是徐先生当年精心指导的产物，也是徐先生在古代文论领域的成果之一。

六、筹建中国古代文学理论学会和创办《古代文学理论研究》丛刊和《文艺理论研究》

改革开放之后，他从事文艺理论研究的高潮是在1980—1990年代。

---

① 周锡山：《论王士禛的诗论和"神韵说"》，人民文学出版社古典文学编辑室编：《中国古典文学论丛》第六辑，人民文学出版社1987年版。

② 《齐鲁文学演变与地域文化》为笔者受邀参与山东省社会科学院文学研究所承担的国家社科基金项目"齐鲁文学的文化内质和文学形态演变研究"的最终成果（笔者提供5篇文章、计8万余字，约占全书十分之一）。成果鉴定等级为"优秀"，由人民出版社于2009年出版，2011年获山东省社会科学重大成果奖，2017年列入"山东社会科学院文库"由中国社会科学出版社再版。

③ 该书系上海高校高峰高原学科建设资助项目，2015年由上海人民出版社出版。

④ 《王国维美学思想研究》，1992年由中国社会科学出版社出版，获文化部首届（1979—1999）文化艺术科学优秀著作奖；增订本编入中国社会科学院"当代中国学者代表作文库"（国家级学术著作出版战略性项目），2017年由中国社会科学出版社出版。

同时，他又忙于3个国家一级学会和3个权威刊物的创立和建设。

1979年3月，他创办全国一级学会中国古代文学理论学会，同年创刊和出版会刊、权威刊物《古代文学理论研究》丛刊。他请复旦大学郭绍虞当学会会长和会刊主编。因郭绍虞年近九十，无力做实际工作，他作为常务副会长，主持会务，并邀请陈谦豫先生担任秘书长，协助工作。郭绍虞先生逝世后，徐先生请四川大学杨明照当会长。杨明照先生逝世后，徐先生在担任会长不久，就推选后辈郭豫适教授当会长兼学刊主编。此后，他安排学会推选王元化的高弟胡晓明当会长兼学刊主编。

1979年5月，徐先生创办高等学校文艺理论研究会，后应社科院系统的专家的请求，扩大为全国一级学会中国文艺理论学会，1980年创办和出版会刊、权威刊物《文艺理论研究》。学会也包含了古代文论领域，会刊也发表古代文论的研究文章。他邀请王元化先生当会长，因刊物的工作繁重，他自任主编，并邀请钱谷融教授担任双主编。

徐中玉先生以上的业绩，包括了复兴文艺理论研究、倡导古代文论研究，并结合以上两者，培养学生，创办学会和刊物，撰写具有多项首创性成就的专著和论文，带领学生艰辛收集和编纂《中国古代文艺理论专题资料丛刊》，器量宏阔，见识高远，气魄宏大，为中国当代文化和学术发展，做出了巨大贡献，功勋卓著。

但是，尽管徐先生主持着三个全国一级学会，和三个权威刊物，多次主办全国性或国际性的学术研讨会，徐先生本人只是在寂寞的古代文论学术园地默默耕耘，从不在研讨会和会刊上介绍自己的研究成果，从不借助媒体炒作，更无轰动效应。但他的众多研究成果往往具有广阔的视野和深入的见解，善于发掘古代文论的精微玄深的思维结晶，以明白晓畅的语言汇总、梳理、归纳总结和作现代性的引申与发展，有的理论总结和探索还具有极为可贵的超前性，因而成为具有原创性和领先性的卓越科研成果。

南帆先生说：徐先生生活的这一百多年，"风云激荡，惊涛骇浪"，磨难深重，他常因"国运颠沛，生活坎坷，时常午夜难眠"。"这种时候最难坚持的就是书生气和英雄气，但他做到了。……他和许多老一代知识分子一样，胸中自有一腔忧患意识，虽九死而不悔。他的心目中，'使命、责任、价值'这三个概念是衡量种种理论探索有没有价值的基本尺度。必须意识到：尽管身在书斋，一个学人的肩上仍然分担了民族的命运。"①

---

① 南帆：《学人的承担——怀念徐中玉先生》，《北京晚报》2019年7月3日。

坚实、博大、创新：徐中玉先生的学术品格

陆　炜①

徐中玉先生的学术品格，我觉得可以概括为坚实、博大、创新。对此，我想从个人的体会、感悟来谈一点理解。

徐中玉先生的学术品格，我觉得可以概括为坚实、博大、创新。对此，我想从个人的体会、感悟来谈一点理解。

我是1983年考入华东师大，跟徐中玉先生读研的（中国文学批评史专业）。1986年毕业，我考博去了南京大学，跟徐先生的时间只有三年，接触也很少。因为徐先生工作格局很大，非常忙，而我（以及其他两位师弟）的专业方向是中国戏曲理论，具体的指导更多是齐森华先生负责。但这并不妨碍我对徐先生学术品格的思考和感悟。一个原因是徐先生教过我什么我记得清楚。因为我是以"同等学力"报考研究生的，进校以后，相比读过大学本科的同学，我对做学问完全不知门径。徐先生的风格又是朴实无华、不烦多言的。于是，我就像沙漠中的植物受到滴灌，点点滴滴在心头，徐先生教诲过什么，每句话都记得清楚。另一个原因是我的感悟不是仅在那三年，是以后多年不断体会的。

三年中跟徐先生的接触，就是两件大事，四点教诲。两件大事，其

---

① 陆炜，徐中玉先生第三届硕士研究生，南京大学文学院教授。

一是徐先生上的"中国文学批评史"课，另一是参加做中国古代文艺理论资料类编项目。四点教诲是：1.要做资料卡片；2.要多写；3.文章要有新意；4.概念要注意辨析。

"做资料卡片"和"多写"两个方法，徐先生是在我们入学不久时专门讲的，地点是在他的家里。做卡片就是读书不能空读，看到精彩的观点，要用硬质纸的卡片，把那段重要的论述抄写下来。徐先生就是做卡片的能手，家里书桌旁就是一柜子分专题置放的卡片。他给我们展示，并说明要点。其一就是一定要有一句鲜明的话做题目，写在卡片的上沿，以便一看题目就能把这张卡片找出来。其二就是卡片上要详细注明这段话的出处，这样写文章引用就不用再找原书。第三个要点就是卡片总数不要超过五千张。因为人类的思想就是那么多，在一个限定的领域，精彩论述不需要更多的卡片。所以在看到同一思想的更精妙的论述后，就应该再做一张卡片，把原来的一张淘汰掉。徐先生还要求我们多写，道理是，一个思想你以为想明白了，其实不见得，只有写得明白，才是真思考清楚了，所以，写是思考的好方法。

这两条似乎平平无奇，其实是徐先生做学问的经验的精华。"要有新意"和"要注意辨析"两个概念，是徐先生在指导作业的时候说的。

现在来说徐先生给我们三个学生开的一门课，即"中国文学批评史"，主要学三部著作：刘勰的《文心雕龙》、刘熙载的《艺概》和叶燮的《原诗》。其中主要是研究《文心雕龙》。这门课开得特别严肃郑重。徐先生声明道，要尝试领我们最严谨地学习一次，因为他也要和我们一起研究，他想通过这个过程自己写出一部专著《文心雕龙批评论》，期望这部著作和他很赞赏的《文心雕龙创作论》一书相媲美。具体计划是，每周到先生家上课一次，一个半天。把《文心雕龙》全书按内容分成三块，就是三个单元。每单元又分成三个专题，我们三个学生各领一专题，自己阅读研究后，每周一位同学讲他所领的专题。而徐先生也按照这个进度自己研究相应的专题，以便每次学生讲解后跟我们讨论。当一个单元结束后，每个学生以他所研究的专题内容写一篇文章作为作业交给老师评阅。

在第一个单元结束的时候，要写作业的文章了，徐先生给我们开了一个研究《文心雕龙》的专著的书目，指点我们到哪里去查研究论文的目录，并告诉我们，作业文章"没有别的要求，比前人有一点新意就行了"。我回去把书目一看，把研究论文一查，顿时懵了。原来专著有十多种，研究论文有五百多篇！怎么读得完，"有点新意"谈何容易？我尽力地读了几本专著和一百多篇论文，完成了作业，质量如何真不敢说，交上去，徐先生还是很宽容地认可了，但给我指出，对某些概念、词语，还缺乏辨析。通过这次作业，我把"文章一定要有新意""对概念一定要辨析"两点记住了。

但中国文学批评史的上课计划，实际上没有执行到底。首先是，《文心雕龙》的学习进行到第二个单元就没有第一单元那么认真、严谨了。后面的《艺概》和《原诗》自己读过后，没有深入讨论，浮光掠影地就过去了。说白了，这门课就是虎头蛇尾的。究其原因，在于上课计划太过理想化了。徐先生不是把它当作了他对我们学习的指导，而是当作了一次为写一部专著而做的研究。于是一方面，我们学生底子尚浅，达不到这种深度，徐先生听我们的讲解难免意兴索然；另一方面是更重要的：徐先生自己的工作量很大，工作头绪非常多，按照这个计划，他必须用大量的时间来按照进度研究三个单元的九个专题，达到有深度的研究，这一点他要是做到，其他的事情都不要干了。所以这门课进行到后来，徐先生很实在地告诉我们，他"自己吃不消了"。实际上就是原计划流产了，徐先生的《文心雕龙批评论》一书也没有写。

至于参与做中国古代文艺理论资料类编，我从一开始就没有打算完成。因为上两届的师兄们给我们吹风说，这个项目纯是徐先生的雄心，要把古代文论的具体论述全部查找出来，以一个个概念、术语做名目，分门别类地编纂起来，项目太大，无边无涯，一届届的研究生都做了，根本是完不成的，你们要是把学习期间主要精力投入于此，那就傻了、惨了！我们就是带着这样的概念投入这项工作的。但我们并没有敷衍和躲懒。原因之一是，我们三个同学搜集古代文艺理论论述的范围是古代的戏曲理论，这个领域是前面的师兄们没有做过的。我们三个同学做了搜集领域上的分工：谭帆的是论文，我的是评点，谢柏梁的是序跋，各负其责，不拿出成果也敷衍不过去。原因之二是，我们去接触文献的时候，不会仅仅搜集可以用于"类编"的论述，而是和我们基本的戏曲学习的阅读结合起来的，这就不会有单纯查资料的枯燥感。

我记得为了"类编"工作的需要，我们可以进入书库去阅读。于是，凡开馆的时间，我都是坐在华东师大图书馆书库里的几个戏曲书籍的架子下面，时间长达两个半学期，把该馆所藏的戏曲书籍都翻阅了一遍。书库的灰尘、夏天的炎热和冬天的寒冷给我留下了深刻的印象。在穷尽华师大的馆藏以后，我就到其他图书馆去查阅文献。例如北京图书馆（今国家图书馆），那里给每个来访的专门读者看的珍本古籍只限三种（除非你半年后再来，又给你看三种），徐先生帮我写了介绍信给副馆长，但得到的照顾也就是增看三种。于是我只看到了六种珍本古籍，又看了一些不受限制的古籍（在北京图书馆和首都图书馆等处），就结束了北京之行。北京之行让我明白了古籍的确浩如烟海，我要找戏曲评点，其实只能是在已经有研究的名家评点（如李卓吾、金圣叹、王思任、陈继儒的戏曲评点）之外有所扩大，这就是我可能达到的限度了。而时间已经到了学业的第三年，我要做毕业论文了。所以我和谭帆、小谢毕业时，只是留下了一摞系统而远非完整的古代戏曲理论论述的摘录（叫作"曲话类编"），就算参加"类编"工作的结束。

当我离开华师大的时候，三年经历可以这样总结：两件大事，都没有进行到底；那四条教诲，我也多半没有做到（卡片做了一千多张就停止了。文章，我是三个同学中写得最少的。"有新意""会辨析"做得如何就很难说）。从感觉来说，也不是很好。因为那四条教诲，似乎不过是做学问的常识。上"中国文学批评史"课的经历，本应得到学问要坚实的启示，我却只感到艰难；做"类编"项目的启示，本应是学问要博大，我却只感到庞大。

然而事后回头看，就发现我做学问的概念就是在那三年中建立的，并且是受到徐先生的影响的。这一点，时间过得越久，就越看得明白。

回看和感悟之一，就是在学业的第三年（1986年）我发表了两篇论文，一篇是《中国戏剧观念的历史演进》，一篇是《刘熙载论诗品与人品》，它们明显就是按照"要注意概念的辨析"写出来的。

回看和感悟之二，就是在我读博的三年期间，我和谭帆合作完成了《中国古典戏剧理论史》一书（其中有齐森华老师的思考和指导之功）。十分明显，没有做过"类编"的基础，这本书是不可能产生的。

回看和感悟之三，是我的博士论文。论文题目是《田汉剧作论》。田汉是大戏剧家，剧坛领袖，本身就是一部话剧史。于是我先编他的著作目录，再研究他的年谱，把戏剧史尽量地熟悉、搞通，读遍田汉的全部文字（话剧、戏曲、电影、散文、小说、论文、评论、回忆录等），再做分析研究。这一切是循规蹈矩，我觉得理当如此。但我后来看到有些人做作家研究，没有读过该人的全部作品，甚至认为还要读同时期其他作家的作品很奇怪的时候，我才悟到原来"理当如此"也是不容易的。在急功近利的环境下，浮躁普遍存在，做学问要坚实不是多数人能做到，甚至不是多数人想信守的。而我的"理所当然"来自在华东师大读书的经历。

第四个感悟来自我博士毕业到退休的经历。这段时间我个人著作不多，主要是参与了南京大学戏剧影视研究所集体编纂的四本书：《中国现代戏剧史稿》（1989年出版）、《中国当代戏剧史稿》（2008年出版）、《中国现代戏剧总目提要》（500万字的工具书，2003年出版）、《中国当代戏剧总目提要》（500万字的工具书，2013年出版）。四本书从1983年开始历时三十年。这番经历，尤其是参与两本工具书的经历（前一本历时十四年，我是副主编之一，后一本历时十年，我担任执行主编）让我懂得了什么是坚实，尤其是懂得了要坚实就要有博大，坚实和博大是相互支撑的——这种认识，不仅是事后的感悟，也是我甘心再一掷十年、耐心做后一本资料性工具书的原因。

《中国现代戏剧总目提要》是配合《中国现代戏剧史稿》一书的剧本资料。但前者却是在后者接近完成的1988年筹划和上马的。所以《总目提要》的主编董健先生在前言中说这是工作程序的"颠倒"，"《总目提要》付梓之后，应该回过头来对《中国现代戏剧史稿》进行认真的修订"。①为什么这么说？难道《中国现代戏剧史稿》粗制滥造、质量低劣吗？正相反，该书出版后获得了教育部高等学校教材特等奖，是广

---

① 董健主编：《中国现代戏剧总目提要》，南京大学出版社2003年版，序言第3页。

受好评、多次再版的。这本书由我的导师陈白尘挂帅，并有一个豪华到奢侈的顾问委员会（由夏衍领衔的十来位著名现代剧作家组成，他们全是现代戏剧史的亲历者和创造者）。这样的写作不能说不认真了。但在缺乏系统的剧本资料的情况下（《中国现代戏剧总目提要》搜集了剧本4492种，全部写出剧情摘要，第一次解决了中国现代戏剧的创作有多少、是什么面貌的问题），学问的可靠性是难以保证的。那么这本获得特等奖的戏剧史是怎样写出来的呢？它只能是用以流行的概念为框架、以尽量充实的材料来支撑理论框架的办法写成。实际上，多数的历史书都是这样的，于是，就可能有这样那样的不足，甚至是重大的失误。例如，2014年我据《中国现代戏剧总目提要》的资料写了一文曰《左翼戏剧是三十年代戏剧的主流吗？》，指出左翼戏剧运动的1930—1935年，总目提要收录剧本一千多种，但符合"左翼戏剧"定义（反映工农的疾苦与斗争，支持苏区苏维埃，维护苏联）的剧作很少，放宽到仅仅反映工农的疾苦（不一定要写斗争）的标准，也只有三四十种。文章指出左翼剧团演出的剧目主要是鼓动抗日的戏，30年代戏剧的主流其实是建国和抗战两大主题。这篇文章颠覆流行的话剧史的一个重要观点，当然属于创新；但我没觉得是创新，没有设想会引起争辩，而是相信话剧史就得按照此文的观点来改。写完此文，我体会到了什么叫学问的坚实，而翻新出奇、另辟蹊径、独树一帜、在学术圈发表一得之见的境界成为遥远的过去了。

　　学问是复杂的，不像我上述一文直接依仗史实那样简单。但学问要坚实的道理却都是一样的。所以我可以去感悟徐先生。那门课的意图是没有达到，但正如悲剧都是在主人公死亡的结局中把信念的神圣树立起来一样，我们获得了学术要坚实的概念。学生的认识可以粗浅，但学术标准不能变。《文心雕龙批评论》必须坚实，一时做不到就不写。徐先生就是这样实在的人。"类编"项目的提出，必须看到背景。从80年代初开始，国外的新概念、新方法涌进中国，学术界对新方法、新术语趋之若鹜，1985年甚至被称为"方法论年"。在那种氛围中，徐先生却没有鼓励过学生使用新方法，而是提出系统搜集整理古代文论论述的大项目。这不是反对创新、泥古不化，恰恰是为了文艺理论的创新。因为在学术界，一有发现，就说这是全新的概念，或者把什么新东西都说成中国"古已有之"的现象到处泛滥；把中国的概念简单转换成西方术语，把旧内容戴上新名词的帽子进行学术操作成为时髦；读过几本书，对一个领域的知识有了系统掌握，就自己拉一个新的框架，把从别人那里看来的知识叙述一遍，就成为自己的一本书的做法比比皆是。于是，为了文艺理论的创新，必须把古代文论的理解建立在坚实的基础上。而为了坚实，必须博大，博大和坚实是相辅相成的。这就是《中国古代文艺理论专题资料丛刊》的意旨。在坚实和博大的基础上创新，这就是徐先生所要的东西。这样的创新，哪怕是微小的一点，徐先生也肯定和鼓励；不是这样的创新，而是为创新而随意发挥，徐先生是要骂的。

坚实、博大和创新，是学术发展正面进攻的堂堂之阵。所以，这种品格，应成为做学问的基础信念和素质。这一点，我是领悟到了，也努力去做，但坚实、博大、创新三者，能做到的人很多，三者皆有而长于一端的人很多，何以能说这三个词加起来就是徐先生的学术品格，则还需要深一层的领悟：关于徐先生是一个怎样的人的领悟。

从一般观察来看，徐先生不是标新立异、独树一帜的学术干将，而是学术界的帅才。他晚年写的多数文章都像社论，用以指明学术的方向。他希望的是整个学术界的坚实、博大和创新。他提出开设"大学语文"课，他组织和领导"中国文艺理论学会"和"中国古代文学理论学会"两个学会，长期主持两本重要的期刊的编辑工作，做的事非常多，他是一个不息工作的干才，是一个精神领袖般的存在。——如何来理解徐先生这样一个人呢？

这个问题超越了个人品质的范围，必须放到历史的视野中来解决。简而言之，徐先生属于现代以来的一代新文化建设者。

1919年，中国成立了一个实力最强、容纳了最多中国知识精英的学会，即"少年中国学会"。学会的命名来自梁启超《少年中国说》一文。梁启超在该文中指出，中华帝国已经是一个"老大帝国"，已经要灭亡了，中国的前途、志士仁人的使命，不是拯救这个老大帝国，使它免于灭亡重新强盛起来，而是建设一个"少年中国"，它的政治、经济、社会、文化都是新的，精神是新的，人是新的，这个中国就像一个少年，是新生的、活泼泼的生命。正是这个目标和信念使得当时持有各不相同的社会理想的精英分子共聚在这个学会里。尽管当时徐先生年纪还小，不可能参加这个学会，尽管这个学会后来解体了，但这个建设少年中国的概念却延续下来，产生了一代新文化的建设者。

这一代人出现很多大师，他们秉承着五四新文化的精神，但又能超出五四新文化"打倒孔家店"的偏颇，因为建设中国的新文化（无论文学、戏剧、电影、文艺理论以至哲学、法学）不能没有宝贵的中国传统文化。但他们不同于传统的国学大师们，也不同于一般新进的学者。他们做学问的概念不是把国学发扬光大，也不是把学术的既有格局推进、深化或者另辟蹊径，而是从头创造、建设一个新的格局。于是，不能不自觉追求坚实和博大，而其目的又完全是为了创新。一代新文化建设的大师们，抓一个刊物做阵地，交流探讨、培养人才、聚集队伍，是他们学术活动的惯常的、标准的做法。在他们的心目中，整个学术界的探讨、建设的势头和成果，比个人著述的成果更为重要。徐先生就属于这样一类人。当"文革"结束，中国的学术又出现从头建设的形势的时候，他当仁不让地出现在领军人物的位置。他有着明确的目标和方针，要建立中国的文艺理论体系，坚实、博大和创新自然是他的学术品格。

徐先生的这种品格，其实我在华师大的时候就有感觉，只是还未能清晰领悟。但感悟到这一点也不是很晚：最早，也许是在1994年。

1994年，徐先生八十初度。听说官方（学校、政府、文化界）要给他庆寿，但那要等到各方都方便的五月，难以做到在实际生日那一天。于是在春节的时候，徐先生在河西二食堂摆了几桌，是自己的研究生二十多人聚餐给他庆寿。那天的情景我记得清楚。首先是徐先生致辞，他说道：

> 我今年80岁了。
>
> 但是我的脑子还很好。——我的牙齿也很好。——我的眼睛还很好。——我的听力也很好。——我的腰腿也很好。
>
> 谢谢大家！

就这么几句。大家都惊异如此简单，但又感到真是太精要得体了。

那晚上的一件事我也记得清楚。不少人都注意到，他站起来说这些话的时候，师母在拉他的袖子，他就拂开，意思是不要打扰。开始用餐以后，师母又小声跟他说什么，他又制止了她。直到欢宴席散，大家告别离去的时候，他才把齐森华老师叫过来说："老齐呀，师母的金镯子掉了，你安排找一找。"原来师母今天是隆重打扮了来的，特意戴了金耳环、金手镯，但到达食堂后，却发现金手镯失落了。但徐先生一晚上都不让她说，不让她找，以免干扰主题。于是我们几个学生就沿着来路往回找，最后在二村他家的楼板上找着了，看来是师母一出家门就失落了。

在回去的路上，我就不由得体会起这个晚上徐先生的说话行事来：从抗战期间艰苦、辗转的求学、求职，到新中国成立，到"反右"运动，到十年"文革"，再到新时期以来的种种事情，徐先生经历过多少风雨！但他一句没说。是无意回顾、无心总结吗？非也。几个"还很好"就是总结了。人活到八十，什么最重要？身体的健康和心态的健康。对此，还有什么比这几个"很好"能说得更实在呢？几个"很好"意味着什么？是感到幸运、幸福还是可以为人民做更多事情？此又何须论。今后有何打算？智者不言，尽在不言中，几个"很好"已是人生姿态尽显了。所以，徐先生的致辞不是一般的言简意赅，而是意味无穷。这番致辞也可以说是创新，但绝非有意创新，而是自然而然、实实在在。世界虽大，我自心智清明、把握精要，把握精要，表达就如此精准、实在，这就是徐先生。几个"很好"背后，是坚定的人生，博大的情怀。这，不就是徐先生的品格吗？

最后，我还想记下徐先生的两个生活镜头，这是很多人都见过的，也是我一想起徐先生就在眼前浮现的形象。

一个镜头是徐先生在校园里走路的样子。他步幅不大，但频率高，走得很快，比中青年教师都要快。他就像是个赶钟点的上班族，没有自己是个什么人物出场的自我感觉，一副急着要赶到哪里、哪里有很多事情要办的神情。这可以说是他人生姿态的象征。徐先生永远是一个急匆匆的前行者。

另一个是徐先生抽烟划火柴的动作。我观察仔细，因为我是抽烟的，但在先生面前未敢抽过，所以三年时间，在先生家上课，只看先生抽烟，便细细地欣赏他划火柴的动作。一般人划火柴，都是拿着火柴梗的尾部，对着火柴皮呈三十度角往前一擦，或者反方向往后一拖，在火柴皮上留下较长的擦痕，动作漫不经心。徐先生相反，他是捏住火柴梗的中部，火柴梗与火柴皮呈九十度，眼睛盯着火柴皮上要擦的位置，即火柴皮一端三分之一的位置，然后短促有力地一蹭，火柴就啪的一声着了，真是痛快淋漓！我甚至觉得这个动作也是徐先生的风格，犹如他学问坚实博大，说话朴实简单却一语中的，划火柴也是这样专注、精准。徐先生一盒火柴用完的时候，火柴皮还有三分之二是新的。——听说我们后面一届的师弟有几个搞评论的，敢在先生家掏出烟来，给先生敬烟，于是上课时便师生同抽，一间小小的书房便烟雾腾腾。这么放肆当然无可指责，据说先生还很受用这种其乐融融。但该场面我在审美上接受不了。我心目中的画面还是先生划火柴时那么一蹭，然后眯起眼睛，平静祥和地独自抽烟的样子。

现实关怀与人民主体：徐中玉先生苏轼研究述评

彭国忠[①]

彭国忠[①]

　　徐中玉先生学问博洽，古今中外皆有涉猎，在古代文学理论的研究中，先生力求点面结合，苏轼研究便是"点"中之一。

　　徐中玉先生对苏轼的研究，应该是从中山大学研究院学习时开始。可能因年代久远，徐中玉先生回忆其硕士论文题目，或称《宋诗话研究》，或称《两宋诗论研究》。在《徐中玉学习工作著述简历》中，徐先生自己说，他的论文题为《两宋诗论研究》，主要导师冯沅君先生，先后参加指导的还有李笠、陆侃如诸先生，郭绍虞、朱东润两先生是校外导师。

　　陈平原于《现代中文学刊》2014年第2期发表《烽烟不绝读书声——中山大学档案中的徐中玉》，作者查检现存广东省档案馆的档020-002-311-112，即徐中玉先生填写的"国立中山大学研究院硕士调查表"，此表中其硕士论文题目为《宋诗话研究》。张建中等主编《中国战时首都档案文献·战时教育》之《三年来教育部通过之硕士论文》中，徐中玉先生硕士论文题目也为《宋诗话研究》。

---

①　彭国忠，华东师范大学中文系教授，中国古代文学理论学会副会长兼秘书长。

据陈平原先生考证，徐中玉先生的硕士论文长达30万字，此文至今未能面世，无论对于宋诗话还是两宋诗论，苏轼都是重中之重，可见徐先生早就对苏轼诗论有较深入的研究。1949年后，徐先生撰写了多篇研究苏轼的文章，1981年结集为《论苏轼的创作经验》，这是第一部专门研究苏轼文论的著作，也是先生唯一一部专论古代文学家的著作。1987年徐先生和谭帆先生为《中国古代文学理论名著题解》中《东坡诗话》撰写的题解举重若轻、信手拈来。1990年，徐先生编写《苏东坡文集导读》，撰导言数万字。1998年，《宋诗话全编》出版，其中《苏轼诗话》10万字，也是由徐先生整理。在徐中玉先生长达数十年的治学生涯中，其对苏轼可谓是情有独钟。

一

徐中玉先生的苏轼研究贯穿着他重视功用的文学观。进入20世纪，学界对儒家"载道"文学观的批判连续不断，这些批判的声音将"道"狭窄化，仅仅将其看作是对儒家思想的概括，但在历史语境中，广义的"载道"更多蕴含着对现实的关怀，是传统"杂文学"观的体现。在内忧外患的时局下，五四一边批判"文以载道"，一边又继承、张扬着"载道"的文学观。出生于20世纪初的徐中玉先生在这样的文化背景中成长起来，其文学观一直外向于现实社会，"华北事变后，受救亡形势和进步同学影响，思想逐渐变化，参加'一二·九'学生运动，下乡宣传抗日救亡，参加'民族解放先锋队'"[①]，写作抗战文艺，在《抗战文艺》《七月》《抗到底》《全民抗战》等刊物写了很多文章，以论文为主，后集结成《抗战中的文学》论文集，1941年1月，由重庆国民

---

① 方克强编：《徐中玉文集》第一卷，华东师范大学出版社2013年版，第14页。

图书出版社出版，7月即以30万字的硕士毕业论文，从研究院毕业，可见其硕士论文与时局之关系。徐中玉先生的文学功用观既来自传统文学观和五四文学的碰撞，又来自马克思主义浸润下以人民为主体的思想实践。80年代以后五光十色的西方理论突然涌入国内学界，伴随着对建国以来学术研究的反思，一时间文学过度耽溺于个人化情感的抒发，形成自我封闭式的写作，个体与总体对立。在这样的情况下，徐中玉先生高扬文学功用观，无疑是学界的一剂良药。

　　徐中玉先生的苏轼研究着重揭示其心系国家社会的一面，论及东坡诗强调苏轼"留下不少反映社会政治生活的诗篇，同情民生疾苦则是其重要内容"，"社会政治题材之作，在苏轼的全部诗歌中虽不占很大比重，但无论与新法有否关涉，民生疾苦始终是这些诗篇的基本着眼点"。[①]谈到苏轼对词的革新，徐先生认为东坡词与前人之作最大的区别是注入了忧患意识与理想主义，苏轼对词的改革是因为"以国家积贫积弱为忧"，对消沉靡靡词风不满，而立志改革。对"豪放"的解读，徐先生亦从思想内容入手，"所谓豪放，实际主要是要求表现积极向上、进行改革的倾向，反映国家社会积贫积弱的现实生活，喊出他自己压抑不住的忧愤的呼声"。[②]他并非没有看到苏词在艺术上的创新，而是认为苏轼改变词体的重点在于通过词的革新来改变时人寄情声色、庸俗可鄙的人生态度。徐中玉先生对苏轼的青睐，与苏轼诗文对现实社会的关注有莫大关系，因为无论几经贬谪，苏轼"始终未忘其对天下、国家、生民疾苦、社稷安危、正色立朝之执著"。

---

① 徐中玉：《苏东坡文集导读》，巴蜀书社1990年版，第69、71页。

② 徐中玉：《论苏轼的"自是一家"说》，《学术月刊》1981年第5期。

《论苏轼"言必中当世之过"的创作思想》一文是徐先生对苏轼创作思想的重要判断，此文原于1980年发表在《社会科学战线》，后收录进《论苏轼的创作经验》，1990年的《苏东坡文集导读》将此文作为导言的第二章，1994年华东师范大学出版社《激流中的探索——徐中玉论文自选集》、1999年重庆出版社《徐中玉自选集》和2009年上海文艺出版社的《徐中玉文论自选集》皆收此文（篇名有改动），可见徐先生对此文的重视。文章先论苏轼"有意而言"，在这之前罗根泽等先生已对苏轼"有意而言"有过较为详细的讨论，然而徐中玉先生发前人未发之覆，指出"意"并非自由随意而言，而是文章要"救时""济世"。继而徐先生追问要如何才能"救时""济世"呢？那便是"言必中当世之过"。徐先生认为"'言必中当世之过'实质上就是今天所说的作家应该干预生活，干预政治，对现实生活中的重大错误缺点不能熟视无睹，对种种不合理、不公平的现象不能不加批评、揭露"①。当然这并不意味着徐先生全然不顾个人感情，他认为这样的文章要能动人，还必须具有激情，他引用苏轼《江行唱和集叙》中的话："夫昔之为文者，非能为之为工，乃不能不为之为工也。……凡耳目之所接者，杂然有触于中，而发于咏叹。"表明苏轼在揭露批判、针砭时弊时，是对现实生活有了深刻的感触，有感而发。

二

徐中玉先生在《论苏轼"言必中当世之过"的创作思想》中说："作文要'有意而言'，一般说，这种思想前人早已有过，不能算是独创。但苏轼把它郑重地提出来，在当时却有其重要意义。事实上这一主

彭国忠

下编 徐中玉先生研究

---

① 徐中玉：《苏东坡文集导读》，巴蜀书社1990年版，第24页。

张针对当时的不良文风，体现着北宋时期诗文革新运动的精神。"①这是徐先生对苏轼文论的剖析，也是夫子自道，他不仅仅把古代文论当作遗产，更当作可以继续发挥功效的理论资源，在古人陈说的基础之上加以阐释生发，而有"用"于当下。

徐先生任华东师大中文系主任时，至今为人津津乐道的政策之一便是以文学创作代替毕业论文，这也玉成了华师作家群的出现，以此可见徐先生对创作实践与理论结合的重视。可见，徐中玉先生对苏轼创作经验的研究，其目的是对当代人的创作实践提供指导。为什么选择苏轼作为创作实践的学习对象呢？徐中玉先生在《"入门须正，立志须高"——我国传统的艺术创作经验之一》中引用了严羽《沧浪诗话》的话："夫学诗以识为主：入门须正，立志须高。"认为不同时代、不同社会"正"和"高"的标准自然也是不同的，"人民群众的根本利益，社会主义理想的实现，谈'正'谈'高'，当然都离不开这根本的两条"。②徐先生对苏轼的强调，是面向现实以人民为主体的现代文论观与中国传统文论的叠影，以苏轼为创作师法的对象是"入门须正"的绝佳选择。

《论苏轼的创作经验》全书分为十章，以苏轼的创作论为主，旁及苏轼的读书法、文艺批评观等，各章之间相互勾连，反复论证，酣畅淋漓。徐先生将《言必中当世之过》置于全书第一篇，可见其统摄全书的作用，《如何作文》一章又再次申述创作必须以"救时""济世"为目的。徐先生谈苏轼提出的"随物赋形"，认为创作不光要追求神似，还应追求形似。而只有立足生活，反复研磨，才能够做到胸有成竹。

---

① 徐中玉：《苏东坡文集导读》，巴蜀书社1990年版，第20页。
② 查正贤编：《徐中玉文集》第三卷，华东师范大学出版社2013年版，第685—686页。

徐中玉先生对苏轼创作经验的研究是与他的现实关怀相辅相成的，他试图以古人的创作经验纠正时弊，这种时弊是作家在经历对个体意义的消解后欲使个体由总体中努力抽离而导致的个人情感的封闭。徐先生未汩没时俗，冷静地想要借古鉴今，以苏轼"言必中当世之过"的创作理念来使得当今作者由封闭而敞开，这种方式是现代的，也是传统的，既蕴含着儒家式的政治道德，也闪烁着人民至上的光辉。

　　徐先生一直提倡实践与理论要结合。在论苏轼的创作论时，他常常提到苏轼注重立足现实生活，提倡对事物仔细观察，达到"随物赋形"，《随物赋形》一章援引苏轼《书戴嵩画牛》以说明作家创作应注意观察生活："蜀有杜处士，好书画，所宝以百数。有戴嵩牛一轴，尤所爱。锦囊玉轴，常以自随。一日，曝书画，有一牧童见之，拊掌大笑曰：'此画斗牛也，牛斗力在角，尾搐入两股间，今乃掉尾而斗，谬矣！'处士笑而然之。"徐先生虽引此材料，但未见过真的"牛斗"，心中一直存疑。直到十五年后，上海举办二牛相斗的表演，徐先生亲自到现场观察，方才证实牛在相斗发力时果真"尾搐入两股间"。

三

　　在世纪之交，学界才注意到，学术研究中，我们患上了失语症，开始呼喊中国文论的现代转换和体系建立，这其实是80年代徐中玉先生就指出的问题。他一直提倡"研究文艺理论要把古代的、现代的、外国的三个摊子沟通起来"，建立"民族化的马克思主义文艺理论"，认为面对西方的理论"应以自己为主，可以发展，可以借鉴，但这是在自己基础上的发展和借鉴"。① 如《论苏轼的创作经验》中谈"胸有成竹"开

---

　　① 华东师范大学文学研究所编：《中国古代文论研究方法论集》，齐鲁书社1987年版，第56、60页。

篇即援引别林斯基、屠格涅夫、易卜生等人的创作理论，以引出"胸有成竹"的传统话题。《读苏轼札记》第二则论及苏轼感叹学问"非一人而成"，是历史与集体的结晶，徐先生又援引了歌德的话，发出"江河虽殊，其至则同"的感叹。[1]

在苏轼研究中，徐先生还表现出了对书画、哲学等学科的融通。如《论苏轼的创作经验》中《随物赋形》《胸有成竹》皆从画论入手而谈及文学创作。《闪耀着哲理光辉的论说文——谈苏轼的〈日喻〉》挖掘《日喻》的哲学意味，强调通过实践才能得到真理。

徐先生在《苏轼的"平生功业"》中说："那么，苏轼所谓'平生功业'，我认为，就是指他在这些贬谪之地的作为。正是在贬谪生活里，苏轼看到了人民生活的艰难，人民真淳朴厚的感情，自食其力的可贵。他认识了人民，而且在诗文中也反映了出来——同情生民疾苦、揭露政治黑暗、反对民族压迫、进行自我批评……他觉得这才可算是一生中对国家多少做了一些真正好事。无论对国家、对民族、对他个人一生，这样的思想、作品，无疑都是值得我们大书特书的。"[2]这是徐先生对苏轼一生的评价，在这评语中我们似乎可以看到徐先生自己的投影，学生时代徐先生走出书斋，走上街头和乡村宣传抗日救国，以笔为剑，大声疾呼；建国前在山东大学任教，因支持学生运动被解聘，因批评时政而险遭不测；建国后，徐先生又投入到新中国的教育事业中去，投入到建立民族文艺理论的事业中去。先生一生始终心系国家，心系人民，他对苏轼品行的高度赞扬，正是他自己所追求并贯彻的。

① 徐中玉：《读苏轼札记》，《文艺理论研究》1995年第3期。
② 徐中玉：《苏东坡文集导读》，巴蜀书社1990年版，序言第6页。

徐中玉先生的学术历程及其文艺主张

祁志祥

按照上海市社联科普活动"东方讲坛"的安排，2019年6月14日，我和毛时安先生来到上海师范大学奉贤校区，为文学院的学生和上海市民做"上海文化名人"徐中玉文艺主张和主要贡献的普及宣讲。我当时曾说：先生虽然105岁了，但仍然健在。没想到，11天后，徐先生辞世，今后我再也没有机会说这样的话了。

那一天，我们谈的主题是徐中玉先生的文学主张和主要贡献。

文学主张指什么时候的主张？徐中玉先生是百岁老人。他新中国成立前就出道，新中国成立后到1957年在华东师范大学工作时就出了六本书，新时期又是文学界的执牛耳者。到底讲他哪个时候的文学主张？由此可见，我们讲一个人的文学思想、文学主张，要有一个历史的维度。因此，我把这个主题转换为"徐中玉先生的学术历程及其文艺主张"。

一、徐中玉先生有过什么荣誉？

徐中玉先生最后荣获上海市社会科学"终身成就奖"。因为他是做文学理论的，所以叫"文学艺术奖"。除此之外，他还有一些其他的荣誉。我的第一个问题是，徐先生到底获得过哪些重大的荣誉呢？

他重大的荣誉，主要是新时期以来获得的。新时期八九十年代，徐先生调动华东师范大学校内外力量，组织了三个全国性学会，即中国文艺理论学会、中国古代文学理论学会，全国大学语文研究会、他分别出任这三个学会当中的两个会长，一个常务副会长。而且创办了两个重要的机关刊物。古代文学理论学会的期刊是《古代文学理论研究》丛刊，由上海古籍出版社出版。文艺理论学会的机关刊物是《文艺理论研究》。这个刊物我们搞文学的人都知道，它与北京中国社科院文学所编的《文学评论》、中国艺术研究院编的《文艺研究》呈三足鼎立之势。他还曾担任过上海作家协会主席。可见，徐先生获得的荣誉非常大，是新时期中国文艺理论界的标志性人物。你如果不了解他，是不行的。

二、徐先生出生于什么样的家庭？

徐先生1915年2月15日出生在江阴。这个地方距离上海很近，而上海是《新青年》的前身《青年杂志》创刊的地方。这使他非常近地受到了上海新青年运动的影响。他的爸爸是一个中医，妈妈是一个不识字的妇女。在他出生前已有两个姐姐，他是家中唯一的男孩。虽然爸爸以行医为生，但经济状况并不是很好。两个姐姐读完初小以后，就辍学打工。但徐中玉作为男孩享有特殊的待遇，从小学到初中，然后读大学。出身于贫寒之家，给我们什么启示呢？有很多文化名人，他们的出身都不是很高贵。他们是通过自己艰苦的拼搏，然后获得了人生的成功。比如说毛时安老师，原来出身于工人家庭，他常常说，"我的出身很普通"。这里我想跟大家分享，如果你的出身很普通，没关系，可以通过你的奋斗，改变人生，创造人生的精彩。

三、徐先生的学术历程分为哪几个阶段呢?

有四分法,三分法。四分法是自然的划分法,三分法是逻辑的划分法。

四分法指新中国成立前是一段,新中国成立后到1957年打成"右派"之前是一段。再后来打成"右派",从1957到1976年二十年,是第三段。第四个阶段是新时期以后。

从逻辑的角度来分,可以分为三个阶段。从新中国成立前进入文学的天地一直到1957年之前是第一阶段,他分别倡导的是民族文学、民主文学、鲁迅研究。这三块研究当中,贯穿的一个相同的追求是"五四"的民主、自由精神。通过文学,来追求民主、追求自由,这是"五四"精神的传承和弘扬。

后面两个阶段是一样的:打成"右派"、受到连累二十年;新时期以来,老树开花,老当益壮,大器晚成,创造精彩。

四、如何认识新中国成立前徐中玉先生的学术历程?

新中国成立前徐中玉先生的文艺思想,以抗日时期宣传抗战的"民族文学"、与国民党专制政府斗争的"民主文学"为标志。它们洋溢着一个不变的主题,就是五四运动在徐中玉先生心中种下的"民主自由"理念。

先生生于1915年,1920年虚岁6岁,入小学。那个时候初小读四年,高小两年,总共加起来是六年。

读小学的时候,徐中玉就受到五四新文化运动的影响。徐先生晚年回忆说:"五四运动兴起时我还很小,那时候提出民主、科学、新道德这些要求,再晚一点才大致明白。但五四运动却仍给了我重要影响。

六年小学时期给我印象最深的是在5月，要参加好几次国耻纪念游行。5月4日。'纪念五四反帝反卖国贼运动'，'外争主权、内惩国贼'，'取消二十一条'等等，就是我们手执的小旗上写的内容，和嘴上高呼的口号。"

徐先生出生前三年多的1911年底，辛亥革命爆发，推翻了两千多年的帝制，建立了中华民国，使中国的社会生活发生了根本性的变化。当时江阴学校的校牌上都写着"新制"字样，洋学堂代替了传统的私塾，徐中玉可以不读私塾而进初级小学了。教师不是秀才先生，而是受过新思想熏陶的人。小学的语文课本开头不再教《三字经》，而是教"人、手、足、刀、尺"。每天早上到校第一件事是集体肃立，向上升的"红、黄、蓝、白、黑"的民国五色旗敬礼。这使得徐先生从进小学的那一刻起就受到时代新风的洗礼。

到高小的时候，对徐先生影响最大的是两个人。一个是学校供奉的阎典史。高小的学校就是一个祠堂。祠堂供奉的塑像叫阎应元，他是明末清初江阴县典史，一个忠臣。当年面对清军24万铁骑，200余门炮，曾率6万义民困守孤城81天，使清军连折3王18将，死7.5万人。城破之日，义民无一降者，仅老幼53口幸存。阎应元被俘后，决不向清廷贝勒下跪。被刺穿胫骨，英勇就义。江阴人民为了纪念他，在华士镇建立昭忠祠。徐中玉就在这个学校里读书，每天都从阎典史的塑像前走过去，直接受到他的影响。

另一个人是陈先生。陈先生是徐中玉高小一年级的语文老师，名叫陈唯吾，是个20多岁的年轻人，课讲得很好，也很亲切。但几个月后这个人就不见了。他去哪儿了？被杀了。为什么被杀？因为他是江阴中共地下党的县委书记。这个人也给徐先生的人格形成带来很大影响。

六年小学毕业后，徐中玉来到邻镇杨舍镇梁丰中学读了三年的初中。

初中毕业后，因家庭经济困难，徐中玉考进了免费的、可以供饭的省立无锡高中的师范科。

高中又是三年。高中后期，中国遭遇日本关东军制造的"九一八"事变，东北沦陷。政府的不抵抗政策引来了全国群情愤慨。上海各大学学生去南京请愿，无锡学生表示声援，徐中玉也投身其中。回校后便以文学为武器宣传抗日，这些宣传抗日的文章发表在江阴县报及校印刊物上。就这样，徐先生走上用文学救亡图存、为国家服务的道路。

高中毕业后，按照当时规定，毕业生必须服务两年才能报考费用较低的大学。他做了两年小学教师，1934年8月考入设在青岛的山东大学。1937年抗战全面爆发后学校不得不内迁。先后迁至芜湖、安庆、武汉、万县。由于学生越迁越少，不得不并入重庆的中央大学。

徐先生的简历，有时说中央大学毕业，有时说山东大学毕业。怎么回事呢？原来他在山东大学读了三年，在重庆沙坪坝的中央大学读了一年多。

大学原定四年，因辗转内迁，课程多有耽搁，毕业后，毕业证书上的时间，不得不推迟了一年，而实际在校读书的时间是四年半。

大学四年半，是全民族抗日主题不断加剧、抗日战争全面爆发的时期。也就在这四年半中，徐中玉在文学创作上迅速成长，作品四处开花。在青岛读山大期间，文章多在北平《世界日报》、天津《益世报》、上海《晨报》副刊发表，以后在上海《论语》《人间世》《宇宙风》《逸经》《大风》等刊物发表，再后来又为天津《国闻周报》，上海《东方杂志》《申报文艺周刊》《中学生》《光明》，北平《独立评论》《文学导报》等刊物写稿，"以散文、杂感、论文为主，也发表过几篇小说"，主题集中在抗战上。"在沙坪坝中央大学学习的一年中，继续为抗战文艺写作，在《抗战文艺》、《七月》、《抗到底》、《全民抗战》、《自由中国》、《国讯》、《大公报》、《时事新报》、《国民公报》、《新蜀报》等刊物和报纸写了很多文章，以论文为主。"①他的作品有评论、有散文，也有小说，但主题都是抗战。他是在读大学的时候就崭露头角了，又结交名人，在老舍的推荐下，加入了"中华全国文艺界抗敌协会"。

1939年2月从中央大学毕业后，徐中玉获得了四川省立教育科学馆研究员的任职。这个任职不错，但他心寄学术，怀着对中国古代文学理论的研究兴趣，最终考进当时迁在云南的中山大学文科研究所，从事古代文论研究。古代文论有一个基本理念，就是"文须有益于天下"。这成为徐中玉用文学为抗战服务的又一助力。

1941年初，抗日战争进入相持阶段，抗战成为文学创作压倒一切的主题。在整理大学时期发表的若干抗战文学作品的基础上，26岁的徐中玉出版了第一部学术著作《抗战中的文学》。书中比较系统地回答了抗日战争对文学创作的影响、文学作品对抗战的作用、怎样加强文学的抗战等问题，提出了当时文学面临的重大任务。

中山大学研究院毕业后，徐中玉留校任教。在全民族的抗日战争面前，学术研究也应该发挥积极作用。1942年，他出版第二本论著《学术研究与国家建设》，阐释学术研究在抗战建国时期的地位，呼吁一切学术研究应该服从抗战建国的利益，以争取国家民族的独立生存、实现三

---

① 方克强编：《徐中玉文集》第一卷，华东师范大学出版社2013年版，第14页。

民主义为最后目标。

1944年，在抗日战争进行到最后的紧要关头，徐先生出版第三本著作《民族文学论文初集》，提出"民族文学"的口号。"抗战文学"就是"民族文学"，而"民族文学"较之"抗战文学"这个提法，具有更普适的基础理论意义。徐中玉指出：我们为什么要提倡民族文学？是要适应民族当前的迫切需要：抗战建国！

他从民族制度、爱国主义、国际主义、民族性改造、民族传统、民族历史、民族英雄、民族乡土、民族传习九个方面，探讨了其与民族文学的关系，使"民族文学理论"作为一种有系统的学说得到了初步建构。在中山大学任教期间，他从讲师晋升副教授。

1945年抗日战争以日本无条件投降宣告结束。1946年8月到1948年7月，徐中玉回到青岛的母校山东大学，任副教授，兼为青岛《民言报》编《每周文学》，为济南《山东新报》编《文学周刊》，并出版第四本学术专著《文艺学习论》。当时国共两党的斗争趋向白热化。徐中玉高扬五四民主、自由的传统，投身到用文学反对国民党独裁政府的斗争中。"民主文学"成为他这一时期文学活动的主题。在《文艺学习论》一书中，他提出"学习文学"一条重要理由，就是"它能够警醒我们，指示我们，并且帮助我们去和罪恶奋斗，去创造新的生活"①。

他不仅仅这样说的，也是这样做的。他公开支持山大学生反内战、反饥饿的运动，因此被青岛警备区总司令密报有"奸匪嫌疑"，国民党政府部长朱家骅曾密令山东大学解聘徐中玉，徐中玉原来编的两个刊物也被勒令停刊。

---

① 方克强编：《徐中玉文集》第一卷，华东师范大学出版社2013年版，第240页。

徐中玉被迫离开青岛，来到上海，找到上海一所私立中学兼课谋生，同时继续写时评，讽刺批判国民党政府的黑暗，为此险遭不测。

1948年，徐中玉以四本专著、若干文章的成就，任沪江大学中文系教授，同时兼任同济大学和复旦大学中文系教授。

五、新中国成立后的第一时期徐先生做了什么？

1949年5月27日，人民解放军解放上海。10月1日，中华人民共和国成立。

徐先生为之欢欣鼓舞，参加沪江大学革新会，协助新政府接受改造旧大学，历兼校务委员、校图书馆长、校工会副主席。

1952年8月上海高校进行院系调整，徐中玉被分配到华东师范大学中文系任教。

新中国成立，唤起知识分子的自由民主的理想。从1952到1957年，是徐中玉充满理想、弘扬五四、研究鲁迅、追求民主的时期。徐中玉教授先后出版6部专著，其中以鲁迅研究为代表，如1954年出的《鲁迅生平思想及其代表作研究》，1957年出的《关于鲁迅的小说、杂文及其他》等。

六、打成"右派"时期二十年做了什么？

1957年4月27日，中共中央发布关于"整风运动"的指示，发动群众向党提意见。徐中玉应领导与各报刊之热情邀约，在《光明日报》《文汇报》《文艺报》上写了几篇文章，提出教授治校、学术至上。政治空气变了以后，1957年，徐中玉被打成"右派"。

打成"右派"的日子是不好过的。起初徐中玉被赶出中文系，不准教学，降职到图书馆整理资料卡片。教授级别从二级降为七级，工资从270元降到130多元，砍掉一半。然后劳动、改造、学习、借调。虽然1960年宣布"摘帽"，但是1961年后才得以回系任教。可是从1966年"文革"开始，又作为老"右派"被投入监改，长期在学生宿舍内外清扫垃圾，五次被抄家，直到1971年才宣布"解放"。当时"文革"还没结束，"解放"也没用。真正的"解放"是到1976年"文革"结束，结束后还有一个滞后时期。十一届三中全会是1978年开的。从1957年打成"右派"，到1978年政策转向，这当中大概二十年的时间。

在这段时间，徐先生真的就像是古代的司马迁所说、所做的那样，在遭遇挫折的时候，不倒下，隐忍坚持，积聚力量，在孤立监改、扫地除草之余，精读七百多种书，积下数万张卡片的读书摘记，为新时期学术上的再次崛起打下了坚实的基础。

七、拨乱反正，老当益壮，新时期成为文艺理论界旗帜性人物

1976年"四人帮"粉碎，不久，徐中玉的"右派"冤案获得彻底平反，1978年起，陆续恢复并新任若干职务，直到1989年退休。徐中玉这段时期的主要学术活动，是面对十年浩劫留下的百废待兴局面，汇聚全国资源，推动了三个全国性一级学会的成立以及会刊的创立，同时出版了多种版本的《大学语文》教材。同时他也是一位杰出的教育家，不拘一格，培养了很多人才。他成为中国文艺理论学会、全国大学语文研究会的会长，以及中国古代文学理论学会的执行副会长，同时担任《文艺理论研究》《古代文学理论研究》刊物和《大学语文》的主编。1989年办理退休手续后，已经74岁的徐中玉先生仍然笔耕不辍，主编《古文鉴赏大辞典》《文学概论精解》《中国近代文学大系·文学理论集》（这本书当时我进学校的时候就参编了其中一部分）。还有《中国古代文艺

理论专题资料丛刊》，这是2013年出版的，有四大卷，毛时安先生也参与了编撰。

徐中玉先生文论的一以贯之的主张是围绕文学与社会、国家、民族、道德、政治的联系，强调"文须有益于天下"的积极作用和"言必中当世之过"的批评责任。新时期徐中玉的文艺思想，也呈现为反思批判与正面肯定两个方面。

反思批判方面，他强调："毫无疑问，我们的文艺也是要暴露的。只要生活中存在着危害人民群众利益，妨碍社会前进的东西，……就必须勇于暴露、鞭挞他们的罪恶，揭露他们犯罪的社会原因。"[①]"对现实生活中的重大错误缺点不能熟视无睹，对种种不合理、不公平的现象不能不加以批评、揭露。"[②]

在反思批判极左文艺思想危害教训的基础上，徐中玉提出了自己的基本文艺主张。

首先，文艺必须发挥有益于国家、民族、社会、人民的进步作用。主张"养其器识而不堕于文人"，"能文不为文人"，文人必须是道德之士，伟大的文学家首先应该是具有伟大人格的人。

其次，针对新时期文学"去政治化""向内转"形式主义倾向，强调文学不能完全脱离有益于国家民族社会的大政治。新时期以来我们不再提"文学为政治"的口号，但实际还有一种大政治，就是家国情怀、忧国忧民，怎么也离不开。在这个意义上，文学实际上没办法脱离政治，而且伟大的文学，绝对跟忧国忧民、家国情怀、社会进步等密切联

---

① 王嘉军编：《徐中玉文集》第五卷，华东师范大学出版社2013年版，第1413页。
② 查正贤编：《徐中玉文集》第三卷，华东师范大学出版社2013年版，第931页。

系在一起。这是我们否定之否定得到的新认识。

再次，强调艺术民主和学术自由。"发扬艺术民主，为繁荣创作提供必要条件。"① "保证作家创作自由的关键恐怕首先还在于实现政治民主、更高程度上的社会主义民主。例如，对那些一贯用'左'视眼看问题，对创作惯于横加干涉的人，……文艺界的群众应该有权通过民主程序把他们的命运操在群众手里。"② 关于中国古代文论的思想特点，徐中玉强调自得之见、自出手眼、自抒怀抱，要求言必己出，有个人独特的感受和风采，也体现了借古喻今的用心。

复次，在研究方法上，徐中玉强调实事求是、独立思考、一切从实际出发，理论与实践相结合这样一个马克思主义的根本观点根本方法。"敢于大胆讲话、有理论勇气的人，是好样的。"③ 后来又借系统研究邓小平文艺工作思想之机，进一步强调"解放思想、实事求是"。在文学创作方法上，徐中玉反复强调"写真实""现实主义""现实品格"和"现实精神"。

进入评论环节，面对一部文艺作品、一种文艺现象，到底是从政治内容出发还是从艺术形式出发？徐中玉的态度是在有所侧重的前提下坚持二者的合一。"艺术作品的内容和形式是统一的，相互关联的，不过也应该认清，在关联之中，内容是占着一种决定的地位。"同样的，"政治标准和艺术标准是统一的，关联的，但政治标准是占着决定的或者说是主导的地位"。④

---

① 王嘉军编：《徐中玉文集》第五卷，华东师范大学出版社2013年版，第1570页。

② 王嘉军编：《徐中玉文集》第五卷，华东师范大学出版社2013年版，第1533页。

③ 徐中玉：《激流中的探索——徐中玉论文自选集》，华东师范大学出版社1994年版，第67页。

④ 方克强编：《徐中玉文集》第一卷，华东师范大学出版社2013年版，第314页。

总之，新时期徐中玉的文艺论著，标志着对"文革"中极左文艺观念的批判与超越，也包含着对自己新中国成立前后一以贯之、一直追求的五四民主、自由文学传统的回归与超越。

由于徐先生的杰出贡献，所以在百岁前后，获得了第六届上海文学艺术奖"终身成就奖"。

徐中玉先生的一生，可用下面两句来概括：

抗日战争、解放战争、新中国成立、五七年反右、改革开放新时期，百岁老人屡次遭遇风云变幻。

民族文学、民主文学、周树人研究、数万张卡片、文坛盟主几十年，时代骄子一生追求自由光明。